O ACESSO À JUSTIÇA
E SOLUÇÕES ALTERNATIVAS

T693a   Torres, Jasson Ayres
       O acesso à justica e soluções alternativas / Jasson Ayres Torres. –
Porto Alegre: Livraria do Advogado Ed., 2005.
200 p.; 16x23cm.

ISBN 85-7348-358-X

1. Acesso à Justiça. 2. Poder Judiciário. 3. Justiça. I. Título.

CDU – 347.921.8

Indices para o catálogo sistemático:

Acesso à Justiça
Poder Judiciário
Justiça

(Bibliotecária responsável: Marta Roberto, CRB-10/652)

Jasson Ayres Torres

O ACESSO À JUSTIÇA
E SOLUÇÕES ALTERNATIVAS

livraria
DO ADVOGADO
editora

Porto Alegre, 2005

© Jasson Ayres Torres, 2005

Capa, projeto gráfico e diagramação
Livraria do Advogado Editora

Revisão
Rosane Marques Borba

Direitos desta edição reservados por
Livraria do Advogado Editora Ltda.
Rua Riachuelo, 1338
90010-273 Porto Alegre RS
Fone/fax: 0800-51-7522
editora@livrariadoadvogado.com.br
www.doadvogado.com.br

Impresso no Brasil / Printed in Brazil

À minha esposa, Nair, e aos meus filhos, Thomaz, Matheus e Daniel, pela compreensão e pelo apoio em todos os momentos;

Aos meus irmãos, Nelson, Divo e Aldo, este, colega de magistratura, pelos exemplos de luta, coragem e honestidade;

Aos meus pais, Alcindo e Izaura (*in memoriam*), com especial reconhecimento à minha mãe que, viúva muito jovem, soube transmitir a seus filhos senso de responsabilidade e honradez, tendo como lema "pé na terra, olhos no caminho e mente nas estrelas", um verdadeiro sentido de vida;

A Deus, razão da vida e desse momento.

Prefácio

Com mais de dez milhões de novos processos instaurados a cada ano, a que se somam os remanescentes, certamente trinta milhões de pessoas aguardam, hoje, no país, uma decisão judicial. As demandas são as mais variadas, muitas envolvendo pequenos interesses econômicos, mas muitas interessando profundamente aos envolvidos nos litígios, como as relativas ao direito de família, ao processo criminal, à situação funcional, às questões societárias, aos tributos e seus elevados valores, etc. O desempenho da função jurisdicional atua diretamente sobre a expectativa dessa verdadeira multidão, que volta seus olhos para o juiz. Nenhum dos demais poderes do Estado fica assim debaixo de tanta pressão, no aguardo de uma providência que diretamente interfere na vida particular do cidadão: com o Parlamento e o Executivo temos uma relação política, de expectativa genérica quanto à elaboração de leis e cumprimento dos projetos da administração pública, que não toca diretamente às pessoas salvo no que diz com a qualidade do atendimento. Do Judiciário, a parte espera a "sua" decisão, para resolver o problema pessoal que enfrenta. Com isso quero evidenciar o quanto é importante para a sociedade o desempenho da atividade judicial, seja do ponto de vista social e humano, seja pelo que influi na vida econômica dos agentes empresariais.

Essa estreita vinculação que se estabelece entre o interessado no litígio e o serviço incumbido de prestar a jurisdição traz consigo um elevado grau de exigência. Espera-se do juiz que seja competente, do ponto de vista técnico, irrepreensível, sob o aspecto moral, imparcial diante dos interesses em jogo, diligente e rápido na resposta ao que lhe foi requerido. E, mais que tudo, seja justo.

No presente trabalho, o Dr. Jasson Ayres Torres lança seus olhos para a magistratura do seu Estado, instituição que integra e engrandece, e percebe o quanto ela atende aos muitos pressupostos para o bom desempenho do serviço judiciário, mas se preocupa com um dos elementos indispensáveis para a boa prestação jurisdicional: que a sentença seja proferida em tempo socialmente útil. Nesse ponto, reconhece a sua deficiência e se propõe a estudá-la.

O relatório da exaustiva pesquisa foi apresentado como dissertação no Curso de Mestrado em Direito da PUC/RS e contou com a orientação de dois mestres insuperáveis: um, pelo que tem contribuído à compreensão do fenômeno jurídico e da função judicial, refiro-me ao Prof. Juarez Freitas, cujos textos sempre estudo e não me canso de citar; outro, o Dr. Eugênio Facchini Neto, uma das mais lúcidas inteligências e de aprimorada erudição que se destaca atualmente no ensino do Direito e na magistratura, a qual conhece como poucos e exerce com singular dignidade. A aprovação deles ao trabalho realizado é garantia de sua qualidade.

O livro se desdobra em seis capítulos. Inicia pela análise da função social da Justiça como serviço do Estado; verifica e aponta as dificuldades encontradas para que sua atuação seja qualificada e aceitável pelo cidadão; descreve o esforço que tem sido feito para a racionalização e simplificação dos procedimentos judiciais; discorre sobre os juizados especiais; compara as diversas propostas e experiências para a resolução de conflitos, em especial a arbitragem; finalmente, faz propostas concretas a respeito de medidas, providências e procedimentos que poderiam ser adotados para aperfeiçoar o modo pelo qual se realiza o direito.

Da leitura que fiz, agradável pela correção de linguagem e útil pela quantidade de informações extraídas das melhores fontes, desde logo me impressionou o plano da obra. A começar pela escolha do tema, de atualidade palpitante, porquanto nunca o Judiciário foi tão questionado e criticado, sendo hoje o foco de atenções de grupos e facções nacionais e internacionais vivamente interessados em sua alteração, tudo com o incentivo da mídia, para que melhor sirva aos interesses (políticos) de uns e (econômicos) de outros. Depois, no desdobramento da explanação, o autor mostra o esforço que tem sido feito para vencer resistências culturais, materiais e corporativas e nesse ponto serve como um repositório de informação sobre as diversas experiências.

É preciso anotar que o autor participou ativamente de muitas das empreitadas que relata. Com competência e dinamismo, atuou nos Juizados Especiais Estaduais desde os seus primórdios no Estado do Rio Grande do Sul, dos quais foi um líder incansável e convicto, colaborou para o projeto de racionalização da Justiça, participou do programa de qualidade total e sempre esteve à frente de todas as iniciativas que tivessem por objetivo a melhoria do serviço forense.

Estou de acordo com o que está proposto para facilitar o acesso à Justiça e garantir uma rápida e adequada solução de conflitos. O sistema de juizados especiais é o melhor indicativo do que pode e deve ser feito para a reforma do Judiciário. Os juizados são capazes de atender à imensa maioria das demandas, permitem a integração no trabalho forense de conciliadores e de juízes leigos, e adotam um procedimento que pode dar vazão à demanda, não importa a sua quantidade. Basta que tenha competente gerenciamento. O sistema dos juizados deixou de lado o paradigma processual que abarrotou os juízos e tribunais (a distribuição de um recurso pode demorar quatro anos) e hoje está absolutamente vencido, inadequado para a nossa realidade. Além dessa modalidade, a mediação poderá ser instrumento eficaz para a busca de uma solução, e o livro contém detalhada exposição do sistema a seguir. A experiência pode se estender para o primeiro e para o segundo graus, pois os tribunais também podem lançar mão dessa via. De outra parte, não acredito na arbitragem para a solução do problema que decorre da quantidade crescente de demandas, pois o afastamento da jurisdição estatal deve ficar reservado para algumas causas em que a cláusula compromissória ou o compromisso sejam o resultado da livre negociação entre as partes, em igualdade de condições no contrato. É a via adequada para a solução de causas envolvendo grandes interesses econômicos ou societários – que não podem ficar sujeitos à longa e morosa tramitação forense – mas o seu uso não modificará o panorama geral de deficiência do serviço. Haveria, sim, importante reflexo na estatística se fosse admitida a cláusula compromissória nos contratos de adesão, pois, sendo assim, a imensa maioria dos conflitos e reclamações ao Judiciário seria desviada para as juntas de arbitragem que estão sendo instaladas junto às entidades de comércio. Isso não me parece uma solução, mas um mal, com grave perda de justiça para os cidadãos que devem aderir a esses contratos, nos bancos, nas seguradoras, nas administradoras de imóveis, nos estabelecimentos comerciais, etc.

Estou convencido de que o trabalho que ora se publica contribuirá para o debate sobre o acesso à Justiça, pois não apenas descreve a nossa realidade como se propõe a modificá-la, com alternativas recolhidas de longa e frutuosa experiência pessoal do seu autor.

Ruy Rosado de Aguiar Júnior
Ministro aposentado do STJ

Sumário

Lista de abreviaturas 13

Introdução 15

1. O acesso à justiça como ideal de igualdade nas relações sociais 19
   1.1. A complexidade dos ritos e as controvérsias 19
   1.2. Uma concepção de justiça 21
   1.3. Os juízes e os conflitos sociais 27
   1.4. O sistema oficial e o descrédito da justiça 30
   1.5. Os caminhos para o reconhecimento do Direito 37
   1.6. As iniciativas de ampliação do acesso à justiça 40

2. O desencadeamento do processo e a realização do Direito 43
   2.1. O crescimento das demandas e as dificuldades de atendimento 43
   2.2. O grau de confiabilidade na instituição do Poder Judiciário 47
   2.3. O atraso da prestação jurisdicional e a negação do Direito 48
   2.4. A assistência jurídica a serviço do Cidadão 50
   2.5. A atuação do Judiciário face às mutações sociais 54
   2.6. A simplificação do sistema recursal e os serviços judiciários 61

3. A racionalização da justiça e o sentido de um trabalho descentralizado . . . 69
   3.1. Uma iniciativa crítica ao formalismo processual 69
   3.2. As idéias desburocratizantes e a divulgação no meio jurídico 71
   3.3. As condições de trabalho e a nova realidade do Judiciário 73
   3.4. A racionalização no segundo grau de jurisdição 76
   3.5. Experiências de justiça descentralizada e itinerante 79

4. O sistema dos juizados como modelo brasileiro na realização da justiça 87
   4.1. Uma visão alternativa na solução de conflitos 87
   4.2. As comunidades e a relevância social dos juizados 94
   4.3. A diretriz constitucional e a abrangência dos juizados 98
   4.4. Os juizados como laboratório de idéias 107
   4.5. A Lei nº 10.259/01 e seus princípios informadores 111
   4.6. O consumidor e a Justiça Especial 118

5. O sistema arbitral como concepção válida e alternativa à jurisdição 123
   5.1. Um quadro comparativo de modelos na resolução de disputas 123
      5.1.1. O direito como instrumento de justiça e paz na humanidade 133
   5.2. A solução de controvérsias por vias não-tradicionais 136
      5.2.1. A arbitragem e a ineficiência estatal 138
      5.2.2. A visão do Judiciário sobre a arbitragem 140
      5.2.3. Sistema de arbitramento nos juizados especiais 146
      5.2.4. Vantagens e desvantagens do juízo arbitral 149

6. Formas alternativas à realização do direito diante do quadro atual do modelo tradicional 155
   6.1. A pretensão de substituição do Judiciário 155
   6.2. A idéia de conciliação como oportunidade de pacificação social 160
   6.3. A mediação como alternativa ao processo tradicional 167
   6.4. Centros Integrados de Conciliação e Mediação 176
   6.5. A conciliação e a mediação como prévia tentativa de solução amigável . . . 181
   6.6. O consenso como instrumento condutor de justiça 185

Conclusão 189

Referências bibliográficas 195

Lista de abreviaturas

AAA   American Arbitration Associations
ADR   Alternative Dispute Resolucion
AJURIS Associação de Juízes do Rio Grande do Sul
AMB   Associação dos Magistrados do Brasil
Art.   Artigo
BTNF   Bônus do Tesouro Nacional Fiscal
CCA   Corte de Conciliação e Arbitragem
CEJ   Centro de Estudos Jurídicos
CLT   Consilidação das Leis do Trabalho
CNI   Confederação Nacional da Indústria
CPC   Código de Processo Civil
CPP   Código de Processo Penal
Des.   Desembargador
EEUU   Estados Unidos da América
EMERJ Escola da Magistratura do Estado do Rio de Janeiro
EUA   Estados Unidos da América
IBOPE   Instituto Brasileiro de Opinião Pública e Estatística
IDESP   Instituto de Estudos Econômicos, Sociais e Políticos de São Paulo
IMB   Instituto dos Magistrados Brasileiros
IMESP   Impresa Oficial do Estado de São Paulo
INAMA   Instituto Nacional de Mediação e Arbitragem
Inc.   Inciso
INSS   Instituto Nacional do Seguro Social
IPTU   Imposto sobre Propriedade Territorial Urbana
IPVA   Imposto sobre Propriedade de Veículos Automotores
ITR   Imposto Territorial Rural
JEC   Juizado Especial Cível
JEPC   Juizado Especial de Pequenas Causas
OAB   Ordem dos Advogados do Brasil
Op. cit. (*opus citatum*) Obra citada
RT   Revista dos Tribunais
STF   Supremo Tribunal Federal
STJ   Superior Tribunal de Justiça
TJDFT   Tribunal de Justiça do Distrito Federal e dos Territórios
TJRS   Tribunal de Justiça do Estado do Rio Grande do Sul
TRF   Tribunal Regional Federal
USAID Agência Norte-Americana para o Desenvolvimento Internacional

Introdução

Este trabalho é resultado de uma dissertação apresentada no Curso de Mestrado, em julho de 2003, na Pontifícia Universidade Católica do Rio Grande do Sul.

A excessiva demora na conclusão de um processo tem sido motivo de muitas críticas e uma das razões para o descrédito da Justiça. Esse problema não é uma situação isolada, atingindo unicamente o Poder Judiciário brasileiro, pois a expectativa por uma prestação jurisdicional rápida e efetiva representa o sonho acalentado por todos os povos.

O acesso à Justiça é muito complicado nos moldes tradicionais e, muitas vezes, são elencadas inúmeras razões para explicar as dificuldades na aplicação das leis, com infindáveis reclamações relatando as deficiências dos serviços judiciários, a falta de infra-estrutura e de pessoal para contemplar tamanho volume de demandas. Soma-se a tudo isso a utilização de formas processuais que poderiam ser renovadas e dinamizadas, pois a utilização de procedimentos complexos, a existência de grande número de recursos procrastinatórios, são fatores a que se adiciona uma mentalidade muitas vezes atrasada e conservadora, não permitindo uma solução da controvérsia num prazo razoável. Um problema resolvido tardiamente poderá significar a desesperança e a negação da Justiça.

Repetidamente tem sido afirmado o grande número de pessoas que não consegue chegar ao Judiciário, seja porque não acredita numa solução de seu problema de forma mais célere, seja, por outro lado, porque o processo é caro. Os procedimentos burocratizantes, de outra banda, dificultam o entendimento pelo cidadão comum, distanciando-o, cada vez mais, do caminho da Justiça. Por isso é preciso reconhecer outras formas possíveis de solucionar os conflitos e que são experiências válidas em outros países, podendo aqui ser francamente utilizadas sob orientação e coordenação do Poder Judiciário.

O sistema tradicional não está conseguindo fazer frente ao grande volume de processos, cada vez mais crescente, ano após ano, deixando resíduos à espera de julgamento e contribuindo para o retardamento e o descrédito da Justiça. Milhares de cidadãos estão afastados da oportunidade de reconhecimento de seus direitos, embora a previsão do artigo 5º, XXXV, da Constituição brasileira. Diante dessa realidade, a salutar necessidade de encontrar modelos alternativos para aproximar a Justiça do cidadão. A democratização do Poder Judiciário, descentralizando seus serviços, modernizando-os, é um passo inicial e fundamental para um amplo acesso à Justiça e a efetiva solução dos conflitos.

O presente trabalho está dividido em seis capítulos. No primeiro, o objetivo é mostrar o valor da Justiça, a importância do direito e a luta para torná-lo efetivo com um procedimento menos formal e mais ágil. Busca-se apontar as dificuldades do sistema oficial para atender todos os cidadãos diante dos conflitos sociais e as iniciativas de ampliação de acesso à Justiça.

No segundo, pretende-se indicar pontos que complicam o andamento do processo e que, diante do grande número de demandas, a urgência no estabelecimento de meios para enfrentar as dificuldades a um pronto atendimento. O Judiciário não pode ignorar as mutações sociais e o novo modelo de sociedade que exige uma resposta imediata e convincente. Para tanto, não só se tornam importantes as mudanças estruturais e processuais, mas também, contar com o apoio de outros Órgãos do Estado, bem como da sociedade em geral. Aborda-se o valor da melhoria dos serviços, assim como uma atuação com mecanismos hábeis na solução dos problemas, destacando que não se realiza o direito e nem se faz justiça, se o Poder responsável estiver distanciado de seus cidadãos.

No terceiro capítulo, trazemos à baila movimentos concretos no sentido de racionalização e simplificação dos procedimentos judiciais, visando a uma Justiça mais célere e efetiva na aproximação com a sociedade e na tentativa de valorização do cidadão. Procuramos discutir as resistências e os obstáculos na realização do direito, ressaltando a importância de uma Justiça descentralizada e itinerante.

O quarto capítulo procura mostrar o valor dos Juizados Especiais, tanto na Justiça Estadual quanto na Federal, como visão alternativa na solução de conflitos, demonstrando a valiosa contribuição para o melhoramento da prestação jurisdicional e o mais amplo acesso à Justiça, a partir do laboratório de idéias dos Juizados de Pequenas Causas. Pretendemos enfatizar que os Juizados Especiais e de Pequenas Causas com seus Conselhos Informais de Conciliação e Arbitramento se constituem em presença marcante na sociedade, em razão de propiciar acesso à Justiça também aos menos afortunados e que, além da atuação nas comarcas maiores e mais aquinhoadas de estrutura material e humana, devem também, com seus princípios e valores, contribuir para a solução das controvérsias nos mais diversos pontos de concentração de pessoas, numa verdadeira cruzada de direito e justiça para todos. Destaca-se, ainda, a necessidade da presteza de uma Justiça especial para o consumidor em geral.

Um estudo comparativo, no quinto capítulo, de modelos de resolução de disputas, apresenta a arbitragem como uma via alternativa, em face da reclamada ineficiência estatal na solução rápida das controvérsias. Trata-se igualmente do sistema de arbitramento dos Juizados Especiais, diferenciado daquele previsto na Lei n° 9.503/97. Por fim, realiza-se uma discussão sobre as vantagens e desvantagens do Juízo Arbitral, como instrumento de afirmação do direito.

Finalmente, o presente trabalho destina o sexto capítulo a uma análise sobre alternativas válidas e necessárias para oportunizar o efetivo acesso à Justiça, levando em consideração as diferenças e desigualdades na sociedade. Destaca-se a Instituição do Poder Judiciário, com base organizacional para aproximar a Justiça do cidadão, onde quer que ele esteja e, aí, procurar com os meios disponíveis na organização social, como a Igreja, os sindicatos, os clubes, as associações, os grupos organizados, a viabilização de um ideal de Justiça. Também se repensa o acesso à Justiça, apreciando a circunstância de que o direito aconteça onde está o cidadão, no sentido de propiciar a garantia da ordem e da segurança jurídica na vida societária. Daí a defesa para que a Instituição do Poder Judiciário efetive, de forma abrangente e direta, um sistema de conciliação e mediação, utilizando todos os meios possíveis e em parceria com o Estado e a sociedade.

Propugnamos formas alternativas de solução de conflitos antes de ser formado um processo contencioso e, até mesmo, no início, utilizando meios de conciliação e mediação. Esses instrumentos podem ser efetivados em salas apropriadas junto aos fóruns, ou em Centros Integrados, localizados em vilas, bairros, em todos os municípios, inclusive, atuando de forma itinerante. Essa concepção de Justiça poderá estar ligada aos Juizados Especiais ou ao Juízo Comum, tratando os problemas de forma descomplicada, numa linguagem compreensível, cuja idéia pode ser disseminada, de tal maneira que a conciliação e a mediação representem caminhos condutores do direito, tendo na supervisão e coordenação do Poder Judiciário uma garantia de confiança no acesso à Justiça.

No contexto dessas idéias de formas alternativas para resolução de disputas, destacam-se esses métodos como molas mestras e propulsoras no objetivo de paz social. Por isso, em todo trabalho, pretende-se afirmar o desiderato de Justiça rápida e eficaz, na consciência de que um Estado que não contempla a todos, onde a reclamação de um direito só é possível a uma parcela da população, não representa o ideal de Justiça. Ressalta-se ainda mais esse valor, porque com essa alternatividade de procedimentos, evitam-se o confronto e as discussões intermináveis, que o contencioso comum e tradicional não consegue, infelizmente, evitar. A idéia de anteceder providências buscando um acordo para os interesses em conflito significa encontrar uma solução, sem caminhar pelo sempre desgastante processo formal, com a dose de litigiosidade que o caracteriza.

Ademais, menciona-se a evidência de uma globalização em marcha acelerada, num mundo interligado por sistemas tecnológicos avançadíssimos, alcançando os mais longínquos lugares do planeta. A internet é exemplo dessa realidade presente no mundo dos negócios em geral e na vida particular de cada um. O Poder Judiciário não pode ficar encastelado e precisa usar os avanços do mundo moderno, já virtual, com mecanismos atualizados e alternativos na solução dos litígios, para um efetivo acesso à Justiça.

1. O acesso à justiça como ideal de igualdade nas relações sociais

1.1. A complexidade dos ritos e as controvérsias

A imponência dos prédios em que abrigam os serviços judiciários, além da complexidade dos ritos, pode afastar o cidadão comum, ao invés de aproximá-lo do Poder Judiciário. A reclamação que se faz constantemente dos procedimentos morosos, caros e complicados, utilizados pela máquina judiciária, representa um sentimento de inconformidade, porque a Justiça não é suficientemente rápida e nem acessível para o cidadão obter uma resposta ao direito reclamado com a presteza e a tão desejada efetividade.

As fórmulas complexas, sacramentais, gongóricas dificultam o entendimento e a compreensão da linguagem forense, porque distanciadas do entendimento comum dos cidadãos. O povo sabe que é importante e imprescindível a atuação do Poder Judiciário, mas é indiscutível que há inconformidade sobre a demora da prestação jurisdicional. Essa fama de que os processos se eternizam nas comarcas e nos tribunais sem uma solução que atenda com rapidez e eficiência aos interesses das partes vai gerando o descrédito, criando a sensação de que mesmo obtendo a vitória na causa proposta, ela chega, em inúmeros casos, tarde e, muitas vezes, em face do tempo decorrido, não mais beneficiando quem fora parte na ação. Situações assim levam a distanciar o cidadão do Poder Judiciário, com reflexos negativos na sociedade, porque restam frustradas as expectativas de uma solução rápida do problema, fazendo com que haja reclamações e que outras formas alternativas sejam procuradas, sem a presença do Poder Judiciário, pela desconfiança no atendimento do direito reclamado.

O Judiciário não está livre das críticas, pois integra o Estado, com a missão inestimável de prestar jurisdição, representando para a sociedade uma porta fundamental de acesso à esperança de uma resposta ao direito ferido. Constitui-se num dos pilares do Estado Democrático de Direito.

Precisa estar preparado para atender os anseios da sociedade, combatendo as deficiências estruturais e buscando meios que o torne menos moroso. O mundo hodierno não admite e não aceita um processo todo envolvido de formalidades burocratizantes, numa jurisdição atrasada e longe de significar a Justiça eficiente e rápida, que é o sonho de cada cidadão.

A burocratização da Justiça é resultado da realização de atos procedimentais marcados pelo excessivo formalismo, não só na legislação processual, mas também na interpretação mais formal, que se efetiva no dia-a-dia forense. Essa visão distorcida retarda a marcha do processo e, mais adiante, vai encontrar uma multiplicidade de recursos interpostos contra uma gama de decisões, sentenças e acórdãos. Esses procedimentos retardadores da prestação jurisdicional devem ser afastados, porque ao jurisdicionado pouco importa a diferença que se estabeleça entre processo e procedimento,[1] porque, no fundo, interessa é a solução do litígio, conforme destaca o Professor Mineiro e Ministro do Superior Tribunal de Justiça Sálvio de Figueiredo Teixeira:

A evolução dos estudos processuais, marcadamente a partir do "processualismo científico", em meados do século passado, veio fixar os limites demarcatórios entre processo e procedimento.

Pelo primeiro, veio a compreender-se o meio de que se utiliza o Estado para fazer a entrega da tutela jurisdicional, um dos institutos fundamentais do Direito Processual, ao lado da jurisdição e da ação. Em outras palavras,

---

[1] "O novo Código de Processo Civil abre o Título VII do seu Livro I, distinguindo *processo* e *procedimento*. Não os conceitua, mesmo porque isso não seria de boa técnica legislativa, cabendo à doutrina essa tarefa.

Embora na linguagem corrente, mesmo nos meios forenses, processo e procedimento sejam termos usados indiferentemente, não são palavras sinônimas. Foi Bülow quem, em definitivo, estabeleceu a distinção de tais conceitos, assinalando que a ciência processual, em lugar de considerar o processo como uma relação de direito público, preocupava-se somente com o aspecto de sua marcha gradual, o procedimento (*La Teoría de las Excepciones* ..., p. 3).

Processo, preleciona Carnelutti, é a operação mediante a qual se obtém a composição da lide; procedimento é a cadeia de atos coordenados para a obtenção de um fim (*Sistema* ..., vol. I/44).

O Prof. Alcalá-Zamora, em famosa monografia, assentou também a necessidade de afastar-se o inconveniente da sinonímia usual entre os termos *processo* e *procedimento* e frisou que, embora todo o processo exija, para seu desenvolvimento, um procedimento, nem todo procedimento é um processo, sendo este essencialmente de índole teleológica e aquele de natureza formal (*Processo* ..., p. 115/116). A rigor, portanto, o termo *processo* é privativo da atividade jurisdicional, donde ser incorreto dizer-se 'processo legislativo', 'processo administrativo'. Certas são as expressões 'procedimento legislativo' e 'procedimento administrativo' (J. Frederico Marques, *Instituições* ..., vol. II/64).

Merece lembrada [...] lição do Min. Amaral Santos, [...]: 'Processo é uma unidade, um todo, e é uma direção no movimento. Mas processo não se move do mesmo modo e com as mesmas formas em todos os casos; e ainda no curso do mesmo processo pode, nas suas diversas fases, mudar o modo de mover ou a forma em que são movidos os atos. Vale dizer, além do aspecto intrínseco do processo, como direção no movimento, se oferece o seu aspecto extrínseco *como modo de mover e forma em que é movido* o ato. Sob aquele aspecto fala-se em processo, sob este fala-se em *procedimento*' (*As Duas Primeiras Fases* ....)."

José S. Sampaio. *O Procedimento Comum no Novo Código de Processo Civil*, São Paulo: Revista dos Tribunais, 1975, p. 03-04.

por processo, sob o ponto de vista científico, passou-se a compreender o conjunto de atos tendentes à composição da lide; sob o ponto de vista da cidadania, o instrumento de efetivação das garantias constitucionalmente asseguradas.

Diversamente, por procedimento se passou a compreender o modo e a forma como aqueles atos atuam, variando para corresponder à pluralidade de provimentos, alguns complexos, outros mais expeditos, sumários ou abreviados pela redução de prazos ou supressão de atos.[2]

É importante para todos, sem dúvida, uma Justiça que seja bem aceita por sua qualidade, por seu dinamismo, eficiência, sem exageros de custos, com respeito, equilíbrio entre as partes envolvidas e que seja célere. Não há razão para altas indagações em torno de competência, ritos, formas e a organização da máquina administrativa, mas sim, que haja um direcionamento para uma prestação jurisdicional e um comprometimento na solução de modo mais imediato do conflito na sociedade, na busca de uma meta de Justiça.

1.2. Uma concepção de justiça

O ideal de justiça é valorizado por quem procura o Poder Judiciário para resolver um problema e encontra a aplicação do direito com segurança e respeito. A indagação sobre o significado de Justiça tem levado os estudiosos a muitas reflexões. Chaïm Perelman, um dos maiores filósofos do direito deste século, se propõe incessantemente restabelecer a vontade do direito que nasce da controvérsia, no processo, e se cristaliza nas decisões do juiz, procurando mostrar como, na realidade, o direito se ajusta aos valores morais. Tem real importância o pensamento desse ilustre filósofo belga, para o trabalho proposto, porque na evolução do direito, a idéia de solução mais adequada significa estar frente a um sistema legal adaptado ao dinamismo das decisões judiciais, contando com a força da argumentação, numa interpretação do juiz sobre fatos, lacunas e antinomias, encontrando, enfim, a resolução dos conflitos.[3]

O autor referido, ao refletir sobre o conceito de Justiça, no aspecto formal, em certa altura, afirma:

---

[2] Sálvio de Figueiredo Teixeira. O Aprimoramento do Processo Civil como Garantia da Cidadania. *In* TEIXEIRA, Sálvio de Figueiredo (Coord.). *As Garantias do Cidadão Na Justiça*. São Paulo: Saraiva, 1993, p. 81-82.

[3] Chaïm Perelman. *Ética e Direito*. Trad. Maria Ermantina Galvão. São Paulo: Martins Fontes, 2000. Trad. de: Éthique et droit.
Apresentação de Alain Lempereur no livro referido – nota de apresentação do livro pela editora.

A noção de justiça sugere a todos, inevitavelmente, a idéia de certa igualdade. Desde Platão e Aristóteles, passando por Santo Tomás, até os juristas, moralistas e filósofos contemporâneos, todos estão de acordo sobre este ponto. A idéia de justiça consiste numa certa aplicação da idéia de igualdade. O essencial é definir essa aplicação de tal forma que, mesmo constituindo o elemento comum das diversas concepções de justiça, ela possibilite as suas divergências. Isto só é possível se a definição da noção de justiça contém um elemento indeterminado, uma variável, cujas diversas determinações ensejarão as mais opostas fórmulas de justiça.[4]

Realizando uma análise das principais concepções de Justiça concreta, destaca:

É ilusório querer enumerar todos os sentidos possíveis da noção de justiça. Vamos dar, porém, alguns exemplos deles, que constituem as concepções mais correntes da justiça, cujo caráter inconciliável veremos imediatamente: 1- A cada qual a mesma coisa. 2- A cada qual segundo os seus méritos. 3- A cada qual segundo suas obras. 4- A cada qual segundo suas necessidades. 5- A cada qual segundo sua posição. 6. A cada qual segundo o que a lei lhe atribui.[5]

E ainda:

Ora, não se pode dizer quais são as características essenciais, ou seja, aquelas que se levam em conta para a aplicação da justiça, sem admitir certa escala de valores, uma determinação do que é importante e do que não o é, do que é essencial e do que é secundário. É a nossa visão do mundo, o modo como distinguimos o que vale do que não vale, que nos conduzirá a uma determinada concepção da justiça concreta. Qualquer evolução moral, social ou política, que traz uma modificação da escala dos valores, modifica ao mesmo tempo as características consideradas essenciais para a aplicação da justiça. Ela determina, destarte, uma reclassificação dos homens em outras categorias essenciais.[6]

Assim, a discussão de acesso à Justiça significa encontrar os valores próprios que cada um elege em tal patamar, dentro das circunstâncias em que vive e segundo a satisfação das necessidades de cada pessoa, inserido no seu grupo social. Ressalta-se, nesse sentido, a instituição do Poder Judiciário com a obrigação de encontrar meios de atingir o sentimento de justiça e de pacificar a sociedade em todos os seus segmentos. Assevera também Chaïm Perelman:[7]

A existência de um poder judiciário independente, capaz de restringir a arbitrariedade dos outros poderes e de assegurar o respeito ao direito, em especial ao princípio de igualdade perante a lei, fornece certa garantia contra o tratamento desigual daqueles que se encontram na mesma situação jurídica. Mas, quando as situações são diferentes, competirá aos poderes legislativos e executivo decidir, em nome do interesse geral, se as diferenças devem ou não ser levadas em consideração. Quanto mais amplo é o controle do poder judiciário, mais ele poderá zelar por que, a pretexto de

---

[4] Chaïm Perelman, *Ética e Direito*, p. 1.

[5] Ibid., p. 9.

[6] Ibid., p. 30/31.

[7] Ibid., p. 235/236.

interesse geral, os outros órgãos do Estado não abusem de seu poder discricionário de uma forma arbitrária. Mas esse controle sempre delicado, que opõe, só poderá exercer-se utilmente nas sociedades em que uma opinião pública vigilante e respeitosa do direito conceder seu apoio ao mais fraco e ao menos perigoso dos poderes, o poder judiciário.

Como se vê, a participação do Poder Judiciário junto às comunidades, de uma forma mais direta, no sentido de levar a Justiça a cada parte interessada, precisa contar com o apoio da mesma sociedade, através dos mais diferentes órgãos e áreas de influência, para encontrar novas vias de acesso à Justiça.

A idéia de Justiça está presente em todos os momentos, é motivo de reflexão em todos os povos, em todos os tempos, é um desejo marcado no sonho de cada pessoa. Encontrar esse ideal representa a mais legítima aspiração do ser humano e, nesse sentido, a lapidar colocação de John Rawls[8] ao afirmar a prioridade da justiça no conserto das instituições sociais, com destaque para a eqüidade e as oportunidades aos cidadãos para terem acesso aos bens e meios que os coloquem como efetivo integrantes da sociedade e, nesse ideal, logicamente, está o acesso à Justiça, *in verbis*:

Cada pessoa possui uma inviolabilidade fundada na justiça que nem mesmo o bem-estar da sociedade como um todo pode ignorar. Por essa razão, a justiça nega que a perda da liberdade de alguns se justifique por um bem maior partilhado por outros. Não permite que os sacrifícios impostos a uns poucos tenham menos valor que o total maior das vantagens desfrutadas por muitos. Portanto numa sociedade justa as liberdades da cidadania igual são consideradas invioláveis; os direitos assegurados pela justiça não estão sujeitos à negociação política ou ao cálculo de interesses sociais. A única coisa que nos permite aceitar uma teoria errônea é a falta de uma teoria melhor; de forma análoga, uma injustiça é tolerável somente quando é necessária para evitar uma injustiça ainda maior. Sendo virtudes primeiras das atividades humanas, a verdade e a justiça são indisponíveis.

Essas proposições parecem expressar nossa convicção intuitiva sobre a primazia da justiça.

Há, sem dúvida, uma idéia de valorização da cidadania, destacando a importância do direito no contexto social, porque, em qualquer ponto do planeta, sempre se conduz o pensamento do verdadeiro direito com a realização da justiça, um desejo permanente no homem, destacado por Monreal[9] ao afirmar "(...) a justiça, como noção ética constitui um dado primário do espírito humano. Todo o homem aspira, nas relações com os demais, e experimenta uma reação colérica quando ela é ofendida".

---

[8] John Rawls, *Uma Teoria da Justiça*. Trad. Almiro Pisetta e Lenita M. R. Esteves. São Paulo: Martins Fontes, 1997, p. 04. Trad. de: A Theory Of Justice.

[9] Eduardo Novoa Monreal. *O direito como obstáculo à transformação social*. Trad. Gérson Pereira dos Santos Porto Alegre: Fabris, 1988, p. 62. Trad. de: El derecho como obstaculo al cambio social.

As transformações sociais são dinâmicas, ensejando excessos e desigualdades. A estrutura jurídico-legal não tem acompanhado o crescimento dos problemas em todos os campos da sociedade; então, o direito é requisitado para controlar e buscar a solução dos conflitos, para equilibrar os desajustes e desencontros de interesses. Nem sempre se torna possível resolver todos os problemas e situações conflituosas, porque as expectativas se alimentam, a todo momento, das reformulações e novidades sociais, políticas, jurídicas e econômicas, enfim, de todos os setores. Ao cidadão, portanto, importa o reconhecimento do seu direito, que tenha efetiva aplicação.[10] O arcabouço legal e jurídico, por outro lado, não se moderniza, não se atualiza suficientemente para fazer frente às mutações e, então, vão aumentando as insatisfações e desconfianças, porque a Justiça não atende suficientemente aos interesses almejados, não se faz efetivamente presente. Essas reclamações de acesso e da busca de igualdade nas relações sociais é que exigem da sociedade, como um todo, e do Poder Judiciário, como instituição, providências concretas para aproximar o cidadão, apresentando alternativas para apaziguar ânimos exaltados, encontrar a paz. Embora as teorias em torno da justiça sejam uma constante, a realidade social sofre modificações a cada dia, os fatos se multiplicam e se problematizam cada vez mais. O sistema legal, todavia, não acompanha essas mudanças com o dinamismo exigido e daí a necessidade de um atuar das instituições, responsáveis pela prestação jurisdicional, de forma explícita, transparente e objetiva. Valiosa a afirmação de um dos mais consagrados jusfilósofos, o brasileiro Miguel Reale:

> Uma lei, por exemplo, uma vez promulgada pelo legislador, passa a ter vida própria, liberta das intenções iniciais daqueles que a elaboraram. Ela sofre alterações inevitáveis em sua significação, seja porque sobrevêm mudanças no plano dos fatos (quer fatos ligados à vida espontânea, quer fatos de natureza científica ou tecnológica), ou, então, em virtude de alterações verificadas na tela das valorações. É sobretudo neste domínio que as "instituições valorativas", em curso no mundo da vida, sempre em contínua variação, mas nem sempre de caráter evolutivo ou progressivo, atua sobre o significado das normas jurídicas objetivadas e em vigor. A semântica jurídica, em suma, como teoria das mudanças dos conteúdos significativos das normas de direito, independentemente da inalterabilidade de seu enunciado formal, não se explica apenas em função do caráter expansivo ou elástico próprio dos modelos jurídicos, mas sobretudo em virtude das variações operadas ao nível da *Lebenswelt**, na qual o Direito afunda as suas raízes.
>
> * "mundo da vida" – (op. cit., p. 102)[11]

---

[10] "Direitos sem remédios judiciais não são direitos muito úteis para ninguém."
Carl J. Friedrich.. *Uma introdução à teoria política*. Trad. Leônidas Xausa e Luís Corção. Rio de Janeiro: Zahar Editores, 1970, p. 19.

[11] Miguel Reale. *Teoria Tridimensional do Direito*. 5. ed. rev. e aum. São Paulo: Saraiva, 1994, p. 103-104.

A visão de uma Justiça ideal para o cidadão decorre das transformações sociais, da evolução histórica do direito, da apreciação dos valores existentes e experimentados na construção da vida, levando estudiosos a elaborar novas teorias, novas concepções, encontrar novos paradigmas, realizar comparações e, muitas vezes, afirmar novos parâmetros para a compreensão da inestimável justiça. Nesse sentido, o acatado autor destaca:

Isto posto, entendo que a Justiça não é um valor que tenha um fim em si mesmo: é um valor supremo, cuja valia consiste em permitir que todos os valores valham, numa harmonia coerente de idéias e de atitudes.

Em verdade, sem base de justiça não pode haver ordem, nem segurança, assim como a riqueza passa a ser privilégio de alguns. O uso da força só é legítimo quando se funda em razões de justiça.

É por isso que, após Nova Fase do Direito Moderno, cheguei a uma definição do Direito, que pela primeira vez vou enunciar como homenagem aos jovens que me ouvem: "O Direito é a concretização da idéia de justiça na pluridiversidade de seu dever-ser histórico, tendo a pessoa como fonte de todos os valores".[12]

Em face da discussão sobre formas alternativas para a solução de litígios, entendemos a Justiça com dinamismo, com os olhos abertos, com a fronte erguida, com uma visão horizontina. Não conseguimos vê-la só de olhos vendados, estática, imóvel, como se estivesse descomprometida com os acontecimentos e fatos sociais. Apresenta-se, embora, se saiba, simbolizando imparcialidade e eqüidistância dos fatos, uma das características primaciais do Poder Judiciário. Sentimos e pensamos, outra forma de ver a Justiça, com análise das pessoas na sociedade e perante seu grupo, com verificação das diferentes regras e normas aplicáveis aos problemas, tudo como se constata na lição da titular de filosofia da New School of Social Research, em Nova Iorque, Agnes Heller:

O símbolo da Justiça é representado por uma mulher de olhos vendados, segurando uma balança. Eventualmente, ela também pode segurar uma espada. Essa é a representação típica do conceito formal de Justiça. O emblema da Justiça, conforme demonstrado por Giotto na capela de Arena, entretanto, é uma representação do conceito de justiça dinâmica, não-estática. A justiça aparece aqui como uma rainha segurando uma estátua em ambas as mãos, o anjo da guerra e o anjo da paz, o último sendo mais pesado que o primeiro. E a imagem não é vendada: seus olhos fixam-se para a frente, em direção ao futuro.

Restringimos aqui nossa discussão quanto ao emblema do conceito formal de justiça. A divindade é vendada por razões muito boas: ela não precisa ver que os atos estão sendo pesados. A justiça precisa ser impessoal e imparcial.[13]

A Justiça representa para nós o reconhecimento da verdade e, num processo, luta-se pela descoberta dessa verdade. Havendo um litígio, é por-

---

12 Ibid., p. 128.
13 Agnes Heller. *Além da Justiça*. Trad. por Savannab Hartmann. Rio de Janeiro: Civilização Brasileira, 1998, p. 27. Trad. de: Beyond justice.

que se discute um direito ferido, e quem deva repará-lo; mas, para essa solução, é preciso que reine o império da razão, pois, sem esta, estará se dando ganho de causa a alguém que não merece e, dessa forma, praticando-se a injustiça. Num processo, o juiz vê a realidade da vida, com razões diferentes, desencontradas, exigindo uma tomada de posição diante da situação concreta, para uma decisão justa. Resolver situações antagônicas exige uma interpretação ampla e aberta do sistema jurídico, para que o direito tenha efetiva aplicação.[14]

O acesso à Justiça, como um direito fundamental, recomenda uma atuação sintonizada com outros mecanismos estruturais e organizados das comunidades, numa ação direta no local dos fatos, ali procurando resolver situações que normalmente não chegariam jamais ao Judiciário, quer pela ausência dos poderes constituídos, quer pelos altos custos de um processo, em razão das despesas diversas, como papéis, documentos, e trabalhos de profissionais, quer pela demora da tramitação dos feitos, uma marca que se propaga e que já se torna, infelizmente, uma realidade constrangedora e desestimulante para buscar a justiça nos fóruns e tribunais.

Outros meios para encontrar a pacificação entre as partes, utilizando o próprio ambiente em que vivem, com uma linguagem compreensível, com a simplificação de procedimentos são propostas para que o Judiciário possa ser entendido pelo jurisdicionado, no sentido de valorização da dignidade humana.[15] Então, o ônus de quem é responsável pela aplicação do direito.

---

[14] "Entretanto, nos lindes e nas fronteiras inerentes ao sistema e no manejo adequado do metacritério da hierarquização axiológica, é deveras evidente que a justiça se apresenta como um dos elementos essenciais e juridicamente indispensáveis à legitimidade e à continuidade mesma do Direito positivo. Deve, pois, a interpretação sistemática, à base substancial do sistema objetivo, visar a suplantação das antinomias de avaliação ou injustiças, sem que o exegeta se sobreponha autoritariamente ao sistema jurídico, pressuposta razoabilidade mínima no Estado Democrático.
Entre limites e a partir disso, como se esclareceu ao se conceituar antinomia – depois de realçar a sua dimensão principiológica, normativa e axiológica – pode a incompatibilidade jurídica também ser vista como um descompasso entre o que a ordem originariamente estabelece e o que contemporaneamente deveria estabelecer ou obter (entre o Direito posto e o Direito que seria justo e sistemático, inclusive na sua atualização)." Juarez Freitas. *A Interpretação Sistemática do Direito.* 2.ed. rev. aum. São Paulo: Malheiros, 1998, p. 99-100.
[15] "Não surpreende, pois, que importantes institutos jurídicos previstos na nova constituição continuem ineficazes. O problema eficacial das normas passa, fundamentalmente, por um redimensionamento do papel dos operadores do Direito, do Poder judiciário e do Ministério Público, defensor da ordem jurídica e do regime democrático. Para tanto, deve ficar claro que a função do Direito – no modelo instituído pelo Estado Democrático de Direito – não é mais aquela do Estado Liberal-Absenteísta. O Estado Democrático de Direito representa um *plus* normativo em relação ao Estado Social. Dito de outro modo, o Estado Democrático de Direito põe à disposição dos juristas os mecanismos para a implantação das políticas do *welfare state*, compatíveis com o atendimento ao princípio da dignidade da pessoa humana." Lenio Luiz Streck. Os Meios de Acesso do Cidadão à Jurisdição Constitucional, a Argüição de Descumprimento de Preceito Fundamental e a Crise de Efetividade da Constituição. *Revista da Esmafe*, Recife, v. 6, n° 13-257-290.p. 257-290, jan./jun. 2001.

1.3. Os juízes e os conflitos sociais

Muitas são as causas a retardar a prestação jurisdicional, e não se pode atribuir aos juízes toda a culpa e responsabilidade pela morosidade da Justiça. A Justiça tem sido atacada e, na maioria das vezes, toma uma posição passiva, não se defende e, quando o faz, os setores interessados na crítica não dão a devida importância, fazendo com que a opinião pública tenha informações, muitas vezes, distorcidas da realidade. Essa preocupação foi expressa, de alguma forma, por ocasião da Abertura de mais um Ano Judiciário do Rio Grande do Sul:

> Não nos consideramos em débito para com as expectativas da comunidade. Não nos detemos nem recuamos na busca do constante aprimoramento. A crônica escassez de recursos materiais, superamo-la quanto possível, suprindo carências com redobro de esforço e dedicação. Ao costumeiro desamor da mídia, sempre inclinada a exagerar nossos fracassos e deficiências e calar nossos triunfos, respondemos com um dado concreto e objetivo: no ano findo, o Poder Judiciário deste Estado foi reconhecido como o mais eficiente e aprimorado do país, em avaliação do Supremo Tribunal Federal, divulgada durante encontro nacional de presidentes de tribunais. Eventuais interesses corporativos ou setoriais contrariados por nossa atuação não nos preocupam enquanto estivermos convencidos de que o interesse geral da comunidade está sendo bem servido.[16]

Querer uma Justiça moderna não significa somente mudar as normas disciplinadoras do processo. É preciso criar uma consciência de que o direito do cidadão deve ser respeitado, evitando uma prática de litigar simplesmente para se opor a um direito, que muitas vezes já é consenso e reiteradamente decidido numa determinada direção. A falta de espaços nas pautas dos juízes é resultado também da reiteração de medidas provisórias, da ocorrência de repetidos planos econômicos e muitas outras ações governamentais, que geram dúvidas, problemas e insatisfações na sociedade. Tudo isso contribui para dificultar o acesso à Justiça. Por sinal, o próprio Estado é cliente dos mais assíduos perante o Poder Judiciário, aumentando consideravelmente o número de processos para julgamento.

A complicar ainda mais, distanciando o indivíduo de um sistema de prestação jurisdicional mais rápido e efetivo, está a justificável reclamação sobre o exagero de leis existentes no Brasil, milhares delas desconhecidas, um verdadeiro cipoal, malredigidas, que leva a uma insegurança Jurídica e contribui para novos litígios, exigindo juízes preparados para interpretá-las.[17] Há críticas acirradas sobre os Códigos que integram o sistema jurídico

---

[16] Discurso do Desembargador Adroaldo Furtado Fabrício, in *Revista de Jurisprudência do Tribunal de Justiça do Estado do Rio Grande do Sul*, Porto Alegre, n. 135, p. 471-472, ago/89.

[17] E. D. Muniz de Aragão. O Processo Civil no limiar do novo século. *Revista Cidadania e Justiça*, Rio de Janeiro, n.8, ano 4, p. 50/66, 1º semestre de 2000.

brasileiro, alguns concebidos e discutidos há mais de um século[18] e que, em muitos pontos, precisam se coadunar com os novos tempos, os novos paradigmas da sociedade contemporânea. O recente Código Civil, Lei n° 10.406, de 10 de janeiro de 2002, está retratando novas realidades e já sofre críticas por não atender a dinâmica dos fatos sociais.

Numa época em que o Poder Judiciário tem sido muito discutido e até contestado em sua atuação, vivendo uma crise de conceitos e valores, precisa estar preparado para essas novas formulações sociais. A existência de mudanças extraordinárias na sociedade cria a obrigação de rever pontos de vista e modelos de procedimentos, a fim de acompanhar e atender essas exigências resultantes do entrechoque da convivência em sociedade. É compreensível que os institutos sociais e jurídicos devam encaminhar-se para reformulações, como é o caso do novo Código Civil, que a sociedade brasileira vê chegar e espera que na modernização do Poder Judiciário haja estrutura material e pessoal para atender a novas demandas que, por certo, ocorrerão. Não só novos instrumentos jurídicos são importantes, mas também uma formação cultural voltada à descentralização dos serviços judiciários, com a aproximação do cidadão e uma consciente responsabilidade de enfrentar a tão reclamada morosidade e lentidão da Justiça.

Sabidamente, a ciência do direito apresenta-se com muitas facetas. A linha do pensamento positivo dirige seu campo de compreensão escudado na lei, exatamente porque esta emerge do Estado organizado. Assim, a ótica de vislumbrar o direito é como se estivesse vendo a própria lei, porque estaria desempenhando em tal concepção uma força resultante de quem manda, de quem domina, de quem tem o Poder de ditá-la.[19] Ora, o mundo que palpita na vida real, que está sendo vivenciado por todos, e não somente por aqueles que têm o privilégio do exercício do poder, é, muitas vezes, diferente e distanciado da realidade da lei que fora gerada num determinado momento, levando em conta certas situações para atender determinados objetivos que não aqueles voltados totalmente para a sociedade.

Um outro aspecto é a lei adotada, muitas vezes concebida para atender a determinados interesses, não tendo a suficiente discussão com a sociedade. Tantos são os problemas divulgados, além daqueles não conhecidos, mas que impressionam pela paz social perturbada, pelas reclamações contra o sistema colocado à disposição das pessoas. É necessário, pois, vislumbrar um outro horizonte para o direito, que não aquele baseado unicamente num sistema legalista.[20] A Constituição de 1988, legitimada num processo cons-

---

[18] Lei n° 3.071, de janeiro de 1916 (Código Civil) e Lei n° 556, de junho de 1850 (Código Comercial).

[19] Roberto Lyra Filho, Direito e Lei, *In* O Direito Achado na Rua. Curso de Extensão Universitária, Universidade de Brasília,1987.

[20] "JUDICIÁRIO E JUSTIÇA – Dito de outro modo: como nesse 'espaço', pode emergir um direito original e legítimo, voltado mais à questão da justiça do que aos problemas de legalidade, cabe a uma

tituinte, traz em seu bojo uma série de direitos e também de deveres. Entretanto, não se pode esquecer que ela reflete a sociedade, representada com sonhos, incertezas, dúvidas, crises e esperanças.[21] No entrechoque de direitos e deveres, o Judiciário é chamado a exercer um papel de suma importância para a sociedade, dirimindo conflitos, estabelecendo parâmetros e determinando diretrizes, reequilibrando as partes no processo e no convívio do grupo social, influindo nas relações pessoais. Por isso, a experiência, somada ao poder de valorar a prova e julgar, deve orientar o juiz para ficar sempre ao lado do direito,[22] não sendo simplesmente um cumpridor autômato do sistema legalista, mas realizando uma interpretação frente à realidade social em que está decidindo com os olhos voltados para alcançar a efetiva Justiça.

Ao constatar uma Constituição que apresenta em seu bojo expectativas enormes quanto ao direito à saúde, à educação, ao trabalho e à justiça, efetivamente criam-se sonhos que, não se realizando, originam frustrações e desesperanças. Nessa conjuntura, vislumbra-se o Poder Judiciário como uma porta de entrada e receptiva para os problemas das comunidades. É compreensível, pois, que diante de tantas contradições, deva ser chamado a dizer o direito no seu mais amplo sentido, não podendo simplesmente deixar de ver as transformações que ocorrem e que, muitas vezes, o sistema legal não acompanha essa evolução que a sociedade impõe. Essas situações, como tantas outras do dia-a-dia, pelo seu valor, necessitam de uma declaração do Judiciário, na interpretação do direito. Daí a diferença existente de quem produz a lei e daqueles integrantes de um poder de dar efetivo cumprimento à lei, no interesse do cidadão.[23] Realmente é um tema importante, em que também se discute a viabilidade da Justiça informal para um efetivo atendimento do direito reclamado. Ocorre que ao Poder Judiciário é confiada a missão de discernir os conceitos estabelecidos no sistema legal e aplicar, nos casos apresentados, o melhor direito e a aproximação das

---

magistratura com um conhecimento multidisciplinar e poderes decisórios ampliados a responsabilidade de reformular a partir das próprias contradições sociais os conceitos fechados e tipicamente dos sistemas legais vigentes. Sob pena de a magistratura ver progressivamente esgotada tanto a operacionalidade quanto o acatamento de suas decisões face a expansão de conflitos coletivos." José Eduardo Faria. *Direito e Justiça: A Função Social do Judiciário*. São Paulo: Ática, 1989, p. 105.

[21] Nagib Slabi Filho. O Conviva de Pedra e a Insurgência Alternativa do Direito Achado na Rua. *Revista de Direito*. Rio de Janeiro, Vol. 17, p. 19.

[22] "O direito não é um fim, mas um instrumental da cultura a serviço do homem que, nas suas relações, cria-o e recria-o constantemente para ajustá-lo às exigências da vida necessária, pois, compreendê-lo como algo animado, que se transforma continuamente para acompanhar a vida social que flui." Alberto G. Spota. *O Juiz, o advogado e a formação do direito através da Jurisprudência*. Trad. por Jorge Trindade. Porto Alegre: Fabris, 1985. Trad. de: El Juez, El Abogado Y La Formacion Del Derecho Atraves De La Jurisprudencia.

[23] "A politização da Justiça, nesse sentido, é diferente da politização do Legislativo ou do Executivo. Diante de um Judiciário neutralizado, aqueles dois poderes produzem normas, mas não criam o direito" Tércio Sampaio Ferraz Jr. O Judiciário frente à divisão dos poderes: um princípio em decadência. *Revista da Universidade de São Paulo*, São Paulo, n. 21, p. 21, mar./abr. 1994.

pessoas com os seus problemas, conduz a uma solução mais rápida dos conflitos.

Vive-se num Brasil de tamanho continental, em que se constatam flagrantes discrepâncias regionais, diferentes classes sociais, desigualdades não só no campo da oportunidade de trabalho e de obtenção de rendas, mas também na formação cultural. Numa seara assim, é que o juiz atua resolvendo conflitos e lutando para encontrar um ponto de equilíbrio diante de interesses contrapostos, em que o grito de inconformidade e de injustiça, cada vez mais, reclama pela afirmação do direito. Assim, o Estado deve estar preparado para afirmação da cidadania, porque a pessoa compõe o Estado Democrático de Direito.[24]

A busca de maior acesso à Justiça é uma aspiração de todos os povos. Relativamente ao Brasil, precisa o Estado estar condizentemente organizado para fazer frente ao crescimento das exigências dos cidadãos. A Constituição de 1988 afirmou uma gama de direitos, entretanto, há falta de mecanismos e de infra-estrutura para o atendimento dos objetivos propostos no Estado Democrático de Direito existente. O desejo do povo brasileiro para que sejam implementadas reformas estruturais nos campos tributário, previdenciário e no próprio Judiciário representa a necessidade de tornar possíveis os direitos constitucionalmente afirmados e fundamentais à atualidade do país.

De nada adianta serem afirmados direitos na Constituição Federal e na legislação infraconstitucional se, na prática, o jurisdicionado precisa percorrer um calvário de exigências formais e aguardar por um tempo excessivo a decisão sobre o direito reclamado, que resultará em descrédito do Poder Judiciário. Esse Poder age com a Constituição, depende de seus juízes, também da classe jurídica, dos advogados e de todos envolvidos na busca de Justiça e na construção de uma sociedade melhor,[25] para evitar a descrença na Justiça.

1.4. O sistema oficial e o descrédito da justiça

O cidadão, não crendo na Justiça, afasta-se do sistema oficial, somando-se a milhares de pessoas que não mais procuram o Judiciário, sem falar em outro número infindável de cidadãos, distante das organizações judiciárias, agindo com outro sistema totalmente informal e descomprometido da

---

[24] Norberto Bobbio. *A Era dos Direitos*. Trad. por Carlos Nelson Coutinho. 8.ed. Rio de Janeiro: Campus, 1992. Trad. de: L'eta dei diritti.

[25] Ada Pellegrini Grinover. A crise no Poder Judiciário. *Revista da Procuradoria-Geral do Estado de São Paulo*, v. 34, p. 25, 1990.

realidade estatal, concebendo seus próprios caminhos e sua própria forma de resolver seus problemas. O Estado organizado deve voltar a atenção para essas situações, não só visando a uma prestação jurisdicional eficiente e rápida, mas ensejando à sociedade, em todos os seus campos, oportunidades para a solução dos conflitos. Justiça efetiva significa garantir o direito fundamental da cidadania.

A sociedade, como um todo, e o mundo jurídico têm reclamado e discutido problemas que afetam a distribuição da Justiça. Por isso, a conciliação e a mediação, como condutores de um novo modelo de Justiça, buscam evitar o interminável caminho da decisão emanada de um processo tradicional.

É consabido que uma decisão considerada injusta cria insatisfação, mas também quando a demora existe, gera um clima de descontentamento, tanto que o mestre Rui Barbosa, na sua consagrada obra *Oração aos Moços,* discorre sobre a justiça tardia e critica a demora nos julgamentos:

> Mas justiça atrasada não é justiça, senão injustiça qualificada e manifesta. Porque a dilação ilegal nas mãos do julgador contraria o direito escrito das partes, e, assim, as lesa no patrimônio, honra e liberdade. Os juízes tardinheiros são culpados, que a lassidão comum vai tolerando. Mas sua culpa tresdobra com a terrível agravante de que o lesado não tem meio de reagir contra o delinqüente poderoso, em cujas mãos jaz a sorte do litígio pendente.[26]

Esse ideal de Justiça efetiva, menos morosa, passa por dificuldades, pois não está localizada simplesmente na atividade dos juízes e dos servidores, que convivem com um número excessivo de processos, há outras causas contribuindo para essa tão criticada situação. São práticas forenses com base numa estrutura processual formalista e com um sistema recursal muito amplo, possibilitando utilizar-se de uma legislação que facilita o retardamento do processo. Sempre que há interesses de alguma parte ou de algum profissional visando ao retardamento do processo, infelizmente, prejudica, com tal atitude, o próprio objetivo de eficácia e rapidez na prestação jurisdicional e, com isso, a própria Justiça.

O formalismo causa um grande mal e se faz presente, muitas vezes, quando são exigidas providências como, por exemplo, o reconhecimento de firma em alguns documentos mesmo quando há previsão legal da dispensa de tal exigência, concorrendo para desanimar e afastar o cidadão da Justiça. Causas como essas se constituem em barreiras a dificultar e, às vezes, até mesmo a impedir o rápido andamento do processo.

Por isso, toda iniciativa visando a diminuir o tempo de duração do processo é aplaudida, valendo referir medidas agilizadoras com o fito de modificação na área processual civil, como é o caso da Lei nº 10.173, de 9

---

[26] Rui Barbosa. *Oração aos Moços.* Rio de Janeiro: Simões, 1947, p. 70/71.

de janeiro de 2001, que dá prioridade de tramitação aos procedimentos judiciais em que figure como parte pessoa com idade igual ou superior a sessenta e cinco anos, com o objetivo de a Justiça se fazer presente a quem tem um limite de vida e uma expectativa de direito. Nesse sentido, outro exemplo a ser citado é a Lei nº 7.853, de 24 de outubro de 1989, facilitando a vida de todos os cidadãos portadores de deficiência física, o que representa a humanização do direito e viabiliza o caminho da Justiça.

Para que se possam afirmar princípios de liberdade e igualdade dos cidadãos, garantindo direitos sociais, é preciso que se tenham instrumentos capazes de realização. É necessário, para tanto, a consciência de que ocorreu uma evolução de um modelo liberal para o de um Estado Social de Direito, em que o individual cede lugar a um interesse mais amplo e coletivo.[27] Acontece que a existência de um Estado considerado Democrático de Direito requer uma atuação eficaz para atender aos anseios dos cidadãos, que vão se estruturando e evoluindo normalmente numa democracia, pelo estímulo e as mais diversas formas de participação no meio social.[28] Por isso, os movimentos de acesso à Justiça, ocupando o tempo de pensadores e estudiosos, no sentido de resolver problemas com mudanças que vençam as barreiras do formalismo.[29] Essa idéia de acesso à Justiça apresenta-se, pois, como fundamental dentro de um moderno conceito social-liberal do Estado, em que se sobressai o sentido de uma situação de bem estar, promovido pelo Estado, que se espelha no conceito e sentido do *Welfare State*,[30] para garantir o atendimento mínimo de afirmação da cidadania. Importa dizer que não adianta a Constituição prever o princípio do acesso à Justiça, se não garantir o seu exercício, pois não passará de algo escrito, tão-somente, sem executividade.[31]

Ora, em que pesem todas as reformas processuais que têm ocorrido, as incontáveis leis que procuram contornar problemas e situações, muitas

---

[27] "Dicha evolución viene marcada, se dice, por el paso del Estado liberal de Derecho al Estado social de Derecho, concibiéndose éste como fórmula que, a través de una revisión y resjuste Del sistema, evite los defectos des Estado abstencionista liberal, y sobre todo del individualismo que le servá de base, postulando planteamientos de carácter 'social' que, por otra parte, queden también perfectamente diferenciados de cualquier otro sistema cercano a los totalitarismos fascistas. El Estado social de Derecho, 'casi' es obvio advertirlo, continúa constituyéndose como auténtico Estado de Derecho". Elias Díaz. *Estado de Derecho y sociedad democrática*. 6.ed. Espanha: Taurus Ediciones, 1988, p. 83.

[28] Rogério Gesta Leal. *Teoria do Estado: Cidadania e poder político da modernidade*. 2.ed. rev. e ampl. Porto Alegre: Livraria do Advogado, 2001, p. 212/213.

[29] "Quanto ao plano do método de pensamento. Mais obviamente o movimento de acesso à Justiça, próprio por que não se contenta com uma mera descrição do ato jurídico positivo, propõe também uma grande responsabilidade do jurista no plano de elaboração, ou da projeção, das reformas, de modo a responderem, a contento, aos critérios da acessibilidade." Mauro Cappelletti. Acesso à Justiça e a função do jurista. *Revista de Processo*, v. 61, p. 144/160, jan./mar. 1991.

[30] Maria Isabel Pereira da Costa. *Constitucionalismo ou Neoliberalismo: o que interessa e a quem?* Porto Alegre: Síntese, 1999, p.47/49.

[31] Konrad Hesse. *A força Normativa da Constituição*. Trad. por Gilmar Ferreira Mendes. Porto Alegre: Fabris, 1991. 37p. Trad. de: Die Normative Kraft Der Verfassung.

com origem numa jurisprudência reiterada frente a casos concretos, não têm sido suficientes para atender às reclamações da sociedade. A necessidade de enfrentar a crise da morosidade da Justiça tem inquietado o meio jurídico, como refere o professor gaúcho Ovídio A. Baptista da Silva:

Ao fazermos estas observações, queremos ressaltar uma de nossas premissas, qual seja a de que o direito, nas circunstâncias atuais, não poderá, definitivamente, emergir da situação de crise em que se encontra, por seus próprios meios. As matrizes e fontes geradoras dessa situação de angústia e insatisfação geral para com os instrumentos de que dispõe o direito processual civil e o desencanto, cada vez mais visível, com as soluções que ele pode oferecer, haverão de ser buscadas em estratos mais profundos de nossa organização social e política.

5. Há outra advertência, ainda, que deve ser feita, antes de entrarmos no primeiro ponto de nossa análise. A morosidade da justiça tem sido um fenômeno constante na história da civilização ocidental, ao que se sabe desde os albores do direito romano histórico, às vezes suportável, outras vezes tornada dramaticamente intolerável, a ponto de provocar reformas mais ou menos profundas no mecanismo judiciário.

O que tem mudado, a ponto de tornar-se, em nosso tempo, um verdadeiro drama existencial, é a forma como o homem moderno se comporta e reage ante o eterno problema da morosidade da justiça humana.[32]

Esse problema é também responsabilidade do próprio excesso de atos processuais, complexos, e, muitas vezes, repetitivos, que não permitem um dinamismo maior na prestação jurisdicional, desaguando numa lentidão do processo, afetando os jurisdicionados. Há uma crise do próprio Direito, agravada pelo grande volume de ações propostas e recursos existentes, que esperam por uma decisão final, em que o número de julgadores se torna insuficiente para o volume de processos, no sentido de atender de forma pronta e eficaz aos interesses das partes. Uma Justiça lenta e tardia leva à sensação de que o tão esperado direito está sendo negado, como afirma J. J. Calmon de Passos:[33]

O direito é a única forma de realização histórica da justiça. Isso não significa seja o direito a realização da justiça absoluta, ou da mais perfeita forma de justiça. Ele é apenas um projeto de justiça, nos limites da contingência que para ela ditam e para ela põem as correlações reais de forças na sociedade. Pode-se, pois, dizer que uma ordem jurídica realiza tanto mais justiça quanto menos necessidades deixa insatisfeitas e quanto menos expectativas desatendidas ocasiona, e tanto mais injusta quanto mais desigualiza privilegiando, com o que agrava o número dos excluídos e dos insatisfeitos. E a medida de justiça ou injustiça de uma ordem jurídica se afere pelo grau de coerção que ela precisa para assegurar a realização do direito formalmente posto.

---

[32] Ovídio A. Baptista da Silva. Democracia Moderna e Processo Civil. *In* GRINOVER, Ada Pellegrini; DINAMARCO, Cândido Rangel; WATANABE, Kazuo (Coord). *Participação e Processo*. São Paulo: Revista dos Tribunais, 1988, p. 100.

[33] J. J. Calmon de Passos. Processo e Democracia. *In* GRINOVER, Ada Pellegrini; DINAMARCO, Cândido Rangel; WATANABE, Kazuo (Coord). Op. cit., p. 87.

O ACESSO À JUSTIÇA E SOLUÇÕES ALTERNATIVAS

O Poder Judiciário precisa combater suas deficiências e encontrar novos caminhos no interesse do cidadão. Urge facilitar o acesso à Justiça, porque nos dias atuais, novos modelos, novas técnicas, novos paradigmas estão surgindo, e o processo exige uma forma menos complicada. Formalismos exacerbados devem ser eliminados para a construção de um instrumento processual ágil, atendendo ao ideal de uma nova política judiciária e alcançar realmente o interesse do cidadão.[34]

A complicar o pronto atendimento das demandas, embora salutar a discussão acadêmica, é de lembrar que, entre seus juízes, existem posições conflitantes no enfrentar os problemas. Se, de um lado está quem se coloca simplesmente com o sistema legal, obediente à afirmativa de que o Judiciário não cria as regras jurídicas e, existindo a norma legal, deve ser aplicada sem qualquer discussão. Por outro, há quem, levando em conta as normas legais, considera na interpretação a realidade social contemporânea, cogitando da melhor aplicação para a justiça no caso concreto,[35] mas todas essas circunstâncias demandam tempo.

É importante frisar, porém, que tem aumentado a intervenção do Estado-Juiz para decidir situações sempre mais complexas e inusitadas e, desse atuar, é que vai se formando uma jurisprudência a servir de guia para uma legislação mais moderna e mais consentânea com o mundo real. Exemplo dessa influência é que se vivencia no campo do Direito de Família, com repercussão positiva em outros ramos do direito. O exercício da jurisdição, portanto, está a exigir mais preparo, conhecimento e consciência da realidade a ser enfrentada e, dessa administração da justiça, incluem-se, logicamente, advogados, membros do Ministério Público e outros órgãos ligados à operacionalidade do direito.[36]

---

[34] "O tema do acesso à justiça é aquele que mais diretamente equaciona as relações entre o processo civil e a justiça social, entre igualdade jurídico-formal e desigualdade socioeconômica. No âmbito da justiça civil, muito mais propriamente do que no da justiça penal, pode falar-se de procura, real ou potencial, da justiça. Uma vez definidas as suas características internas e medido o seu âmbito em termos quantitativos, é possível compará-la com a oferta da justiça produzida pelo Estado. Não se trata de um problema novo. No princípio do século, tanto na Áustria como na Alemanha, foram freqüentes as denúncias da discrepância entre a procura e a oferta da justiça e foram várias as tentativas para a minimizar, quer por parte do Estado (a reforma do processo civil levada a cabo por Franz Klein na Áustria), quer por parte dos interesses organizados das classes sociais mais débeis (por exemplo, os centros de consulta jurídica organizados pelos sindicatos alemães). Foi no entanto no pós-guerra que esta questão explodiu. Por um lado, a consagração constitucional dos novos direitos econômicos e sociais e a sua expansão paralela à do Estado de bem-estar transformou o direito ao acesso à justiça num direito charneira, um direito cuja denegação acarretaria a de todos os demais". Boaventura de Souza Santos. Introdução à sociologia da administração da justiça. In FARIA, José Eduardo (Org.) *Direito e Justiça: a Função Social do Judiciário*. São Paulo: Ática, 1989, p. 45.

[35] José Eduardo Faria. Justiça e Conflito: Os Juízes em Face dos Novos Movimentos Sociais. São Paulo: *Revista dos Tribunais*, 1991, p. 115/116.

[36] "O advogado, apresentando ao juiz os casos vivos do direito, permite a este que pronuncie a vontade concreta da lei em cada espécie judicial, adequando a norma legal, através de seu texto, de seus antecedentes históricos e da estimativa jurídica, a fim de que ela seja um instrumento de paz social e de garantia dos valores éticos, sociais e econômicos. Isso significa que a jurisprudência, ou seja, a

A reestruturação do Poder Judiciário é uma decorrência das transformações que se operam em todos os campos do conhecimento humano e, portanto, o aperfeiçoamento das instituições se torna uma exigência natural e compreensível para poder acompanhar as mudanças sociais. É preciso, sem dúvida, uma atualização constante para que o acesso à Justiça esteja sempre assegurado, com garantia do amplo direito de defesa.[37]

Atua também como fator importante na solução dos conflitos a independência do juiz, porque interessa à sociedade, eis que não se admite nenhuma pressão ou comprometimento que possam afetar a consciência do magistrado, de quem se requer, igualmente, capacidade, equilíbrio e coragem no seu papel de julgar. Ademais, reiteradamente tem sido afirmado que só haverá democracia com um Poder Judiciário independente para assegurar os direitos da cidadania. Os juízes, na verdade, precisam sentir os anseios da sociedade, não se isolando do mundo e deixando de perceber as transformações extraordinárias que estão ocorrendo no campo social, econômico, tecnológico-industrial, no comportamento humano e que afetam diretamente o mundo jurídico.

O Poder Judiciário não pode ficar alheio à realidade, devendo acompanhar o crescimento e o desenvolvimento que se faz sentir em todas as direções, buscando uma reestruturação e dinamizando seus serviços, para não ser surpreendido e até substituído pela iniciativa de uma "justiça privada". Urge, possa efetivamente cumprir com seu relevante e imprescindível mister na sociedade, de construção de um sólido e duradouro Estado Democrático no Brasil. Nesse sentido, a idéia de instalar Centros de Conciliação e Mediação, devidamente descentralizados para os municípios, distritos, bairros, vilas, como verdadeiras casas da cidadania e numa efetiva descentralização dos serviços judiciários, vinculados aos Juizados Especiais, onde existirem, ou nas varas e comarcas do juízo comum, de acordo com a organização Judiciária de cada Estado, com a participação de juízes leigos, conciliadores e mediadores. Essa forma de distribuição da Justiça já se pratica, de alguma forma, no vizinho Estado de Santa Catarina, com o denominado projeto "Casa da Cidadania". A preocupação com comunidades carentes e desprovidas de um atendimento imediato preocupa igual-

---

praxis judicial ou uso forense, tende a criar um novo direito, dentro do marco de possibilidades do texto legal, tratando de preencher a lacuna entre a lei e autêntica vida jurídica. A jurisprudência como fonte do direito – pelo menos, como fonte material, quer dizer, ainda quando resulte ser uma fonte formal, – impede que o processo de cristalização do direito ocasione o divórcio entre a lei e ávida do direito, entre a norma e o direito que em realidade vige. É eterno drama entre a certeza do direito e a justiça. A lei, por mais aperfeiçoada que se a conceba, resulta sempre imperfeita". Alberto G. Spota. *O Juiz, o advogado e a formação do direito através da Jurisprudência.* Trad. por Jorge Trindade. Porto Alegre: Fabris, 1985. Trad. de: El Juez, El Abogado Y La Formación Del Derecho Atraves De La Jurisprudencia, p. 12.

[37] "O Legalismo expulsou a justiça". Dalmo de Abreu Dallari. *O Poder dos Juízes.* São Paulo: Saraiva, 1996, p. 3.

mente o Poder Executivo, bem como o Legislativo. Nesse campo há projetos, como no Estado de São Paulo, com os chamados Centros de Integração da Cidadania, coordenados pela Secretaria da Justiça e da Defesa da Cidadania, em que objetiva o oferecimento de inúmeros serviços públicos, com a participação do Poder Judiciário para a resolução de conflitos, onde se destaca o atendimento a bairros e vilas, sob a forma itinerante.[38] Essa interação e união entre os Poderes Constituídos é de suma importância para a cidadania e aponta um caminho a seguir.

Estamos hoje numa outra realidade, vivendo um outro tempo, com uma constatação multifacetária, em que se avoluma assustadoramente a violência, crescem os problemas e, cada vez, são mais complexos os relacionamentos entre indivíduos e entre estes e o Estado. As reclamações tornam-se mais freqüentes, e a imagem das instituições acaba desgastada porque não consegue corresponder com efetividade às exigências e expectativas do cidadão.

Nesse contexto preocupante, então, faz-se necessário que o Poder Judiciário exerça um papel de liderança e de efetivo respeito perante a sociedade, mas para tanto, precisa modernizar-se na estrutura, na linguagem, no próprio comportamento de seus integrantes, com maior diálogo e maior compreensão no meio em que atua e da realidade em que exerce tão importante mister.[39]

Para resolver as causas que emergem cada vez em maior número, uma reforma é necessária no meio do Poder Judiciário, não só quanto aos mecanismos processuais que estão ainda excessivamente burocratizados, causando demora na entrega da jurisdição, mas também, concernentemente ao modelo de administração que teima em continuar com práticas burocratizantes e ultrapassadas, com descrédito da Justiça. A atualização nas formas de planejamento e a utilização de técnicas modernas de administração, como se sabe, são amplamente empregadas no campo da iniciativa privada. No Judiciário, é preciso rever métodos de trabalho, de aperfeiçoamento para quem irá distribuir a Justiça, não esquecendo a humanização do direito, em que se priorize a conciliação, evitando o caminho de uma sentença que no final resulta em desagrado para uma das partes e, inúmeras vezes, não satisfaz nenhuma delas, gerando mais conflitos. Assim, justificado o repensar de novas diretrizes para a busca do direito.

---

[38] José Renato de Campos Araújo. O Projeto CIC (Centro de Integração da Cidadania). *In* SADEK, Maria Tereza (Org.). *Acesso à Justiça*. São Paulo: Fundação Konrad Adenauer, 2001, p. 205/240.

[39] "Judiciário e Justiça. Dito de outro modo: como nesse 'espaço' pode emergir um direito original e legítimo, voltado mais à questão da Justiça do que aos problemas de legalidade, cabe a uma magistratura com um conhecimento multidisciplinar e poderes decisórios ampliados a responsabilidade de reformular a partir das próprias contradições sociais os conceitos fechados e tipificantes dos sistemas legais vigentes. Sob pena de a magistratura ver progressivamente esgotada tanto a operacionalidade quanto o acatamento de suas decisões face a expansão de conflitos coletivos." José Eduardo Faria. *Direito e Justiça – A Função Social do Judiciário*. São Paulo: Ática, 1989, p. 105.

1.5. Os Caminhos para o Reconhecimento do Direito

O caminho da democratização do Poder Judiciário requer eficiência de trabalho e, para tanto, é preciso desligar-se de sistemas e práticas viciosas na solução dos conflitos. O aplauso da comunidade jurídica e da sociedade em geral é voltado para iniciativas de mudanças no mundo jurídico brasileiro, como ocorreu com os Juizados de Pequenas Causas, com a Lei nº 7.244, de novembro de 1984, dispondo sobre a criação e o funcionamento desse sistema. Constituíram-se esses Juizados em alvissareira notícia, apresentando saídas e simplificando as formas de atuação do processo, trazendo uma nova experiência de acesso à Justiça, mostrando caminhos mais fáceis para o reconhecimento de um direito. A informalidade, a exclusão de despesas com o processo, o estabelecimento de uma nova visão de organização judiciária, permitiram que um número maior de cidadãos pudesse recorrer ao Poder Judiciário. O professor Cândido Rangel Dinamarco, um dos incentivadores dessa nova Justiça, afirma:

> A garantia de *ingresso em juízo* (ou do chamado "direito de demandar") consiste em assegurar às pessoas o acesso ao Poder Judiciário com suas pretensões e defesas a serem apreciadas, só lhes podendo ser negado a exame em casos perfeitamente definidos em lei (universalização do processo e da jurisdição). Hoje busca-se evitar que conflitos pequenos ou pessoas menos favorecidas fiquem à margem do Poder Judiciário; legitimam-se pessoas e entidades à postulação judicial (interesses difusos, mandado de segurança coletivo, ação direta de inconstitucionalidade estendida a diversas entidades representativas);[40]

Há uma preocupação em tornar acessível o sistema processual, com o atendimento do Judiciário se torne mais próximo do cidadão,[41] com estrutura e meios suficientes na solução dos litígios. Aí é que surge o trabalho da conciliação e da mediação, que pode ser multiplicado e disseminado em todos os lugares, numa efetiva e democrática distribuição de Justiça. Justiça para todos, e não uma Justiça com aparência de proximidade, mas distante e dispendiosa. "A justiça é cara e da brasileira pode-se dizer o que com sarcástico humor britânico fora dito: 'is open to all, like the Ritz Hotel'",[42] significa dizer que não se afasta a possibilidade de acesso à Justiça, mas é

---

[40] Cândido Rangel Dinamarco. *A Instrumentalidade do Processo*. 3.ed. rev. atual. São Paulo: Malheiros, 1993, p. 303.

[41] "Entre o Legislativo, que produz as leis e a sociedade, que as recebe ou rejeita, encontram-se os juízes, chamados aplicar as leis que a sociedade aceitou e os costumes que se conformam com as leis. Os juízes são governo e são povo. São tanto mais governo quanto mais alto o degrau em que se encontram na hierarquia do Poder Judiciário. Tanto mais povo quanto mais dele se aproximam, por suas origens, por suas idéias, por seus sentimentos e por seu comportamento. Ocupando posição intercalar, são chamados a atender e a fazer cumprir determinações do alto, mas também a ouvis a tender as aspirações que vêm do subsolo do corpo social." José Maria Tesheiner. *Eficácia da Sentença e coisa Julgada no Processo Civil*. São Paulo: Revista dos Tribunais, 2001, p. 178-179.

[42] Cândido Rangel Dinamarco, *op. cit.*, p. 275.

como contemplar inúmeras ofertas de lazer, entretenimento e cultura, sem expectativa de fruição, porque uma grande gama de pessoas está, na prática, afastada dessa realização de cidadania. Por isso, a necessidade de continuarem as mudanças estruturais não só no processo civil, mas em todos os setores da administração da Justiça, para que o povo possa alcançar esse objetivo tão desejado.[43]

A sociedade espera do Poder Judiciário uma atuação que resolva prontamente as demandas, e que o próprio juiz tenha a consciência jurídica voltada para um processo moderno e acessível ao usuário dos serviços judiciários. Nessa linha de raciocínio, mais uma vez o destaque do processualista Cândido Rangel Dinamarco,[44] *in verbis*:

> Um dos grandes serviços que o processualista prestou ao direito e à justiça nas últimas décadas foi a enérgica afirmação do comprometimento axiológico das instituições processuais: ele repensou o significado e a medida da "indiferença inicial" a que obrigado o juiz, o qual na realidade precisa estar iluminado pela visão dos resultados sócio-econômicos e políticos a que a sua decisão poderá conduzir. Na Lei das Pequenas Causas, vê-se a patética recomendação do juiz, para que não se retraia, para que participe da instrução, para que só se satisfaça com o resultado da experiência probatória quando o seu senso de justiça estiver tranqüilizado e para que dê aos textos legais a interpretação que seja capaz de fazer justiça no caso concreto. Tal é a postura instrumentalista esperada de todos os juízes. E, embora o Poder Judiciário seja uma estrutura muito volumosa e pesada, dotada de elevado grau de inércia que não lhe permite evoluções muito ágeis ou imprudentes (até porque o retrocesso é sobremaneira difícil e sempre desaconselhável), o juiz moderno vai-se libertando do preconceito conservador. Na Itália movimentos internos da própria categoria dos magistrados há várias décadas vêm pondo em polêmica a postura política do juiz.

A idéia de acesso à Justiça passa não só pela preocupação com a morosidade da prestação jurisdicional e a exigência de maior agilidade do processo, mas também pela democratização do Judiciário, uma maior consciência do juiz perante o jurisdicionado e o seu papel na condução do processo, igualmente na integração com os problemas que envolvem a sociedade e compreensão com aqueles à margem de uma cidadania apregoada na Constituição de 1988. Espera-se, portanto, um Judiciário, indo ao encontro dos problemas, buscando solucioná-los com rapidez, principalmente, incentivando a conciliação entre as partes em litígio.

---

[43] "Paralelamente ao formalismo tradicional do direto processual civil, parece-nos importante refletir sobre a necessidade e conveniência da criação de uma justiça de caráter especial. Tal Justiça, informalizada na medida do possível, mas preocupada com as garantias fundamentais do cidadão, estaria mais aberta aos juízos de eqüidade, ao sentimento, à intuição, primacialmente envolvida com causas de pequeno valor ou de grande alcance social e pouca complexidade, mas de interesse direto para o dia-a-dia da comunidade". Carlos Alberto Alvaro de Oliveira. *Do formalismo no processo civil*. São Paulo: Saraiva, 1997, p. 131.

[44] Cândido Rangel Dinamarco, *op cit.*, p. 36/37.

Ora, um sistema jurídico incapaz de colocar em ação, em condições satisfatórias, uma política para recepcionar as insatisfações ocorrentes na sociedade, perde a legitimidade e compromete a existência da democracia. A idéia de acesso à Justiça, como também pensamos, é bem mais ampla, visa a atender o cidadão em todos as suas necessidades, com políticas públicas voltadas para a comunidade onde vive e possa beneficiar-se como pessoa, como gente integrada no organismo social.[45]

Por isso as posições que se coadunam com o pensamento jurídico mais aberto e moderno, menos formal, com maior criatividade, dentro do espírito que norteia o compromisso com os princípios gerais do direito, têm receptividade da população, servindo à realização da justiça, exatamente porque estão inseridas em princípios constitucionais e consolidadores do direito, como se apregoa no art. 5º da Lei e Introdução ao Código Civil, para atender aos fins sociais e às exigências do bem comum. O juiz e os tribunais, como participantes ativos e dinâmicos na solução do litígio, devem procurar, no próprio pensamento social e na vontade das partes, a valorização do indivíduo para tratá-lo como cidadão, devidamente integrado no tão desejado Estado Democrático de Direito, como se extrai da lição do consagrado professor Karl Larenz:

> É missão dos tribunais decidir de modo «justo» os conflitos trazidos perante si e, se a «aplicação» das leis, por via do procedimento da subsunção, não oferecer garantias de uma tal decisão, é natural que se busque um processo que permita a solução de problemas jurídicos a partir dos «dados materiais» desses mesmos problemas, mesmo sem apoio numa norma legal. Esse processo apresentar-se-á como um «tratamento circular», que aborde o problema a partir dos mais diversos ângulos e que traga à colação todos os pontos de vista – tanto os obtidos a partir da lei como os de natureza extrajurídica – que possam ter algum relevo para a solução ordenada à justiça, com o objetivo de estabelecer um consenso entre os intervenientes.[46]

É hora de repensar o papel do juiz e do Poder Judiciário e de rever os caminhos para a solução dos conflitos.[47] Não cabe mais ficar aguardando,

---

[45] "A problemática do acesso à justiça, como é cediço, vem alavancando pelo mundo das ciências jurídicas – mormente no que diz respeito ao estudo do processo – um sem-número de discussões, debates e reflexões acerca de qual deve ser o papel do Estado, e também da sociedade civil, no tocante ao aperfeiçoamento das instituições responsáveis por garantir e proporcionar a efetiva realização da proteção jurídica de que cada ser humano – pelo simples fato de ser pessoa – é titular." Glauco Gumerato Ramos. Realidade e perspectivas da assistência jurídica aos necessitados no Brasil. *Revista do Advogado*, São Paulo, n. 59, p. 73-81.

[46] Karl Larenz. *Metodologia da Ciência do Direito*. 3. ed. Trad. por José Lamego. Lisboa: Fundação Calouste Gulbenbkian, 1997, p. 201. Trad. de: Methodenlehre der rechtswissenschaft.

[47] "Todo o juiz consciente, aquele que dedica o melhor de sua inteligência e de seu trabalho para a missão de solucionar conflitos, deve se indagar, a cada dia, se a sua opção vem produzindo os frutos pelos quais anseia. Está a justiça humana cumprindo em plenitude o compromisso que justifica o seu preordenamento? Ou, em outras palavras, a comunidade está tranqüila em relação ao seu Judiciário, instituição eficiente e ágil para responder – a tempo e a hora – as reclamos pela restauração da harmonia social? Quem tiver sensibilidade para identificar o clamor social, somente poderá sentir que o Judiciário não atravessa imune as parcelas que envolvem toda a atuação oficial. Se o próprio conceito de Estado, suas

simplesmente, as pessoas chegarem às portas da Casa da Justiça, é necessário encontrar meios, com a própria sociedade e seus cidadãos, para a solução desses conflitos. Nessa seara é que desponta a conciliação, reconhecida em importância desde a Lei das Pequenas Causas e hoje nos Juizados Especiais. A mediação é outra alternativa, que sob efetiva e direta supervisão da Instituição do Poder Judiciário, tendo a participação de voluntários, pessoas dispostas a cooperar nesse trabalho de aproximação dos conflitantes, abre espaço para resolver problemas.

Entendemos que nessa concepção de Justiça, o juiz tem um papel importante, abrindo seu gabinete para homologar acordos e fortalecer o compromisso conciliatório, ou mesmo, deslocando-se com essa finalidade, num sistema descentralizado de distribuição de justiça. É a idéia de um Judiciário presente, com a participação da sociedade em geral e de pessoas realmente interessadas na realização do direito. Para concretização desse desiderato, pensamos que devam ser criados e instalados centros de conciliação e mediação, numa continuidade dos Juizados Informais de conciliação e arbitramento, com sustentação em verdadeiras casas de cidadania, viabilizando o exercício do direito por todos os cidadãos.

1.6. As iniciativas de ampliação do acesso à Justiça

O Poder Judiciário, para cumprir a importante tarefa de resolver conflitos, precisa atuar sob a forma de Justiça imediata, presente, em horário integral, pois muitas pessoas não dispõem de condições de tempo para, nos dias normais de trabalho, comparecer em locais próprios a fim de reclamar um direito. Então, é preciso pensar nessa defesa do cidadão e para a consecução desse objetivo é necessário que todas as organizações associativas participem e reivindiquem apoio dos poderes constituídos, aliando-se e fortalecendo iniciativas que objetivem o mais amplo acesso à Justiça.

Essas parcerias com o Judiciário, contando com a efetiva colaboração das administrações públicas, principalmente os municípios, podem contribuir para aproximar as pessoas, resolvendo pela conciliação, nos bairros, nas vilas, nos distritos, em todos os lugares, os conflitos existentes. Nesses novos horizontes, é que visualizamos campo propício para uma maior atuação não só do Sistema dos Juizados Especiais Cíveis, mas também Crimi-

---

formas e regimes, está a exigir reformulação, todos os seus órgãos entidades integrantes padecem das mesmas enfermidades lógicas. A descrença do destinatário, o preconceito natural por se tratar de prestação governamental, a certeza da lentidão do serviço, ademais complicado e dispendioso, a distância imensa entre as necessidades e urgências da comunidade e o ritmo da resposta jurisdicional possível são constatações a que os atentos já chegaram". José Renato Nalini, *O Juiz e o Acesso à Justiça.* 2.ed. rev. atual. amp. São Paulo: Revista dos Tribunais 2000, p. 17.

nais, igualmente do juízo comum, todos tentando solucionar problemas e pacificar as comunidades.

A presença dos consagrados Juizados Informais de Conciliação no seio das comunidades, com a participação efetiva de seus membros, por certo é um caminho a ser mais valorizado e destacado, pois de um pequeno problema malresolvido, ou sequer enfrentado, de uma cerca divisória num terreno vizinho, a invasão de um animal na lavoura de outro, pode desencadear problemas muito sérios na comunidade. Essas situações, sabe-se, dão origem a desavenças, intrigas, desarmonia familiar e social, levando, muitas vezes, a crimes que chocam e comprometem a vida em sociedade, especialmente, daqueles que estão próximos do palco dos acontecimentos. Esse exemplo multiplica-se por milhares de outros tantos quantos atuaram ou atuam nesse Brasil com o Sistema dos Juizados, por isso, a importância de ir ao local onde os problemas estão, não ficando simplesmente dentro dos gabinetes.

O Estado, através de seus poderes, órgãos e as forças vivas das comunidades podem juntos atuar para um novo direito, uma nova visão de acesso à Justiça, vencendo barreiras e deficiências existentes do sistema judicial tradicional, lutando por um Poder Judiciário mais democrático e mais participativo na sociedade, junto aos problemas que envolvem seus cidadãos. Para tanto, uma melhor organização do Judiciário, com a descentralização dos seus serviços, instalando postos avançados de atendimento e implementando um sistema itinerante de atendimento. Com a presença do Judiciário, propicia-se aos cidadãos esclarecerem e encaminharem reclamações sobre seus interesses prejudicados, evitando que diante de dificuldades renunciem ao exercício do seu direito ou faça uso da força para, pretensamente, garanti-lo. É com um Judiciário atuando em parceria com a comunidade, aproximando os cidadãos, que se propicia o diálogo, estabelecendo uma relação de conhecimento e confiança para dirimir as controvérsias no nascedouro.[48]

A afirmação dos direitos dos cidadãos é que motiva o desenvolvimento deste trabalho e na proposta e uma concepção de Justiça próxima das partes interessadas na solução dos seus problemas. Por isso, vamos discutir a or-

---

[48] "O instrumento específico processual necessariamente deve propiciar que as partes possam, da maneira mais abrangente, possível, explicitar seus encantos/desencantos. É da fala ampla que se possibilita o diálogo (bem como a atuação do operador jurídico não restrita apenas à conseqüência, mas à causa do litígio; é que este, muita e muita vez é apenas a ponta de outro que lhe é a origem mediata). E a fala de que trato não é apenas aquela que possibilita ao advogado se expressar, mas também, e principalmente, a própria parte. Daí porque não há como se admitir o julgamento antecipado da lide, fórmula fácil de se impossibilitar a parte de falar, de se fazer sentir pessoalmente. Este é um princípio que deve ser obedecido (da parte se expressar frente ao juiz e à parte adversa), já que se constitui num autêntico princípio geral de direito processual, e 'las garantias de los derechos no son derogables ni disponibles' (Ferrajoli, ob. cit., p. 67)" Amilton Bueno de Carvalho. *Direito Alternativo em Movimento*. Rio de Janeiro: Luam, 1999, p. 101/102.

ganização de Centros de Conciliação e Mediação nas comunidades com postos de recepção de pedidos, estabelecendo formas de atendimento itinerante, com pauta estabelecida para os municípios, distritos, bairros e vilas, contando com a participação de pessoas disponíveis para um atendimento voluntário. Não é sonhar demais e distantemente, pois o primeiro Juizado Informal de Conciliação e Arbitramento implantado no Rio Grande do Sul também poderia ser tisnado de quimera, e o tempo comprovou o contrário, foi a semente de uma nova Justiça. A instalação de juizados de Conciliação e Mediação por todos os municípios e outras localidades é possibilidade palpável, pois essa Justiça já se efetiva em vários Estados, sob os mais diversos nomes. É preciso, porém, um planejamento, buscando uniformizar esse atendimento, com amparo e acompanhamento do Judiciário brasileiro, como Justiça conciliadora ao lado do juízo comum, propiciando a solução dos conflitos.

2. O desencadeamento do processo e a realização do Direito

2.1. O crescimento das demandas e as dificuldades de atendimento

É imprescindível fazer frente ao formalismo indesejável, porque a quantidade de processos cresce a cada dia, em razão das transformações sociopolítico-econômicas que vão ocorrendo na sociedade. Soma-se a isso a falta de estrutura organizacional do Poder Judiciário para enfrentar o número cada vez maior de demandas, sem falar na quantidade de recursos, a deficiência e a falta de preparo de muitos funcionários e juízes para atender a todas as ações propostas.[49] A sociedade reivindica meios valiosos e efetivos na solução de litígios. Surgem, em conseqüência, as discussões sobre reformas processuais. Estas, quando chegam, encontram, seguidamente, situações renovadas na sociedade, resultado das mudanças sociais, reorganização econômica, tudo a influir para uma maior litigiosidade. Por outro lado, está o Estado debilitado e, por vezes, até impotente, para enfrentar essas crises conjunturais que vivem seus cidadãos. Há um alerta constante sobre a desigualdade dos segmentos sociais e o distanciamento da Justiça e, então, a necessidade de uma positiva reação para afirmar a cidadania.[50] A polêmica a respeito do acesso à Justiça, envolvendo reformas

---

[49] José Carlos Barbosa Moreira. O futuro da Justiça: alguns mitos. *Revista Cidadania e Justiça*, Rio de Janeiro, n. 8, ano 4, 1º semestre de 2000, p. 06/26.

[50] "Estas verificações têm levado a sociologia judiciária a concluir que as reformas do processo, embora importantes para fazer baixar os custos econômicos decorrentes da lentidão da justiça, não são de modo nenhum uma panacéia. É preciso tomar em conta e submeter à análise sistemática outros fatores quiçá mais importantes. Por um lado, a organização judiciária e a racionalidade ou irracionalidade dos critérios de distribuição territorial dos magistrados. Por outro, a distribuição dos custos, mas também dos benefícios decorrentes da lentidão da justiça. Neste domínio, e a título de exemplo, é importante investigar em que medida largos estratos da advocacia organizam e rentabilizam a sua atividade com base na (e não apesar da) demora dos processos. Mas como comecei por referir, a sociologia da administração da justiça tem-se ocupado também dos obstáculos sociais e culturais ao efetivo acesso à justiça por parte das classes populares e este constitui talvez um dos campos de estudo mais inovadores. Estudos revelam que a distância dos cidadãos em relação à administração da justiça é tanto maior quanto mais baixo é o estado social a que pertencem e que essa distância tem como causas próximas não apenas

processuais e novas concepções de direito, formas alternativas de solução de litígios, tem conduzido a sociedade a debater e a questionar esse aumento de processos, tanto na primeira instância, como nos tribunais superiores.[51]

O volume de processos que ingressa a cada ano, em todas as esferas do Judiciário brasileiro, soma-se ao resíduo existente, contribuindo essa aglutinação para dificultar a entrega de uma jurisdição mais rápida, prejudicando, dessa forma, o tão almejado acesso à Justiça. Ocorre que aumenta o número de ações propostas a cada ano, mas a estrutura do Poder Judiciário não se harmoniza para um efetivo atendimento. Assim, não sendo satisfatoriamente ampliados e dinamizados os serviços judiciários, o crescimento dos processos ocasiona uma desproporção, porque o número de feitos julgados fica aquém do número de causas que ingressam, aumentado os resíduos e, com isso, gerando um clima de insatisfação e descrença na Justiça, por mais esforço e trabalho dos operadores do direito.

O aumento populacional, o crescimento dos problemas, inclusive em complexidade, dificultam uma solução mais rápida do litígio. Não se pode olvidar a existência de milhares de casos que nem chegam ao conhecimento do Poder Judiciário, mas que estão a exigir providências do Estado e meios para solucionar situações reprimidas e que, sem dúvida, são geradoras de outros conflitos e injustiças. Como se vê, é preciso aproximar a instituição do Judiciário, criando alternativas para solução de conflitos com o objetivo de pacificação social. A lição do mestre José Carlos Barbosa Moreira é clara e objetiva:

> Atrevo-me, pois, a predizer que o ritmo das transformações, já vertiginoso nestes nossos dias, se acelerará mais e mais daqui em diante, e cada vez menor será o espaço de tempo necessário para que a imagem do planeta se torne irreconhecível a quem quer que temporariamente se distraia da observação atenta do quotidiano.
>
> É difícil conceber que, modificando-se tudo, e com velocidade sempre ascendente, só a Justiça deixe de modificar-se. Basta considerar a imensa probabilidade de que continuem a avolumar-se, indefinidamente, os desafios com que ela se defronta. O simples aumento da população, que entre nós nada faz crer que se detenha a curto prazo, já seria, por si só, causa de sobrecarga de trabalho. Nem se trata, apenas, de levar em conta a progressiva elevação do número de habitantes: na verdade, à medida que se vão disseminando o conhecimento dos direitos, a consciência da

---

fatores econômicos, mas também fatores sociais e culturais, ainda que uns e outros possam estar mais ou menos remotamente relacionadas com as desigualdades econômicas. Em primeiro lugar, os cidadãos de menores recursos tendem a conhecer pior os seus direitos e, portanto, a ter mais dificuldades em reconhecer um problema que os afeta como sendo problema jurídico. Podem ignorar os direitos em jogo ou ignorar as possibilidades de reparação jurídica". José Eduardo Faria (org). *Direito e Justiça A Função Social do Judiciário*. São Paulo: Ática, 1989, p. 47-48.

[51] Só para ter uma idéia do volume de processos, basta referir que, em 2002, na justiça estadual gaúcha, foram distribuídos mais de 754 mil processos, sendo julgados mais de 561 mil, com uma estrutura de 606 juízes e 473 varas. (Relatório Anual – 2002 do Tribunal de Justiça do Rio Grande do Sul, p. 10. Porto Alegre, jan. 2003).

cidadãnia, a percepção de carências e a formulação de aspirações, correlatamente emerge, na população já existente, a demanda até então contida, sobre a percentagem dos que pleiteiam, reclamam, litigam; e, por maior relevância que possam assumir outros meios de solução de conflitos, seria perigoso apostar muito na perspectiva de um desvio de fluxo suficiente para aliviar de modo considerável a pressão sobre os congestionados canais judiciários. Somem-se a isso fatores como a crescente complexidade da vida econômica e social, o incremento dos contatos e das relações internacionais, a multiplicação de litígios com feição nova e desafiadora, a fazer aguda a exigência de especialização e de emprego de instrumentos diversos dos que nos são familiares, e ficará evidente que não há como fugir à necessidade de mudanças sem correr o risco de empurrar para níveis explosivos a crise atual, em certos ângulos já tão assustadora.

Em momentos como este, em que se difunde a convicção da impossibilidade de manter o *status quo*, é importante que se procure fixar com toda a clareza os rumos da reforma desejável.[52]

Há uma preocupação constante em agilizar o andamento dos feitos e de simplificar os procedimentos, de tal forma que a jurisdição seja prestada com maior celeridade e eficácia.[53] Em razão disso, os projetos de mudança na ordem processual que tramitam no Congresso Nacional, objetivando a reestruturação infraconstitucional no sentido de modificação de inúmeros artigos na lei processual civil, visando a dar maior velocidade na tramitação judicial. Muitos já se tornaram leis, como está sendo referido; outros querem avançar no sentido do acesso à Justiça, inclusive com alterações nos Juizados Especiais e de redução da incidência de recursos. O mundo jurídico tem debatido inúmeras propostas de alteração no sistema processual, procurando uma melhor simplificação dos procedimentos e daí, as várias leis reformadoras do Código de Processo Civil para atender o anseio de acesso à Justiça.

O Poder Judiciário, ainda em relação aos demais Poderes, detém maior credibilidade e tem sido acionado para resolver problemas, mas isto não retira a procedência da crítica, verificando-se a morosidade é preciso encontrar al-

---

[52] José Carlos Barbosa Moreira. A Justiça no Limiar do Novo Século. *Revista de Processo*, São Paulo, n. 71, p. 189, ano 18, jul./set. 1993.

[53] A intenção é agilizar a Justiça, por isso dentro das inúmeras propostas de reforma infra-constitucional, encaminhadas ao Congresso Nacional para mudar a fisionomia da lei processual civil, está a matéria constante do projeto de Lei nº 4.728/2004, que trata de acrescentar o art. 285-A ao Código de Processo Civil, colocando para o magistrado um instrumento capaz de evitar processos repetitivos, quando o pedido diz respeito a matéria controvertida mas com discussão unicamente no campo do direito. Para caracterizar essa situação, o pedido formulado deve ser para o mesmo juízo, e desde que sobre o objeto da pretensão já exista sentença julgando pela total improcedência. Nesse caso, é dispensada a citação, sendo proferida decisão desde logo, reproduzindo a anteriormente prolatada a respeito do mesmo tema. Está prevista apelação, podendo o juiz rever sua posição e, no caso, determinará o prosseguimento da ação proposta. Na hipótese de ser mantida a sentença, então será determinada a citação da parte requerida para responder ao recurso. Como se vê, é uma orientação de política legislativa na reforma processual que respeita o direito da parte, sem perder o rumo de simplificação e agilização na tramitação dos feitos.

ternativas para melhorar o desempenho e agilizar a prestação jurisdicional. Por isso, as leis com visão modificadora do sistema de acesso à Justiça precisam ser criticadas, mais no intuito de vê-las atuantes em favor do direito.[54]

O crescimento populacional leva ao aumento dos problemas e das insatisfações e, com isso, avolumam-se processos nas prateleiras dos Fóruns a exigir maior número de juízes, servidores, uma melhor estrutura organizacional e administrativa para fazer frente a tal volume de serviço. É preciso pensar numa administração moderna e em condições de enfrentar o aumento das controvérsias, para não decepcionar a população, fazendo com que o Poder Judiciário se apresente mais aberto, dinâmico e, efetivamente, resolva os litígios.

Com o passar do tempo, algumas medidas racionalizadoras foram acontecendo no sentido de simplificação dos procedimentos e servindo de rumo para várias reformas, com eliminação de formalidades desnecessárias e com uma outra visão, inclusive, no sistema recursal. A diminuição do número de recursos na esfera do juízo comum, ao menos, a preocupação em inibir a quantidade deles e o seguimento dos mesmos às instâncias superiores, representa expectativas de mudanças na estrutura processual. Diversas modificações estão sendo estudadas, voltadas para uma mentalidade moderna, aberta, visando a combater o formalismo exagerado, as práticas ultrapassadas e conservadoras na condução do processo, que tornam a Justiça atrasada e desacreditada.

O descrédito da Justiça é resultado de uma série de fatores e não se pode esperar, simplesmente, com reformas e alterações legais, por soluções mágicas ou milagrosas.[55] É necessário lutar, isso sim, por uma política de credibilidade e confiança, em âmbito nacional, no sentido de melhorar o Poder Judiciário, não só na sua estrutura, mas também na mentalidade de quem atua na realização da justiça.

---

[54] "Vamos conviver com as novas realidades, criticando-as honestamente, quando for o caso, mas sempre procurando haurir os benefícios da simplificação e modernização propostas nas leis que acabam de chegar. Essa é uma tendência generalizada e seria uma decepção muito grande se perdêssemos a oportunidade de nos engajarmos nos movimentos mundiais em prol da efetividade da tutela jurisdicional. Inexistem reformas bem sucedidas se não acompanhadas de um dado cultural de primeira relevância, que é a efetiva releitura dos velhos institutos segundo as novas premissas. É uma questão de mentalidade voltada para o futuro e para a modernização. Lembro a propósito o título sugestivo de conhecido opúsculo de Mauro Cappelletti: L'accesso alla giustizia come programa di riforma e come metodo di pensiero. Sem um renovado método de pensamento, não há programa de reforma que possa ter sucesso." Cândido Rangel Dinamarco. *A Reforma do Código de Processo Civil*. 2.ed. rev. amp. São Paulo: Malheiros, 1995, p. 6-7.

[55] "Não se alimentem, porém, ilusões. Nenhuma reforma, seja na estrutura do Judiciário, seja nas normas processuais, produzirá o almejado objetivo de diminuir a demora dos processos judiciários, se não for levada em conta: a) a organização judiciária; b) a responsabilização pessoal dos advogados, dos juízes e dos promotores pelos atos supérfluos que provocam e que retardam o desfecho dos processos". Miguel José Nader, *Revista LEX: Jurisprudência do Superior Tribunal de Justiça e Tribunais Regionais Federais*, São Paulo, v. 139, p. 9-18, 2001.

2.2. O grau de confiabilidade na instituição do Poder Judiciário

A Constituição de 1988 também tem sofrido mudanças, visando ao atendimento de reclamações da sociedade, com a preocupação de que não sejam feridos os direitos fundamentais já conquistados.[56] O Poder Judiciário, que tem na Constituição sua garantia, precisa, ao lado de uma magistratura independente, buscar a solução dos conflitos, resguardando e afirmando os direitos básicos dos cidadãos. A confiança no Judiciário, resultado da estrutura constitucional existente, também tem o objetivo de realizar o direito e distribuir a Justiça para aqueles segmentos menos favorecidos da sociedade. Isso é fundamental, porque as pessoas, desprovidas de condições econômicas e vivendo num ambiente com deficientes condições materiais e sem a efetiva presença institucional do Estado, podem extravasar emoções contidas pelo sentimento de injustiça, atingindo a sociedade como um todo.

O espírito reformista e revisional do sistema constitucional[57] parece tomar conta dos representantes do povo no Congresso Nacional, pois, de quando em vez, a Carta Magna brasileira é alterada. Ora, uma emenda ou qualquer modificação que se efetive influi decisivamente na vida sociopolítico-econômica do País, gerando dúvidas e novas interpretações. Essas transformações constitucionais provocam o ingresso de novas ações em juízo, aumentando o número de processos, criando novas insatisfações, deixando muitos brasileiros sem poder reclamar seus direitos, por falta de condições econômicas, pelo descrédito nas instituições, dificultando, ainda mais, o tão desejado acesso à Justiça.

Assim como a Constituição vai sofrendo transformações, porque a sociedade assim o exige, no âmbito do processo civil, como instrumento

---

56 "Ora, esta preocupação jurídica reforçada, peculiar apenas aos direitos fundamentais e alguns poucos princípios escolhidos pelo Constituinte, não deixa de ser considerada um dos efeitos jurídicos gerados pelos direitos fundamentais e, portanto, uma dimensão de sua eficácia." Ingo Wolfgang Sarlet, *A Eficácia dos Direitos Fundamentais*. Porto Alegre: Livraria do Advogado, 1998 p. 340.

57 "Antes de mais nada, contudo, há que traçar a distinção entre os conceitos 'reforma', 'revisão' e 'emenda constitucional', já que não podem – ou ao menos não poderiam, de acordo com a assistência adotada pelo Constituinte de 1988 – ser confundidos ente si. Na verdade, não se registra unanimidade no que diz com o seu conteúdo significado. Todavia, de acordo com o que pode ter tido como posição majoritária em nossa doutrina, a expressão 'reforma da Constituição' tem sido considerada como um termo de natureza genérica, que abrange ou outros dois (revisão e emenda). Para alguns, a expressão 'reforma', refere-se, neste sentido, a toda e qualquer alteração formal – isto é, de acordo com os parâmetros preestabelecidos – da Constituição, independentemente de sua abrangência. Uma revisão constitucional (ao menos para os que comungam este ponto de vista) constitui modificação relativamente ampla do texto constitucional, ao passo que uma emenda se destina, de regra, a ajustes e alteração de natureza mais específica. Já para outros, as expressões 'revisão' e 'reforma' se distinguem, no sentido de que a revisão se refere a alterações gerais ou parciais da constituição sobre temas que esta previamente estabeleceu, ao passo que as modificações no âmbito da reforma constitucional não foram antecipadamente definidas, de tal sorte que ambas (revisão e reforma) podem ser consideradas mecanismos formais típicos de alteração da Constituição, assumindo a emenda o papel de instrumento para realização da reforma ou revisão." Ingo Wolfgang Sarlet, op cit, p. 342.

O ACESSO À JUSTIÇA E SOLUÇÕES ALTERNATIVAS

que é de realização do direito material, também ocorre essa forte influência com inúmeros projetos para adaptação aos anseios do mundo jurídico. Dentre as alterações no Código de Processo Civil, resultado de projetos que estavam sendo estudados no sentido de renovar a dinâmica da prestação jurisdicional, é de citar as mais recentes, como a Lei nº 10.352, de 26 de dezembro de 2001, a Lei nº 10.358, de 27 de dezembro de 2001, e a Lei nº 10.444, de 7 de maio de 2002. No caso dessa última, a inclusão do § 7º no art. 273 do CPC, valorizando o princípio da fungibilidade nas tutelas de urgência, torna possível a concessão de uma medida cautelar como antecipação de tutela e, da mesma forma, em sentido contrário, é uma demonstração da busca da efetividade do processo e da jurisdição[58] Independentemente das críticas que possam receber dos operadores do direito, não se pode deixar de perceber a intenção de agilização do processo na modificação de diversos dispositivos, facilitando o acesso à Justiça.

Algumas leis editadas antes e depois da Constituição de 1988 visaram à garantia dos direitos fundamentais, tanto no plano individual como no coletivo. Por isso, ao ser elaborada uma lei, são retratados momentos vivenciados pela sociedade, tendo como fito preservar bens inerentes ao cidadão, como retratados no art. 5º da Carta Maior. De outra banda, está a diretriz quanto à agilização do processo, para atender às expectativas da comunidade jurídica e da sociedade. As leis referidas são exemplos dessa preocupação, porque almejam evitar etapas desnecessárias e formalidades despiciendas, indicando caminhos para uma jurisdição mais rápida, diminuindo o prazo para a resolução da lide.

2.3. O atraso da prestação jurisdicional e a negação do Direito

O atraso na entrega da jurisdição já foi magistralmente analisado por Mauro Cappelletti e Bryant Garth, na obra *Acesso à Justiça*, ao abordarem o tempo de tramitação do processo, referindo a Itália, ainda no ano de 1973, uma preocupação antiga, portanto, mas cujo tema continua suscitando discussões no mundo jurídico e na sociedade em geral, porque, muitas causas, hodiernamente, aguardam um longo tempo por seu desfecho. Ora, tais situações geram efeitos desastrosos na vida das pessoas, sendo que a parte com menos condições de suportar o andamento da causas é que sofrerá mais, chegando a desistir do direito.[59] Uma justiça tardia gera problemas insanáveis, atingindo o âmago da pessoa. Por isso as afirmativas de que não ter

---

[58] Márcio Louzada Carpena. *Do Processo Cautelar Moderno*. Rio de Janeiro: Forense, 2003, p. 105/111.

[59] Mauro Cappelletti e Bryant Garth. *Acesso à Justiça*. Trad. e rev. Ellen Gracie Northfleet. Porto Alegre: Fabris, 1988. 168p. Trad. de: Access to Justice.

acesso ao Poder Judiciário ou tê-lo e não conseguir obter com a presteza desejada a reposição do direito no seu devido lugar e no tempo exigido, representa a própria negação da justiça.

Não se admite excluir da apreciação do Poder Judiciário qualquer lesão ou ameaça ao direito do cidadão, pois o art. 5º, inc. XXXV, da Constituição Federal, consagra o que se denomina de princípio da universalidade da jurisdição ou da inafastabilidade ou indeclinabilidade do Poder Judiciário. A Constituição brasileira, por sinal, afirma a plenitude da cidadania e o Estado Democrático de Direito, como valores pétreos, imodificáveis, portanto. É a mesma Carta Constitucional que afirma a igualdade de todos, sem qualquer tipo de distinção e o acesso à Justiça como aspiração do ser humano. A soberania do Poder Judiciário é uma garantia na consecução do princípio da inafastabilidade, da própria independência e harmonia com relação aos demais Poderes.[60] Cabe, entretanto, dizer que é necessário analisar o acesso à Justiça sob uma visão mais ampla, levando em consideração o aspecto social, encontrando mecanismos e instrumentos viáveis para a composição dos conflitos, sem perder de vista a situação vivenciada por centenas de brasileiros que não têm a possibilidade de chegar ao Poder Judiciário. O mestre paulista Kazuo Watanabe[61] é peremptório ao afirmar:

> A problemática do acesso à Justiça não pode ser estudada nos acanhados limites do acesso aos órgãos judiciais já existentes. Não se trata apenas de possibilitar o acesso à Justiça enquanto instituição estatal, e sim de viabilizar o acesso à ordem jurídica justa.

Falar em acesso à Justiça é viabilizar a discussão sobre uma série de fatores, englobando a estrutura da instituição do Poder Judiciário, que se quer democratizada, aberta, próxima do cidadão, e com meios legais adequados que ensejem a agilização do processo. Não se oportuniza esse princípio constitucional se os órgãos estatais não estiverem presentes, orientando e informando sobre o direito de cada um, como é o caso de uma Defensoria Pública organizada e de um Judiciário atuante. A sociedade cobra uma atuação avançada e voltada para a solução dos conflitos, com uma nova mentalidade e visão de Justiça. No dizer de José Renato Nalini[62]

> Muita vez não tem o juiz consciência de que também integra a sociedade massificada e de que o produto de seu trabalho já não é mais do que um bem de consumo. A sentença é um bem de consumo que deve atender a uma demanda cada vez mais complexa e exigente. Demanda que não se conforma com posturas clássicas, de arcaísmo que não levou em consideração as profundas alterações da sociedade neste século.

---

[60] Rui Portanova. *Princípios do Processo Civil*. Porto Alegre: Livraria do Advogado, 1995, p. 82-83.

[61] Kazuo Watanabe. Acesso à Justiça e Sociedade Moderna. In GRINOVER, Ada Pellegrini; DINAMARCO, Cândido Rangel; WATANABE, Kazuo (Coord). Op. cit., p. 128.

[62] José Renato Nalini. *O Juiz e o Acesso à Justiça*. São Paulo: Revista dos Tribunais, 2000, p. 22.

O operador jurídico afeiçoado às posturas mais arcaicas, fruto daquela faculdade de Direito que não se renovou, não tem noção destas transformações e vive sob permanente estado de perplexidade ou apatia. Não passa de um burocrata, cuja atuação apenas por acaso resolve os conflitos, mas que não raro os intensifica.

Rever conceitos e valores, procurando garantir o princípio do acesso à Justiça, encontrando caminhos para que todos possam ter seu direito discutido e apreciado em juízo, diretamente, ou sob outra forma, descentralizadamente, mas sempre na supervisão e na orientação da instituição do Poder Judiciário, tendo presente o Estado com toda a assistência necessária ao cidadão.

2.4. A assistência jurídica a serviço do cidadão

O povo é favorável a todo sistema que destaca a informalidade e a imediatidade. A conciliação e a mediação são meios alternativos válidos para se alcançar o direito do cidadão. A idéia de um Judiciário inerte, aguardando a iniciativa das partes, já não tem mais vez e nem receptividade na população, que reclama mais agilidade e iniciativas concretas para aproximar o cidadão da Justiça. Exemplo dessa preocupação é o que se constata na afirmativa de Antônio Álvares da Silva, no estudo da matéria:

Dizer, por exemplo, que a Justiça visa a decidir casos concretos e a administração lida com interesses gerais é forçar a distinção, pelo menos na fase atual de desenvolvimento do Judiciário, em que as questões que envolvem os interesses coletivos e os difusos não têm o atributo da concretude casuística. Também a Justiça moderna não aguarda que passivamente os casos lhe venham às mãos, pois o Estado, através do Ministério Público, pode propor determinados tipos de ação e o próprio juiz pode provocá-las em alguns casos. Também não há o propalado desinteresse do juiz na solução das demandas a ele sujeitas, por não ser parte. Seu interesse, embora diverso do das partes, existe e coincide com o interesse público ou com o justo.[63]

Há consciência da demora nos julgamentos, em razão dos empecilhos que o próprio sistema jurídico-legal apresenta, pela extensa legislação, confusa e complexa, que dificulta a vida do cidadão. Ninguém consegue entender o desenvolvimento infindável de atos, ritos e recursos, sem uma resposta definitiva, sem uma solução prática do conflito. O problema, à primeira vista, pode até parecer simples, mas vai, paulatinamente, se tornando complicado pelos procedimentos procrastinatórios na discussão da lide, resultando em decepção e frustração.

É compreensível o fato de muitas pessoas não recorrerem ao Judiciário, pois torna-se algo dispendioso, e nem todos têm condições econômico-

---

[63] Antônio Álvares da Silva. A Desjuridicização dos Conflitos Trabalhistas e o Futuro da Justiça do Trabalho no Brasil. *In* Sálvio de Figueiredo Teixeira (coord). *As Garantias do Cidadão Na Justiça.* São Paulo: Saraiva, 1993, p. 245.

financeiras para contratar um advogado e suportar o custo de uma demanda. O próprio serviço de Assistência Jurídica do Estado impõe certas condições e critérios para selecionar os interessados à obtenção do patrocínio e acompanhamento de uma causa em juízo. É de fundamental importância o acompanhamento do menos favorecido, sem falar na imprescindibilidade de uma orientação para prevenir litígios e encaminhar problemas. A presença de um advogado no momento da audiência, não só na conciliação, mas principalmente no momento da instrução, é muito importante para o usuário. Trata-se de um direito fundamental consagrado na Constituição brasileira, a proteger o necessitado e assegurar o acesso à Justiça.[64]

Sabe-se que o Estado tem o monopólio na administração da Justiça, exercendo-a através do Poder Judiciário. E daí, a obrigação de uma efetiva prestação jurisdicional com uma estrutura em condições de suportar as demandas. Os litígios nem sempre têm resoluções rápidas, devido, não só, pela deficiência material e/ou pessoal, mas à organização administrativa falha em muitos aspectos, prejudicando a prestação jurisdicional desejada.

Ademais, como referido alhures, muitos são os que não têm acesso ao Poder Judiciário, porque distantes, esquecidos, sem a presença do Estado, a possibilitar-lhes a discussão de um direito. Essa lacuna serve de fonte a ressentimentos, emoções reprimidas e, às vezes, resultando em ódio e vinganças pela falta de Justiça.

O Poder Judiciário precisa fortalecer-se ainda mais como instituição, porque tem uma missão importantíssima, mas precisa ter ciência de que seus serviços se endereçam ao cidadão. Por isso, as reformas no aparelho judiciário devem, sem dúvida, visar aos procedimentos e às formas tradi-

---

[64] "A rigor, o grande equacionamento científico do cognominado movimento de acesso à justiça – donde se depreende seu moderno conteúdo e significado – é devido aos dois grandes artífices do 'Projeto de Florença', Mauro Cappelletti e Bryant Garth, onde se buscou um quadro comparativo da questão no âmbito dos principais países ocidentais. Do formidável 'Projeto de Florença', coube a Cappelletti e a Garth a elaboração do relatório de introdução que redundou no ensaio publicado em meados da década de 70, na Europa, sob o título de *Access to justice: the worldwide movement to make rights effective*, literatura já clássica do direito processual.
De todas as conclusões e recomendações encontradas no relatório, observou-se que basicamente existem três obstáculos a serem vencidos para a aproximação – quiçá o atingimento – do ideário do acesso à justiça, que seriam transpostos por aquilo que se convencionou chamar, a partir de então, de as 'três ondas renovatórias'. No que concerne à transposição desses três obstáculos por meio das chamadas 'ondas renovatórias', Cappelletti e Garth salientam o seguinte: 'Podemos afirmar que a primeira solução para o acesso – a primeira 'onda' desse movimento novo – foi a *assistência judiciária*; a segunda dizia respeito às reformas tendentes a proporcionar *representação jurídica para os interesses 'difusos'*, especialmente nas áreas de proteção ambiental e do consumidor; e o terceiro – e mais recente – é o que nos propomos a chamar simplesmente '*enfoque de acesso à justiça*', porque inclui os posicionamentos anteriores, mas vai muito além deles, representando, dessa forma, uma tentativa de atacar as barreiras ao acesso de modo mais articulado e compreensivo'. Portanto, nota-se que a assistência jurídica enquanto necessitado apresenta-se de maneira global representada nas 'três ondas renovatórias', uma vez que os efeitos jurídicos que eclodem da apontada tríade acabam surtindo seus efeitos por toda a massa dos hipossuficientes." Glauco Gumerato Ramos. Realidade e perspectivas da assistência jurídica aos necessitados no Brasil. *Revista do Advogado*, São Paulo, n° 59, p. 73-81.

cionais de prestação jurisdicional. É necessário propor meios que facilitem o acesso ao Judiciário a todas as camadas sociais, não se excluindo a possibilidade de revisão das decisões tomadas, mas que, por outro lado, também não se proliferem os recursos e que haja sempre o sentido de equilíbrio das partes na busca de seus direitos e da justiça no caso concreto.

O Poder Judiciário, com todas as dificuldades e críticas, ainda tem sido o último refúgio dos desvalidos, buscando justiça frente às ofensas aos seus direitos individuais e coletivos. Um grande número de pessoas é atingido pelo próprio Poder Público nas diversas esferas, por isso, a tutela da Justiça representa uma garantia constitucional de que nenhuma violação a direito possa ser excluída da apreciação judicial, porque objetiva proteger o cidadão dos desmandos e abusos contra ele praticados, conforme estabelecido no art. 5°, LIV e LV, da Constituição Federativa do Brasil.

Para exercitar um direito, é preciso ensejar condições de estrutura material e funcional, com simplificação dos procedimentos, facilitando a produção probatória, com acessibilidade quanto às custas. Isso tem razão de ser porque o princípio de acesso à Justiça deve ser amplo. Assim, há necessidade de que a Assistência Judiciária seja propiciada a quem dela necessita, criando uma estrutura de Defensoria Pública para o acompanhamento efetivo das demandas por aqueles que não têm condições econômicas à contratação de um advogado. Pensamos que esse benefício deve ser integral a quem a ele recorre, inclusive quanto a trabalhos técnicos, por ser obrigação do Estado, segundo dispõem os arts. 5°, XXXIV, da Constituição Federal de 1988, e 3°, V, da Lei n° 1.060/50.

Todos os Estados da Federação precisam ter essa condição de viabilidade, não só para ingressar com uma ação, mas para garantir o processamento da mesma, sem problemas, sem dificuldades e sem barreiras. Quem, momentaneamente, está inviabilizado de arcar com as despesas processuais e não reúne os requisitos exigidos para a concessão da Assistência Judiciária Gratuita, deve, ao menos, ter propiciado o pagamento das custas no final do processo, conforme, no julgar, posição que sempre defendemos, baseados também em reiteradas decisões nesse sentido.

Além do mais, não se pode olvidar que o art. 5°, XXXV, da Constituição brasileira, prevê o acesso de todos à Justiça, uma das garantias fundamentais, mas distanciada da maioria dos cidadãos e que precisa de uma estrutura de apoio para não excluir da apreciação do Judiciário toda e qualquer lesão ou ameaça a direito.

No dizer de Araken de Assis:

> É natural que, evitando tornar a garantia judiciária inútil à maioria da população, e ao menos para os desprovidos de fortuna e recursos, a ordem jurídica estabeleça mecanismos de apoio e socorro aos menos favorecidos. Antes de colocar os necessitados em situação material de igualdade, no processo, urge fornecer-lhes meios

mínimos para ingressar na Justiça, sem embargo da ulterior necessidade de recursos e armas técnicas, promovendo o equilíbrio concreto. Neste sentido, a gratuidade é essencial à garantia do acesso à Justiça.[65]

Independentemente da distinção que se faça entre a assistência jurídica a ser fornecida pelo Estado com serviços de profissionais disponibilizados para a parte discutir seu direito, conforme dispõe o art. 134 da Carta Magna – que prevê a instituição de Defensoria Pública nos Estados para orientação jurídica e ampla defesa aos necessitados –, ou, ainda, a concessão da Assistência Judiciária Gratuita, com isenção das despesas processuais, conforme dispõe o art. 4º, § 1º, da Lei nº 1.060/50,[66] o que importa, acima de tudo, é facilitar o acesso à Justiça ao menos favorecido. Tanto isso é verdade que o art. 5º, inciso LXXIV, parágrafo único, da Constituição Federal, possibilitou que a União, o Distrito Federal e os Territórios organizassem a Defensoria Pública, em razão da Lei Complementar nº 80, de 12 de janeiro de 1994. Alguns dos Estados estão devidamente organizados, conforme orientação da referida lei complementar, dentre estes o Rio Grande do Sul, que criou a sua Defensoria Pública pela Lei Complementar nº 9.230, de 6 de fevereiro de 1991, com a visão de propiciar o amplo acesso à Justiça, para atuação também no Sistema dos Juizados e na Defesa do Consumidor.

Não é sem razão que a inovadora Lei Federal nº 7.244, de 7 de novembro de 1984, Lei dos Juizados Especiais e de Pequenas Causas, já previa a implantação de serviços de Assistência Judiciária juntos aos Juizados, o mesmo ocorrendo com a Lei nº 9.099/95, em seu art. 9º, no sentido de assegurar às partes o equilíbrio na relação processual.

A opinião pública tem manifestado inconformismo contra um Poder Judiciário que se afirma moroso, que não funciona a contento e não atende às expectativas para a solução satisfatória dos conflitos. Prejudica o Judiciário a propalação de que as decisões chegam tarde ou então a idéia, e esta concepção existe, de favorecimento a quem possui maior poder aquisitivo, ou ainda, que os interesses do Estado é que ficam em primeiro plano. As explicações sobre a influência do poder aquisitivo, podendo ter à disposição

---

[65] Araken de Assis. *Doutrina e Prática do Processo Civil Contemporâneo*. São Paulo: Revista dos Tribunais, 2001.p. 75.

[66] "4. A assistência judiciária não se confunde com justiça gratuita. A primeira é fornecida pelo Estado, que possibilita ao necessitado o acesso aos serviços profissionais do advogado e dos demais auxiliares da justiça, inclusive os peritos, seja mediante a defensoria pública ou da designação de um profissional liberal pelo Juiz. Quanto à justiça gratuita, consiste na isenção de todas as despesas inerentes à demanda, e é instituto de direito processual.
5. Ambas são essenciais para que os menos favorecidos tenham acesso à Justiça, pois ainda que o advogado que se abstenha de cobrar honorários ao trabalhar para os méis pobres, etc., faltam a estes condições para arcar com outros gastos inerentes à demanda, como custas, perícias, etc..." Ernesto Lippmann. Assistência Judiciária – Obrigação do Estado na sua Prestação – o Acesso dos Carentes à Justiça visto pelos Tribunais. *Revista Jurídica*, n º 228, p. 35/36, out. 1996.

profissionais do direito de alta qualificação, sem falar nas inúmeras possibilidades de resistência através de recursos processuais, faz com que o homem comum tenha sensação de fragilidade no processo. Isso mais se acentua quando um número altamente significativo de pessoas não tem assistência do Estado e nem possibilidade de acesso à Justiça. As queixas são muitas, não há dúvida, e o tema sobre a modernização e agilização sobre a prestação dos serviços judiciários envolve uma série de razões e questionamentos. O grande percentual das críticas sobre a inoperância do Poder Judiciário e de que os processos têm tramitação vagarosa são procedentes. Até mesmo quando se fala em reduzir o número de recursos, há fortes resistências, porque há interesses na procrastinação dos feitos e, por isso, é preciso repensar as situações que envolvem a morosidade da Justiça e o formalismo exagerado de seus ritos. Essas situações não se constituem em exclusividade brasileira, nem dos tempos modernos. Reiteradamente têm sido constatadas justificativas para dificuldades, falhas e fraquezas de sistemas que têm a missão de distribuir a justiça. Essas deficiências e esses problemas estão enraizados em toda a estrutura estatal, que não consegue atender a todas as necessidades e anseios das pessoas, cada uma delas pagando um determinado preço para conviver com essas situações adversas. Montesquieu[67] já afirmava:

> Se examinardes as formalidades da justiça em relação à dificuldade que um cidadão encontra para que lhe seja restituído o próprio bem, ou para obter a satisfação de algum ultraje, achareis que estas existem em grande número. E se as encarardes quanto à relação que elas apresentam em face da liberdade, que se encontram em número diminuto; e vereis que os trabalhos, as despesas, as delongas, os próprios perigos da justiça, representarão o preço que cada cidadão despenderá pela sua liberdade.

Por isso, os sistemas dos Juizados Especiais tratam os conflitos de interesses, por menor valor econômico que tenham, e dispensam uma tensão toda peculiar às pessoas envolvidas na disputa de um direito, fazendo com que o Poder Judiciário seja mais efetivo e mais próximo do cidadão. Essa linha de atendimento deve caracterizar todo o sistema judicial para que acompanhe a dinâmica dos fatos sociais.

2.5. A atuação do Judiciário face às mutações sociais

O Poder Judiciário precisa agir com dinamismo para uma sociedade presente e que aspira a formas alternativas de atuação, sob pena de excluir um contingente cada vez maior de pessoas. Todos sabemos da existência

---

[67] Charles Louis de Secondat Montesquieu (Barão de Montesquieu). *Do Espírito das Leis*. Trad. por Gabriela de Andrada D. Barbosa. São Paulo: Brasil, 1960, v. 1 p. 92. Trad. de: De l'esprit des lois.

de um direito informal, de uma sociedade paralela que não tem a cobertura da esfera judiciária oficial, pois, a toda hora, ouvimos, lemos, vemos notícias de casos ocorrendo longe da atuação do Estado organizado, sem a lei, sem o direito e com total ausência de justiça. Lembramos o fato amplamente divulgado sobre os exploradores de trabalho humano, em que pessoas necessitadas, no mais amplo sentido da expressão, ficaram confinadas em áreas distantes da civilização, sem as mínimas condições de saúde, com ausência de comunicação, longe de tudo, do progresso, sendo obrigadas a renunciar a direitos fundamentais, para poderem viver e propiciar uma vida razoável a seus familiares e dependentes. Casos como esses podem estar acontecendo, neste momento, pelos mais longínquos recantos deste Brasil. O Poder Judiciário pode não estar presente, mas a reclamação por justiça existe no coração daqueles brasileiros em todas as situações e em todos os lugares.

O Poder Judiciário é integrado por seres humanos, daí a consciência da importância de uma ação, percebendo a realidade circundante e que se origina nos fatos e se reflete no processo, dando base ao convencimento para julgar com independência e responsabilidade na busca da justiça.[68]

Por isso um juiz não pode ficar restrito à lei em si mesma, mas procurar interpretá-la consentaneamente com o objetivo de compromisso com o direito e a justiça.[69] Não há dúvida de que o juiz também entra em conflito, pois às vezes tem diante de si uma lei desatualizada e, portanto, não mais condizente com a época da sua aplicação. Muitas vezes, quando a lei é elaborada, já se encontra defasada, sem condições de aplicabilidade para atingir o direito e a justiça. Assim, o juiz deve ser um intérprete com visão horizontina e consciente que o direito ultrapassa a barreira da lei, do positivismo jurídico, porque tem base e construção nos princípios gerais.[70]

---

[68] "Isto posto, entendo que a Justiça não é um valor que se tenha um fim em si mesmo: é um valor supremo, cuja valia consiste em permitir que todos os valores valham, numa harmonia coerente de idéias e atitudes. Em verdade, sem base de justiça não pode haver ordem, nem segurança, assim como a riqueza passa a ser privilégio de alguns". Miguel Reale. *Teoria Tridimensional do Direito*. São Paulo: Saraiva, 1994, p. 128.

[69] A concepção teleológica da função do direito deve estar sempre no espírito do juiz. Benjamin N. Cardozo, *In* A Natureza do Processo e a Evolução do Direito. Coleção AJURIS nº 09/1978.

[70] "Estarão esses atores ainda fortemente impregnados da velha tradição legalista, formalista e normativista da dogmática jurídica, que se expressa por meio de proposições hipotéticas de dever-ser e cuja e cuja preocupação central é a subsunção dos fatos à prescrição legal, valorizando apenas os aspectos lógico-formais do direito positivo e enfatizando somente as tradicionais questões relativas à validez da norma, 'determinação do significado das regras, à integração das lacunas e à eliminação das antinomias? Ou, pelo contrário, já estarão sensíveis à necessidade de um *back-ground* cultural capaz de identificar e esclarecer do significado político das profissões jurídicas, possibilitando-lhes assim um distanciamento crítico e uma clara consciência das inúmeras implicações de suas funções em sociedades fortemente marcadas pelo crescente descompasso entre a igualdade jurídico-formal e as desigualdades sócio-econômicas". José Eduardo Faria. *Justiça e Conflito: Os Juízes em Face dos Novos Movimentos Sociais*. São Paulo: Revista dos Tribunais, 1991, p. 43.

O papel do Judiciário é prestar atenção aos fatos que estão acontecendo na sociedade, considerar e saber se há mutações sociais e reivindicações pelos mais variados segmentos sociais. Há uma sociedade informal, que está distante do Sistema Estatal Organizado, e que não se pode ignorar e exigir uma atuação do direito, porque presente ao derredor das cidades, como favelas, ou em outros recantos do interior do Brasil, com pessoas vivendo à beira das estradas, espalhadas, em fim, por toda a parte, buscando sobreviver, muitas, inseridas em movimentos reivindicatórios, como *Os Sem-Terra, Os Sem-Teto*, e milhares vivendo independentemente do que pensa e faz a sociedade organizada.[71] Ademais, a fome também assola o país, atingindo milhões de brasileiros e fica muito difícil pensar em acesso à Justiça sem combater necessidade tão premente, básica e de sobrevivência.

No enfrentamento de casos concretos, vivenciados pelos cidadãos, é que o Judiciário vai construindo soluções e estabelecendo um norte para uma melhor convivência dos homens em toda a sociedade. É olhando para todas os casos e considerando todos os fatores que convergem para o direito e para a efetiva justiça, que o papel do Judiciário se ressalta na sociedade atual.

Na elaboração de toda e qualquer reforma[72], é necessário continuar verificando pontos substanciais que desmitifiquem formas conservadoras e que assegurem a aplicação do direito de forma célere e eficaz. É o pensamento de inserir o Judiciário no meio da sociedade, sentindo os problemas, necessidades e participando ativamente na solução dos conflitos, contando, para tal desiderato, com instrumentos eficazes para resolver problemas.

Hoje visualiza-se e pretende-se um processo leve e um julgamento mais imediato, com procedimentos mais simplificados que atendam aos

---

[71] "A favela é um espaço territorial cuja relativa autonomia decorre, entre outros fatores, da ilegalidade coletiva da habitação à luz do direito oficial brasileiro. Esta ilegalidade coletiva condiciona de modo estrutural o relacionamento da comunidade enquanto tal com o aparelho jurídico-político do Estado Brasileiro. No caso de Pasárgada pode detectar-se a vigência não oficial e precária de um direito interno e informal, gerido, entre outros, pela associação de moradores, e aplicável à prevenção e resolução de conflitos no seio da comunidade decorrente da luta pela habitação. Este direito não – oficial – o direito de Pasárgada como lhe poderei chamar – vigora paralelo (ou em conflito) com o direito oficial brasileiro e é desta duplicidade jurídica que se alimenta estruturalmente a ordem jurídica de Pasárgada". Boaventura de Sousa Santos. notas sobre a história jurídico-social de Pasárgada, *in O direito achado na rua*. Brasília: Universidade de Brasília, 1987, p. 46.

[72] Reforma do Judiciário - Emenda Constitucional 45/2004 - Após quase treze anos de tramitação no Congresso Nacional, o Senado, finalmente concluiu em 17 de novembro de 2004, a votação de parte da tão discutida e esperada Reforma do Judiciário, cuja respectiva Emenda Constitucional nº 45/2004, foi promulgada pelas Mesas da Câmara dos Deputados e do Senado Federal, e publicada no Diário Oficial da União de 31 de dezembro de 2004, alterando significativamente a estrutura e funcionamento de um dos Poderes da República, com a idéia de racionalidade, transparência e de uma Justiça mais ágil. É de registrar-se que a reforma foi dividida em duas partes, a primeira, objeto da publicação referida, e o outra, que retorna à Câmara dos Deputados para revisão dos dispositivos que sofreram acréscimos ou alterações pelo Senado.

interesses da justiça mais consentânea com a realidade social. Uma Justiça burocratizada não dá pronto atendimento às demandas e se torna ineficiente na solução das controvérsias.[73] O grande número de recursos também entrava a distribuição de justiça e, nesse sentido, tem sido propugnada a adoção de súmula impeditiva de recursos como alternativa à "súmula vinculante".[74] A idéia, no fundo, é de combate à proliferação de recursos,

---

[73] "1.3 A crise da administração da Justiça.
Todavia, é preciso reconhecer um grande descompasso entre a doutrina e a legislação de um lado, e a prática judiciária, de outro. Ao extraordinário progresso científico da disciplina não correspondeu o aperfeiçoamento do aparelho judiciário e da administração da Justiça. A sobrecarga dos tribunais, a morosidade dos processos, seu custo, a burocratização da Justiça, certa complicação procedimental; a mentalidade do juiz, que deixa de fazer uso dos poderes que o Código lhe atribui; a falta de informação e de orientação para os detentores dos interesses em conflito; as deficiências do patrocínio gratuito, tudo leva à insuperável obstrução das vias de acesso à Justiça, e ao distanciamento cada vez maior entre o Judiciário e seus usuários." Ada Pellegrini Grinover. *Novas Tendências do Direito Processual*. Rio de Janeiro: Forense Universitária, 1993, p. 177.

[74] Na recente promulgação da Emenda Constitucional nº 45 no Diário Oficial de 31.01.2004, consta a previsão de que somente o Supremo Tribunal Federal, art. 103-A da Constituição Federal, poderá aprovar súmula com efeito vinculante, mediante decisão de dois terços de seus membros, em relação aos demais órgãos do Poder Judiciário e da administração pública direta e indireta em todas as esferas. Soma-se, ainda, nessa linha, o Art. 102, § 2º da Carta Magna, prevendo que terão efeitos vinculantes as decisões definitivas de mérito do Supremo nas ações diretas de inconstitucionalidade e nas ações declaratórias de constitucionalidade, com relação ao Poder Judiciário e a administração pública direta e indireta federal, estadual e municipal. Significa esse efeito vinculante, obrigar os juízes das instâncias inferiores a seguir a orientação do STF sobre certos temas que tenham um entendimento consolidado, com o objetivo, parece, de diminuir o número de recursos. Entretanto são inúmeras as críticas que se estabelecem contra essa medida que pretende tirar a independência funcional dos juízes e estabelecer um retrocesso na forma de soluções dos conflitos. Essa orientação parece esquecer que as decisões judiciais sempre passam por um constante amadurecimento. É de ressaltar, ainda, que a presente diretriz vai atribuir ao Judiciário uma forma de legislar sem controle, porque, quem edita as súmulas vinculantes é ó órgão máximo responsável pela fiscalização e julgamento das matérias de ordem constitucional. Ademais, esse efeito vinculante irá controlar todas as demais instâncias, sujeitando os juízes a uma dependência, sem poder analisar a singularidade do caso. Já estão havendo manifestações de inconformidade contra essa nova posição no mundo jurídico, valendo referir as palavras do jurista Dalmo de Abreu Dallari, na Escola Superior da Magistratura da AJURIS, em 02.12.04, por ocasião do lançamento do IV Fórum Mundial dos Juízes, (AMB Informa nº 71 de 23.12.04) quando proferiu uma palestra sobre *Independência dos Juízes e Democratização do Poder Judiciário*, oportunidade em que afirmou: "a súmula vinculante é uma forma de coação, o juiz fica obrigado a decidir contra seus princípios", referindo ainda: "A Suprema Corte Americana adotou a uniformização jurisprudencial, mas sem efeito vinculante, ao contrário do que estão escrevendo os defensores da súmula". Dizendo finalmente, que a emenda que introduz a súmula é rigorosamente inconstitucional e conclamando os magistrados a discutirem a questão em âmbito jurisdicional.
Outra é a proposta de introduzir no sistema jurídico brasileiro a Súmula Impeditiva de Recursos, e que integra a segunda parte da Reforma do Judiciário, uma alternativa que foi aceita pelo Senado e que está retornando à Câmara dos Deputados para apreciação. Essa idéia apresenta-se como possível de ser adotada pelo Superior Tribunal de Justiça (STJ) e Tribunal Superior do Trabalho (TST), que poderão, de ofício ou por provocação, a partir de dois terços de seus membros, depois de contínuas decisões sobre determinada matéria, aprovar súmula com o fito de impedir a interposição de quaisquer recursos contra a decisão que o houver aplicado. A referida proposta, tem sido afirmado, tem maiores vantagens que a de caráter vinculante, porque ao lado de inibir recursos no juízo ou tribunal de origem, quando há decisões reiteradas e de reconhecimento pacífico sobre determinado assunto, não impede a apresentação de fundamentos para modificar o entendimento sumulado, num respeito ao princípio do controle difuso de constitucionalidade e da segurança jurídica, sem falar, que não inibe a capacidade criativa do juiz de primeiro grau.

O ACESSO À JUSTIÇA E SOLUÇÕES ALTERNATIVAS

evitando com isso o acúmulo de processos na instância recursal. Ainda nesse campo, vale referir o tão discutido projeto de reforma do Poder Judiciário, dando uma dimensão sobre a crise da Justiça e sobre a necessidade de serem tomadas algumas providências no atendimento dos efetivos interesses da sociedade.

A discussão sobre a reforma do Poder Judiciário é tão grande e tem envolvido a opinião pública brasileira, principalmente na área do direito, com a agilização dos processos, que se pensa até em estabelecer um prazo determinado para as medidas cautelares concedidas em Ações Diretas de Inconstitucionalidade, com isso, obrigando o julgamento nesse tempo. Entretanto, de nada adianta um prazo para a ação cautelar se a ação principal continuar morosa e daí a idéia que se discute de um só julgamento, com a definitividade do mérito. Não é só o número de processos que leva à morosidade, mas a mecânica procedimental colocada em prática no processamento dos recursos que são problemas intrincados, com rotinas repetitivas e viciadas, que têm levado os Tribunais a encontrar medidas racionalizadoras.

A polêmica em torno da excessiva litigiosidade e a necessidade de mecanismos para combater a demora na solução dos litígios tem sido defendida e, dentre muitos argumentos, estaria a repetição de causas, inclusive com interesse do Estado, em face de inúmeros planos econômicos, que dão origem a uma infinidade de demandas, abarrotando o Judiciário de processos. A defesa de uma vinculação tem recebido determinado apoio nas Cortes Superiores, inclusive com a apresentação de sugestões na reforma do Poder Judiciário. Entretanto, não se pode perder de vista que o combate à morosidade do Judiciário deve respeitar o Estado Democrático de Direito.

Não só a mudança na legislação processual, mas também outras medidas são necessárias para julgar os processos com maior rapidez. Para tanto, na elaboração de leis reformadoras do sistema jurídico é necessária a participação de quem diretamente efetiva a instrução dos processos e sente as dificuldades, as falhas e consegue detectar o caminho para uma melhor instrumentalidade. O constitucionalista português J. J. Gomes Canotilho,[75] quando visitou a Associação dos Magistrados de Minas Gerais, abordando diversos temas, dentre estes, as dificuldades operacionais da Justiça, respondeu questões sobre os entraves enfrentados pela Justiça, o excesso de normas jurídicas e a elaboração de leis, tendo assim se pronunciado:

---

[75] J. J. Gomes Canotilho. Justiça! *A revista dos Magistrados de Minas Gerais*, Belo Horizonte, n. 17, abr./mai. 2001, p. 26-27.

A questão fundamental é a legislação. As leis são produzidas sem estudos prévios e posteriores aos resultados prévios e posteriores aos resultados de sua aplicação. Muitas vezes, lançamos um anátema sobre os operadores do Direito, mas as dificuldades se situam nos atos legislativos contraditórios e na falta de realismo e de unidade do próprio sistema jurídico. Diante dessa selva de leis impensadas, o problema maior, sem dúvidas, está na política legislativa.

(...)

Muitas das leis lançadas interrompem a aplicação de uma legislação mais ou menos estável, mesmo que antiquada, contribuindo para que vários processos tenham problemas de aplicação simultânea, ou até retroativa, como também de adaptação dos juízes. Soma-se a isso o próprio processo, suscetível à aplicação imediata das leis processuais, sem se conhecer sua dinâmica. Isso provoca dilação, que prejudica a Justiça e o cidadão.

(...)

A produção de leis lançadas, especialmente as consolidadas, como as dos códigos civil e penal, exige a convocação de pessoas que tenham conhecimento de sua utilização. Bons projetos de magistrados vêm sendo desenvolvidos coma colaboração de tribunais, professores e faculdades de Direito. Deve haver muita participação do Judiciário para se conseguir uma lei minimamente realista, adequada aos nossos tempos, que não apresente problemas graves de aplicação prática. As pessoas que hoje elaboram as normas jurídicas são teóricos e políticos que não conhecem a realidade dos tribunais.

O Poder Judiciário, através do Superior Tribunal de Justiça, apresentou diversas propostas modificadoras do texto do Projeto de Reforma do Poder Judiciário e muitas delas claramente com o objetivo de organização da competência, como é o caso de todas as questões de direito material regulada em lei federal, assim como a análise dos incidentes jurisprudenciais, e decisões nos Juizados Especiais, deixando o Supremo Tribunal Federal como Corte Constitucional. Entretanto, há crítica no sentido de que não houve uma manifestação para duplicar ou triplicar o número de Ministros, o que ensejaria maior agilização nas questões de direito comum. Vê-se que há uma idéia no sentido de diminuir a entrada de recursos, tanto no STJ como no STF, sendo de destacar o pensamento de simplificação e dinamização dos procedimentos e ritos processuais, assim como das próprias leis que objetivam o processo.

Outras medidas agilizadoras da prestação jurisdicional têm despertado a atenção dos cultores do direito. Na identificação dessa diretriz é de ser referida uma outra alteração no Código de Processo Civil, no campo recursal, ao ser modificado o artigo 557 pela Lei 9.139, de 30.11.95, e, posteriormente, pela Lei 9.756, de 17.12.98, prevendo sanção pecuniária em razão de recurso protelatório. Como se constata, o relator passa a ter poderes para apreciar, inclusive o próprio mérito do recurso, desde que se mostre flagrantemente improcedente. A linha agilizadora dessa norma resulta de um esforço no sentido de que sejam simplificados os procedimentos para propiciar um processo com maior rapidez e efetividade.[76]

A exigência de determinadas formalidades complica o processo, entrava a prestação jurisdicional e o objetivo de uma Justiça mais célere. Os pedidos e recursos protelatórios precisam ser refreados e, muitas vezes, conduzem a uma idéia de má-fé e de que possa, inclusive, existir responsabilidade solidária da parte e do advogado. O número de recursos existentes pode não se constituir, por si só, na causa do retardamento da Justiça, sendo imprescindível, porém, que haja mecanismos para sustar a abusividade recursal.[77] Medidas têm sido adotadas, em toda parte,[78] com o objetivo de evitar recursos protelatórios. No Brasil também, cabendo citar as alterações no art. 527 do CPC, introduzidas pela Lei nº 10.352, de 26 de dezembro de 2001, em que se atribui instrumento disciplinar às medidas procrastinatórias, onde o próprio relator pode negar seguimento dos recursos em circunstâncias de inadmissibilidade ou que correspondam a reiteradas decisões no mesmo sentido, possibilitando, inclusive, a análise do mérito do recurso.

Diante de tantas alterações procedimentais, ressalta a preocupação da sociedade no sentido de entender o funcionamento da Justiça e das repercussões administrativas e jurisdicionais e o reflexo efetivo perante os cidadãos, aqueles que buscam resolver o seu problema. Nessa linha de entender a distribuição da Justiça, é interessante anotar o trabalho do Instituto de Estudos Econômicos, Sociais e Políticos de São Paulo (Idesp), em que ouviu magistrados e empresários, através de formulação de questões, em pesquisa nacional, com o objetivo de ter conhecimento das relações entre o Judiciário e a economia, resultando conclusões com base nas divergências de avaliação das partes questionadas. Sobre o tema, houve coincidências na

---

[76] "No patamar da interpretação sistemática, a procurar a inteligência legislativa ou a *mens legis* (como preferem os exegéticos exacerbados, ainda fiéis à decantada completude do sistema jurídico), deve ser ressaltado que a nova redação do art. 557 da lei processual é devida aos intensos esforços da comunidade jurídica – sob a denodada liderança de Ministros da Alta Corte do Distrito Federal – visando agilizar e simplificar as formas procedimentais de forma a ensejar, tanto quanto possível, a efetividade do processo como pressuposto do Estado de Direito Democrático.
Não há efetividade do processo se este se arrasta como as preguiças do mato (na irada expressão de Rui Barbosa), sem qualquer utilidade ou necessidade.
E assim deve ser porque o senso comum e a lógica do razoável a idéia de que devesse o juiz permitir o inútil desenvolvimento do processo – em qualquer de suas fases, inclusive a recursal – se desde logo se convence do sucesso ou do insucesso do pleito." Nagib Slaibi Filho. A Nova Redação do Art. 557 do Código de Processo Civil. *Revista da EMERJ – Escola da Magistratura do Estado do Rio de Janeiro*, V. 2, nº 5, 1999, p. 128.

[77] Miguel José Nader, "Algumas Causas da Morosidade da Justiça Civil", LEX: *Jurisprudência do Superior Tribunal de Justiça e Tribunais Regionais Federais*, São Paulo, vol. 139, p. 9-18, 2001.

[78] "Outro aspecto interessante da lei americana, que contrasta com a lei brasileira, é que uma parte, perdendo um julgamento civil na Corte de primeira instância, deve depositar uma caução no valor do julgamento mais custos adicionais, tradicionalmente 10% ou mais. Essa exigência tende a desencorajar apelações que, de outro modo, seriam feitas apenas com propósitos protelatórios." Peter J. Messite. Justiça e Juízes nos Estados Unidos. *Revista do Tribunal Regional Federal da 4ª Região*, Porto Alegre, n. 27, p. 38/44, abr./jun. 1997.

enumeração de problemas, destacando-se a falta de rapidez nas soluções dos litígios como principal problema do Judiciário. Uma outra constatação foi relativamente ao alto custo para chegar ao Judiciário, assim como a ausência de previsibilidade no tempo de julgamento. É de destacar que essa pesquisa apontou como aspecto positivo a imparcialidade nos julgamentos.[79] Assim, combater a morosidade, encontrar alternativas viáveis, ágeis para solucionar os conflitos, sob a coordenação da instituição do Poder Judiciário, é um caminho a ser seguido, porque a população tem confiança e valoriza a imparcialidade. Nesse sentido, os serviços judiciários devem ser conduzidos dentro de um sistema que seja expedito, mas com segurança, na solução dos conflitos.

2.6. A simplificação do sistema recursal e os serviços judiciários

As pessoas reclamam pelo reconhecimento de seus direitos e estabelecem críticas ao Poder Judiciário, com relação à ineficiência dos serviços, falta de estrutura e morosidade nas decisões. As causas são tão grandes e complexas, desde falhas de organização cartorária, de uma melhor comunicação entre o Judiciário e os advogados e de todos com as partes, insuficiência de investimentos públicos, insuficiência de formação profissional dos operadores do direito, falta de informação que retrate com clareza e objetividade o efetivo andamento do processo no sistema eletrônico até os instrumentos para o exercício da atividade judiciária,[80] são fatores que contribuem para dificultar o andamento do processo.

Com a Constituição Federal de 1988, em que se afirmaram direitos e se deu amplitude à idéia de acesso à Justiça, aumentaram as ações propostas em juízo e dos juízes tem sido reclamada uma atuação mais efetiva, em que pese a organização do Estado não tenha tido o avanço necessário para atender a todas essas reclamações.[81] Outros fatores atuam para não permitir a efetividade do processo e uma rápida solução dos litígios, constatação que se faz desde a abertura democrática, com a nova Constituição Federal, em que aumenta o ingresso no Judiciário para buscar direitos, inclusive contra abusos cometidos pelo próprio Estado. Estas ações resultam de justas re-

---

[79] Essa pesquisa do Idesp foi divulgada por ocasião de um Seminário promovido pelo referido instituto, em abril de 2001, conforme refere o economista Armando Castelar:
"O Judiciário brasileiro tem uma estrutura organizacional bastante razoável' e que muitas de suas mazelas, como a morosidade, atendem a interesses de alguns grupos, inclusive econômicos: 'Tendo a supor que um sistema, para que se estabeleça e se mantenha dessa forma, tem alguma utilidade". *Jornal dos Magistrados*, mai. /jun. 2001, p. 9.

[80] José Carlos Barbosa Moreira. Notas Sobre o Problema da 'Efetividade' do Processo. *Revista da Ajuris*, Porto Alegre, v. 29, p. 77-94.

[81] Sálvio de Figueiredo Teixeira. A Formação do Juiz Contemporâneo. *Revista da Ajuris*, Porto Alegre, v. 72, p. 47-57.

clamações dos cidadãos, também no campo administrativo, influindo decisivamente no aumento do número de demandas e na demora dos julgamentos.[82] Considere-se, entretanto, no grande volume de serviço, a participação do Estado como um dos clientes principais do Poder Judiciário.[83] Contribui, ainda, para esse parâmetro quantitativo de trabalho, o fato de a legislação brasileira permitir situações que podem ser consideradas sem uma maior repercussão para a estrutura da sociedade e para afirmação da cidadania e, mesmo assim, chegam aos Tribunais Superiores.[84]

É de ser lembrado que a máquina Judiciária normalmente é movimentada quando é provocada diante de acontecimentos e fatos na sociedade, quando são atingidos ou ameaçados os direitos dos cidadãos, em todas as áreas. A Administração Pública tem uma presença impessoal e de forma geral, todavia, de todos os Poderes é exigida responsabilidade, eficiência e correção. No momento em que o povo sente a ineficiência ou desacredita de qualquer um dos Poderes e, principalmente daquele que tem obrigação de analisar o direito, faz com que outras formas de alternativas para a solução de conflitos sejam procuradas, por isso, exige-se planejamento e um atuar organizado e moderno.[85]

Os dados são reveladores da avalanche de processos que ingressa no Poder Judiciário, tanto na esfera federal, como estadual, e que têm inquietado a sociedade, com manifestações preocupantes com o fito de encontrar meios e instrumentos a uma solução mais rápida dos litígios.[86]

---

[82] Carlos Alberto Alvaro de Oliveira. Efetividade e Processo de Conhecimento. *Revista Forense*, Rio de Janeiro, v. 348, 1999, p. 67-76.

[83] "O último levantamento do STJ revela números surpreendentes que evidenciam ser a excessiva litigiosidade do Executivo a causa principal do abarrotamento dos tribunais superiores. Do total de 87.628 processos autuados no STJ de janeiro a agosto de 2000, 74.438 (85%) são causas da União, da Fazenda, da Caixa Econômica Federal e do Instituto nacional do Seguro Social. Os demais processos, catalogados como 'outros' na estatística, representam apenas 15,05% do total de causas ajuizadas no STJ." Marco Antônio Birnfeld. União ajuizou 85% do total de ações. *Correio do Povo*, Porto Alegre, 12 set. 2000.

[84] Primeiro, foram os gatos que receberam como 'herança' um apartamento de cobertura; depois um 'cachorro mordeu outro cachorro'. Esses dois casos porto-alegrenses chegaram aos tribunais superiores em Brasília. Agora, um novo processo 'zoológico' aportou no Superior Tribunal de Justiça e envolve o ataque de dois cães contra dois papagaios, que foram literalmente trucidados, no pátio de uma residência de ala nobre em Brasília. O processo – e seus recursos – já têm dois anos e meio de existência. Marco Antônio Birnfeld. Agora são cachorros e papagaios que chegam ao STJ. *Correio do Povo*, Porto Alegre, 15 set. 2000.

[85] Nelson Schiesari. Planejamento para a Justiça. *Revista da Escola Paulista da Magistratura*, São Paulo, v. 2, ano I, p. 185-188, jan/abr 1997.

[86] Processos julgados nos Tribunais Superiores:
"O STF julgou, em 2001, 121.358 processos; em 2000, 87.022 processos, sendo que há dez anos, no mesmo período, foram julgados 14.669 processos."
SUPREMO julgou 121 mil processos em 2001. *E Clipping TJRS*. Porto Alegre, 20 dez. 2001.
"O STJ julgou, em 2001, 198.176 processos, um acréscimo de 31% em comparação ao volume de questões examinadas no ano de 2000. No mesmo período o número de causas encaminhados apresentou um acréscimo de 18%, pois teve ingresso, em 2001, 176.715 processos."
MINISTROS do STJ julgaram 198 mil processos em 2001. *E Clipping TJRS*. Porto Alegre, 20 dez. 2001.

Na Justiça Federal, o quadro também apresenta-se preocupante, tanto que recentemente foi editada a Lei nº 10.259, de 12 de julho de 2001, dos Juizados Especiais Federais, com o objetivo de fazer frente ao volume de serviço e aproximar essa Justiça do cidadão, encontrando uma solução mais rápida para os litígios no limite de competência previsto. Sobre esse tema faremos, uma abordagem rápida, mais adiante, com destaque para a conciliação.

A Justiça dos Estados tem enfrentado um fenômeno de crescimento no número de processos, exigindo das respectivas administrações uma série de providências e atitudes no sentido de fazer frente às ações concretizadas em juízo e encontrar um caminho de solução mais rápida dos conflitos.[87] Essa mesma proporção não é diferente hoje e isso contribui para que a prestação jurisdicional seja morosa, exigindo medidas urgentes para a racionalização do sistema. É que 85% são processos de matéria repetida, já julgada. Um outro dado relevante e tem sido divulgado é que nos EEUU 75% das ações são solucionadas na primeira instância entre noventa e cento e vinte dias. No Brasil, esta média está entre dois a três anos, sendo que as causas da demora são conhecidas formas processuais anacrônicas, ultrapassadas, recursos excessivos, infra-estrutura deficiente e outras situações que dificultam o andamento mais rápido dos processos. A afirmação que 90% dos processos chegam a ter oito decisões, antes da decisão definitiva, desgasta o conceito da justiça e o seu valor perante o cidadão, que sofre com o emperramento da máquina judiciária.[88]

Focalizando agora o Poder Judiciário gaúcho, conceituado como um dos melhores no cenário brasileiro, trabalhando com aceitável eficiência, também se constata um número cada vez maior de processos que ingressam

---

87 Segundo informações ao Banco Nacional de Dados, de 1995 a 1999 a justiça estadual comum de primeiro grau recebeu 32,2 milhões de novos processos e julgou 22,6 milhões, restando como déficit, cerca de 10 milhões de ações. É surpreendente o crescimento de ações na Justiça brasileira, segundo o então Presidente da Associação dos Magistrados do Brasil, Luiz Fernando Ribeiro de Carvalho, afirmando que em 1988 o número de novas ações judiciais era de 350 mil e, dez anos depois, 1998, passou a ser de 8,5 milhões processos ao ano. O número de magistrados passou de 4.900 a 10.500 no mesmo período. Então, enquanto as ações tiveram um índice multiplicativo por 25, o de magistrado foi de 2,1. Poder Judiciário: Ataques e Falsas Comparações". *Boletim Informativo da AMB*. ago. 1999.

88 "A cada dia que passa se torna mais claro que o emperramento da Justiça, além de ser uma fonte de sofrimentos individuais para milhões de cidadãos brasileiros, é um verdadeiro obstáculo ao desenvolvimento do País.
É que, além de trazer danos materiais e morais às pessoas, abalando a confiança que os cidadãos devem nutrir pelo Direito e pela Democracia, a morosidade extrema do Judiciário também emperra a atividade produtiva e desestimula os investimentos, internos e externos.
Graças, especialmente, a um sistema processual obsoleto, caracterizado por uma verdadeira permissividade recursal, que alonga ao máximo no tempo as demandas e procrastina a níveis insuportáveis as decisões judiciais, há uma elevação de custos nas transações econômicas, o que compromete a competitividade dos produtos e serviços nacionais. Isso reflete, significativamente, no 'custo Brasil', porquanto as empresas estrangeiras se obrigam a colocar uma taxa de 'risco judicial' até 26% superior, quando se trata de investimentos realizados em nosso país, em cotejo com o que despenderiam em países com Judiciário eficiente." URGE a Reforma Processual. *O Estado de São Paulo*, São Paulo, 21 ago. 2000.

no sistema judicial, que se altera de ano[89] para ano.[90] Ora, excessivo número de recursos aportando nos Tribunais de Justiça exige de cada administração soluções para diminuir o volume e a morosidade na prestação jurisdicional. Sabe-se que muitas são as reclamações, inclusive centradas na grande quantidade de recursos que são interpostos para o Superior Tribunal de Justiça e o Supremo Tribunal Federal, necessitando de juízo de admissibilidade.

O objetivo de encontrar formas que dêem agilidade ao Poder Judiciário tem ensejado discussões, como ocorreu no Fórum sobre a "Modernização do Direito e Administração da Justiça", realizado em Santa Catarina,[91] onde foi analisado o problema da morosidade da Justiça. Houve concorrido debate em torno da idéia de multiplicação do número de juízes e órgãos julgadores para uma Justiça rápida, mas que envolveria, no fundo, a própria sistemática processual e, esta sim, premente de revisão.

A procrastinação dos julgamentos, logicamente, que inclui uma revisão na sistemática recursal e na própria execução, utilizando mecanismos que punam a litigância de má-fé e estabeleçam uma forma de sucumbência inibidora da vontade recursal. Cabível a referência ao sistema recursal dos Estados Unidos, que impõe custas pesadas para recorrer, inclusive com o depósito da própria condenação, obtendo, com isso, um índice baixo de recursos, em torno de 6%, relativamente às decisões de primeiro grau, sem falar nos altos valores cobrados pelos advogados para recorrerem de uma sentença.[92] A visão de justiça dos Estados Unidos é lógica, mas esta conclusão não serve para um Brasil, de tamanho abissal com homéricas diferenças regionais, com discrepâncias socioeconômicas e uma pobreza que cresce a cada ano sem expectativa de acesso à Justiça.

---

[89] Na atividade-fim do Judiciário, podemos destacar que, no 2º grau de jurisdição, foram julgados 117.790 processos cíveis, incrementando em 19,92% a *performance* obtida no ano de 2000, e 14.138 processos, na área Criminal, num incremento de 15,57%, na área criminal. Por outro lado, no 1º grau, foram julgados 617.116 processos ao longo do período considerado entre novembro de 2000 e outubro de 2001, representando um crescimento de 2,2% em relação ao último levantamento efetuado.
Com esses números, a produtividade média do Poder Judiciário estadual, no 2º grau, foi de 1.419 processos, por julgador, na Seção Cível, integrada por 83 Desembargadores, e de 442 feitos, na Seção Criminal, que conta com 32 Desembargadores, enquanto, no 1º grau, a média na jurisdição comum, entre os 587 Magistrados, alcançou o número de 1.051 processos por Magistrado. (Relatório Anual – 2001 do Tribunal de Justiça do Rio Grande do Sul, p. 13. Porto Alegre, jan. 2002).

[90] Também, na atividade-fim do Judiciário, podemos destacar que, no 2º grau de jurisdição, foram julgados 127.988 processos cíveis, incrementando em 8,66% a *performance* obtida no ano de 2001, e 19.095 processos, na área Criminal, num incremento de 35,06%, na área criminal. Por outro lado, no 1º grau foram julgados 561.613 processos ao longo do período considerado entre novembro de 2001 e outubro de 2002, representando uma diminuição de 8,99% em relação ao último levantamento efetuado. (Relatório Anual – 2002 do Tribunal de Justiça do Rio Grande do Sul, p. 10. Porto Alegre, jan. 2003).

[91] Congresso Nacional da Magistratura, da Advocacia e do Ministério Público, sobre a Modernização do Poder Judiciário, 2001.Costão do Santinho, Florianópolis/ SC.

[92] Francisco César Pinheiro Rodrigues. Proposta para a nova sistemática para recursos. Efeitos da sucumbência. *Revista Centro de Estudos Judiciários do Conselho Federal*, n. 13, p. 20-26, abr. 2001.

Uma pessoa, para ingressar com uma ação, precisa buscar o serviço de Assistência Judiciária, que já referimos, o qual, muitas vezes, não está disponível para atender a todas as demandas. Assim, é preciso encontrar outras formas simplificadoras ou até diminuir o número de recursos, com primazia, inclusive, com aplicação de litigância de má-fé àqueles que recorrem simplesmente porque pensam em protelar no tempo uma decisão que a final lhe será desfavorável.

O Sistema dos Juizados Especiais, por exemplo, além de dar ênfase à conciliação, simplifica os procedimentos e orienta a sentença no sentido da liquidez; tal diretriz, que também tem sido discutida e debatida, seria uma forma de evitar polêmica no momento da liquidação, assim como restringiria o número de recursos. O importante é encontrar caminhos para combater a morosidade, incrementando formas alternativas para o cidadão reclamar o seu direito.

A idéia de sanções pecuniárias em face de medidas procrastinatórias conta com o apoio da sociedade, e contribui para agilizar a finalização do processo.[93] A preocupação não é só com o processo de conhecimento e os recursos, mas também com a própria execução,[94] para que tenha maior simplicidade no seu desenvolvimento. Há constatação de congestionamento de processos no Poder Judiciário, em todas as instâncias e, então, as propostas para enxugar a quantidade de recursos previstos, desburocratizando, assim, a Justiça.

As diversas reformas que têm ocorrido no campo do direito processual civil também visam a reduzir o tempo de tramitação das demandas judiciais, pois muitas dessas ações chegam a ultrapassar mais de uma década sem solução. Compreende-se, por isso, a preocupação do Poder Judiciário e da

---

[93] Nos diversos projetos de lei para a reforma processual que estão sendo encaminhados pelo Ministério da Justiça ao Congresso Nacional, pretende um deles diminuir o número de recursos em processos cíveis, havendo previsão de aumento das custas judiciais, assim como multa para advogados quanto a recursos utilizados como instrumentos meramente procrastinadores da decisão judicial. A Ordem dos Advogados do Brasil já tem se manifestado contra a multa, e, por certo, essa matéria vai ser motivo para muito debate, face o entendimento de que o advogado representa o cliente, e caso esse profissional esteja agindo de forma indevida, cabe a representação perante a entidade de classe.

[94] Na reforma do sistema processual, destaca-se o Projeto de Lei nº 4.497/2004, que altera dispositivos do Código de Processo Civil, relativos ao Processo de Execução, inserindo regras que reduzem a quantidade de etapas quanto aos títulos judiciais, assim como a ampliação e simplificando relativamente à execução de títulos extrajudiciais. Trata-se de mais uma tentativa de melhorar os procedimentos executivos, buscando uma integração das atividades cognitivas e executivas, com a idéia de maior celeridade e eficiência para o cumprimento da sentença. Busca-se com este projeto a revitalização e dinamização da fase processual de execução, atendendo assim, as críticas construtivas tanto da doutrina como da jurisprudência, e com isso visando destacadas mudanças nos meios executórios, com utilização efetiva de instrumentos eletrônicos, possibilitando dessa forma a agilização nos embargos à execução e, criando reais condições para atender a vontade de pagamento. Em fim, pretende-se um processo de execução menos oneroso, diminuindo a formalidade, caminhando no sentido de rapidez e eficiência sem prejudicar o contraditório e ampla defesa.

sociedade com problema tão cruciante e de inquietação sobre o acesso à Justiça,[95] representando um pensamento da sociedade brasileira.

Novas sistemáticas na instrução processual e na instrumentalização dos recursos, paulatinamente, estão sendo implantadas. Os agravos, por exemplo, antes eram processados no primeiro grau; depois, passaram à competência originária dos Tribunais com a Lei 9.139, de 30.11.95, dando nova redação aos artigos 522 e seguintes do Código de Processo Civil, aumentando enormemente o número de recursos, tomando grande parte das pautas nos Tribunais, criando dificuldades concretas na prestação jurisdicional. Mais uma vez o Código de Processo Civil, Lei nº 5.869, de 11 de janeiro de 1973, sofre outras reformas, dentre essas as contidas na Lei nº 10.352, de 26 de dezembro de 2001, que muda a sistemática do processamento do Agravo de Instrumento, atendendo a reclamações e visando a maior simplicidade, objetividade e agilidade jurisdicional.

Ressaltam-se, nessas mudanças, o acréscimo do § 4º ao art. 523, considerando as decisões no agravo de instrumento, em princípio, como agravo retido. Igualmente, o art. 527, agora com nova redação, enseja não dar seguimento ao recurso quando presentes as condições do art. 557, ou seja, matéria conhecida, repetidamente julgada ou que esteja em confronto com posição sumulada ou que se apresente com flagrante inadmissibilidade de procedência. Ainda, poderá o agravo ser convertido em retido, com remessa ao juízo *a quo*, para que seja apensado aos autos principais. Enfim, destacou-se um divisor em que a situação de urgência leva ao agravo de instrumento e esta não ocorrendo, o agravo será retido.[96] Essas importantes

---

[95] "Vive-se, com efeito, uma nova fase, a da instrumentalidade, que descortina o processo como instrumento da jurisdição imprescindível à realização da ordem jurídica material, à convivência humana e à efetivação das garantias constitucionais asseguradas, apresentando-se como tendências atuais do processo, dentre outras, a sua internacionalização e a preocupação com o social e com a efetividade da tutela jurisdicional.
Desvinculando-se do seu antigo perfil liberal-individualista, o processo contemporâneo, sem abandonar o seu prioritário escopo jurídico, tem igualmente objetivos políticos e sociais (C. Dinamarco), na medida em que reflete o estágio histórico e cultural do meio em que atua.
Segundo doutrina de ponta, algumas 'ondas' têm caracterizado essa fase instrumentalista. Na primeira delas, deu-se ênfase à assistência judiciária e, na segunda, ao acesso de grupos sociais à tutela judicial. Na 'onda' atual, a preocupação se volta para a efetividade dessa prestação, refletindo ideais de justiça e princípios fundamentais, tendo como idéias matrizes o acesso a uma 'ordem jurídica justa' (K. Watanabe) e a celeridade na solução do litígio, com o fundamento de que somente procedimentos ágeis e eficazes realizam a verdadeira finalidade do processo." Sálvio de Figueiredo Teixeira. Panorama e Perspectivas das Reformas Processuais Civil e Penal. *In Verbis,* Caderno de Estudos n. 6, maio-97.

[96] Um outro Projeto de Lei sob nº 4.727/2004, encaminhado ao Congresso Nacional para apreciação e aprovação, visa alterar ainda mais a sistemática dos agravos, para tornar como regra o agravo retido, deixando o Agravo de Instrumento para aquelas decisões consideradas suscetíveis de causar à parte lesão grave e de difícil reparação. Com essa idéia, propõe-se uma nova redação aos artigos 523 e 527 da Lei nº 5.869 de 11 de janeiro de 1973, Código de Processo Civil, visando maior celeridade na tramitação dos feitos, inclusive prevendo que das decisões dos relatores, ao converter os agravos de instrumentos em retidos, ou ao deferir ou indeferir o denominado efeito ativo, não mais caberá agravo interno, sem prejuízo do relator rever sua decisão, uma tendência, por sinal, que já se constata no julgamento dos tribunais.

modificações na lei processual têm o objetivo de tornar o Poder Judiciário mais eficiente e garantir o efetivo acesso à Justiça, com a simplificação dos procedimentos. A prática é que vai demonstrar a utilidade das alterações e o alcance das medidas propostas no sentido de agilização dos processos e de maior amplitude do acesso à Justiça, mas não se pode, desde logo, simplesmente criticar e tentar invalidar medidas de mudanças que têm o fito de acelerar os julgamentos.

As modificações efetivadas, como se vê na Lei nº 10.352/01, antes referida, também visam ao processamento dos Embargos Infringentes num sentido mais restrito, pois, na alteração ocorrida, há destaque para o cabimento desses embargos quando em grau de apelação e a sentença tenha sido de mérito e ocorra a reforma da decisão de 1º grau por maioria. Mesmo que a decisão da Câmara não seja unânime, mas ratificando a sentença, também inadmissível o recurso de Embargos Infringentes. Os Embargos, igualmente, são cabíveis quando a decisão da Câmara julgar procedente a Ação Rescisória. Como se vê da mudança e nova redação do art. 530 do Código de Processo Civil, o objetivo é reduzir o tempo de tramitação, a multiplicidade de recursos e, como conseqüência, um julgamento mais rápido. O mesmo objetivo de agilidade na entrega efetiva da jurisdição está a alteração sofrida no art. 475, do CPC, pela referida lei, que afastou a obrigatoriedade do duplo grau de jurisdição quando a condenação ou direito controvertido representar um valor não superior a sessenta salários mínimos; assim como na situação de procedência dos embargos de devedor na execução de dívida ativa com o mesmo referencial de valor. Igualmente tem a finalidade restritiva recursal quando a decisão tem base em jurisprudência do plenário ou em súmula do STF ou do tribunal superior competente.

Assim, também a relevância da Lei nº 10.358, de 27 de dezembro de 2001, ao realizar alterações no processo de conhecimento, não só no que concerne ao critério de distribuição das causas, por dependência, mas também a sentença homologatória de conciliação ou de transação, ainda que se trate de matéria não apresentada em juízo. A própria sentença arbitral é destacada como título judicial, demonstrando-se, assim, o ideal de uma Justiça efetiva e que atenda ao interesse das partes. (art. 584, III)

O Judiciário gaúcho tem-se preocupado com a agilização dos julgamentos,[97] procurando caminhos e alternativas não só para o acesso à Justiça,

---

[97] Um outro Projeto de Lei, sob nº 4.724/2004, foi encaminhado ao Congresso Nacional tratando do saneamento de nulidades processuais, no momento da apreciação dos recursos, ao estabelecer um quarto parágrafo ao art. 515 do CPC, criando a possibilidade de o Tribunal determinar a realização ou renovação do ato processual, sem os autos retornarem à origem, agilizando o julgamento da apelação. Diga-se que esse artigo já sofrera modificação anteriormente quando houve o acréscimo do § 3º, pela Lei nº 10.352/2001, ensejando que nos casos de extinção do processo sem julgamento do mérito, o Tribunal pudesse julgar desde logo a lide, se a causa tratasse de questão unicamente de direito e em condições de apreciação imediata, sem ferir e nem suprimir um grau de jurisdição. Essa modificação

mas para viabilizar uma mais rápida e efetiva entrega da jurisdição. A morosidade é um dilema e um tormento na vida de todos os operadores do direito, principalmente daqueles que sofrem diretamente a crítica pela justiça que chega tarde. Ocorre que, muitas vezes, quando chega, não mais se constitui em solução e não mais resolve o drama humano e, muitas vezes, as pessoas envolvidas não sentem o resultado da justiça, continuando seus herdeiros numa expectativa do direito.

É preciso a consciência de não só simplificar procedimentos e buscar agilização dos processos, mas sim, combater as artimanhas e mecanismos burocráticos, excessivamente formalistas que retardam e desviam a finalidade do direito fundamental de acesso à Justiça. Este importa não só ingressar com uma ação, mas ter efetivo acompanhamento de um advogado constituído ou nomeado pelo Estado. Não bastam as portas abertas do Judiciário, é importante que haja condições de atender aos interesses do cliente dos serviços judiciários, os quais querem um caminho simples, um procedimento descomplicado e compreensível, para a consecução de uma Justiça rápida e efetiva.[98]

---

já trouxe salutar agilização na fase recursal, e a nova proposta, por certo, também trará bons resultados na entrega da jurisdição. Igualmente o projeto referido, pretende acrescer dois parágrafos ao art. 518 da lei processual civil, no sentido de que o juiz não receba o recurso quando a sentença estiver em conformidade com Súmula do STJ ou STF, adequando uma idéia de reduzir o número de recursos. Gize-se entretanto, que há previsão da faculdade do juiz, rever a posição quanto aos pressupostos de admissibilidade do recurso.

[98] Ada Pellegrini Grinover. *Novas Tendências do Direito Processual; de Acordo com a Constituição de 1988*. Rio de Janeiro: Forense Universitária, 1993, p. 177.

3. A racionalização da justiça e o sentido de um trabalho descentralizado

3.1. Uma iniciativa crítica ao formalismo processual

A concepção de uma Justiça mais ágil, vencendo os entraves do andamento processual, fez com que muitos movimentos e iniciativas se fizessem presentes no cenário nacional e contribuíssem, decisivamente, para que as reformas que vão-se efetivando no campo processual afastassem práticas retardadoras da prestação jurisdicional, visando a um acesso mais amplo à Justiça. Exemplo concreto desse ideal ocorreu com o movimento denominado Racionalização da Justiça, iniciado no Rio Grande do Sul,[99] o qual pretendeu, na atividade de cada magistrado, o combate a procedimentos procrastinadores no andamento do processo, e se constituiu num estímulo para mudar a fisionomia da Justiça.

O motivo desse movimento foi no sentido de afirmar uma nova concepção de operar o direito diante da insatisfação e do apego a formas ultrapassadas, conservadoras, repetitivas e que em nada contribuíam para a

---

[99] O Movimento pela Racionalização da Justiça teve início com um grupo de magistrados do Rio Grande do Sul, preocupados com a simplificação dos procedimentos judiciais e com a desburocratização da justiça, sob coordenação e liderança do saudoso Juiz de Direito Diocles Gelatti, que conseguiu reunir magistrados que praticavam medidas racionalizadoras, descomplicadoras do processo e formas agilizadoras dos procedimentos judiciais, em julho de 1983, por ocasião do Congresso em comemoração aos dez anos de vigência do Código de Processo Civil, em Porto Alegre/RS. Integramos esse grupo desde o início, juntamente com os colegas de magistratura Diocles Gelatti, Durval da Fonseca Fraga, Norberto Barufaldi, Rui Portanova, Celso dos Santos Rodrigues, tendo o apoio do então Juiz de Alçada Luiz Melíbio Uiraçaba Machado. O grupo passou a reunir-se periodicamente, tendo a participação dos magistrados paranaenses Francisco de Paulo Xavier Neto e Paulo Roberto Hapner. Somaram-se, mais tarde, outros colegas do Paraná. Santa Catarina uniu-se ao movimento com os magistrados Fernando Luiz Soares de Carvalho, Wilson Eder Graff, Nestor José da Silveira e José Gaspar Rubick. Numa das diversas reuniões, integraram-se ao grupo os magistrados Rêmolo Letteriello e Leão Neto do Carmo, como representantes do Mato Grosso do Sul. Na reunião de Florianópolis, Santa Catarina, de 6 a 10 de maio de 1985, o movimento se consolidava como Comissão Interestadual de Racionalização do Judiciário, passando a ser integrada, também, pelo Estado do Mato Grosso, com os magistrados Leopoldino Marques do Amaral e José Jurandir de Lima. Outros magistrados somaram-se ao movimento. As idéias de racionalização consolidaram-se em encontros regionais e nacionais, culminando com a realização de um Manual de Racionalização da Justiça, distribuído aos magistrados de todo o país.

eficiência do processo e a solução dos litígios. Mudar sempre foi um pensamento presente, porque não se pode ficar inerte e cabisbaixo para situações que agridem a expectativa de um processo atualizado e útil. Sempre foram bem recebidos os movimentos de racionalização, modernização e dinamização dos serviços forenses, e a iniciativa que se corporificava era mais um passo de pioneirismo do Rio Grande do Sul, sem com isso ser bairrista, mas, na verdade, estava sendo iniciada uma caminhada para uma política avançada de reformas processuais e preocupada com a realização da Justiça.

Esse movimento tinha como metas, dentre outras, encontrar meios agilizadores, afastar práticas reconhecidamente formalistas e arcaicas que dificultavam a pronta realização da justiça, buscando caminhos que evitassem movimentos desnecessários do processo e despachos despiciendos. O juiz, nesse pensamento, ficava para atuações em momentos mais importantes no campo decisório, transferindo para os servidores aquelas determinações de andamento normal do processo, valorizando a prática da conciliação como momento anterior à formação da lide, com economia de tempo e dinheiro. Constituiu a essência do ideal desse grupo de juízes a disposição em discutir o sistema formal e apresentar alternativas na aplicação do direito, com a visão democrática de um Judiciário compreendido e próximo do povo.

Uma realidade que sempre despertou a atenção no instruir o processo era constatar a repetição de despachos, de atos desnecessários, inúteis e procrastinatórios, que aumentavam o tempo de duração da lide e complicavam a vida das partes, cujas práticas formalistas entravavam o desenvolvimento e a solução final da causa. Essas situações, de indagações e inconformismo, exigiam alguma tomada de posição, para simplificar os procedimentos, conseguir uma prestação mais efetiva da jurisdição, tornando mais compreensível a linguagem forense, fazendo com que o processo se tornasse menos formal na discussão do direito.

É importante frisar que a orientação do art. 154 do Código de Processo Civil é com o espírito da celeridade na prestação jurisdicional, ao estabelecer o aproveitamento dos atos e termos do processo, porque para efetivarem-se não se reclama forma padronizada, a não ser que haja exigência legal e, uma vez realizados, cumprindo com a finalidade prevista, não serão inquinados de nulidade. Nesse sentido também o art. 244 do mesmo diploma legal tem a diretriz de aproveitar os atos processuais realizados, pois é uma orientação da instrumentalidade do processo e a efetiva aplicabilidade da liberdade das formas.[100] A participação de magistrados, contando com a

---

[100] Com o mesmo pensamento:

Moacyr Amaral dos Santos. *Primeiras Linhas de Direito Processual Civil*. 16. ed. São Paulo: Saraiva, 1993, p. 276. 1º vol.

Galeno de Lacerda. O código e o formalismo processual. *Revista da Ajuris*, Porto Alegre, vol. 28, p. 7/14; e

Carlos Alberto Alvaro de Oliveira. *Do formalismo no processo civil*. São Paulo: Saraiva, 1997. 260p.

crítica construtiva do meio forense, ajudou na faina de combate ao formalismo exagerado do andamento do processo, fazendo com que pudesse se tornar mais rápido, sem perder a necessária eficiência.

Pode-se afirmar que esse grupo de magistrados, com idéias visionárias de um novo acesso à Justiça, lutava para que as modificações propostas viessem a se constituir em meios para somar e influir na mudança do Direito Processual Civil e Penal brasileiro. Essas idéias consubstanciavam-se em constatações do dia-a-dia forense e representavam um inconformismo com determinadas práticas, que já não se concebiam num mundo dinâmico e progressista.

Não era possível aceitar que simples juntadas de peças processuais, a determinação de ouvir a outra parte, o ato de determinar a abertura de vista ao Ministério Público, exigisse que o processo fosse concluso ao juiz, somando-se a tantos outros que estavam na mesa à espera de uma decisão mais importante e que exigia maior tempo e um estudo mais acurado. Não era possível aceitar que no retorno de uma precatória cumprida, fosse juntada aos autos, sem excluir as peças que já estavam no processo, avolumando desnecessariamente os autos e dificultando o seu manuseio. Maior tornava-se o problema, quando se constituía de várias precatórias com o mesmo objetivo e com as mesmas peças já existentes nos autos. Igualmente não era mais possível se conformar com a realização de audiências com a sistemática: o advogado dirige-se ao juiz para fazer a pergunta, e este à testemunha, ouve a resposta (que todos ouviram), para no momento seguinte ditar ao escrevente. Ora, as perguntas das partes poderiam ter sido feitas diretamente, com a fiscalização do juiz, ensejando, com esse procedimento, a multiplicação do número de audiências na pauta.

A idéia racionalizadora dos serviços judiciários visava, portanto, a uma solução mais rápida dos litígios, com a dinamização de despachos e atos ordinatórios, reduzindo, com isso, o vai-e-vem do processo à mesa do magistrado, diminuindo os passos na marcha processual e concedendo maior tempo ao juiz para decisões terminativas ou definitivas no processo e, até, maior atenção no atendimento de partes e na administração do aparelho judiciário.

Com esse desiderato, pensando na agilização do processo, numa Justiça mais eficiente e com menos ataques e críticas à alegada morosidade, é que se fortaleceu a iniciativa de desburocratização dos serviços judiciais, simplificação dos procedimentos e de Racionalização da Justiça.

3.2. As idéias desburocratizantes e a divulgação no meio jurídico

Os integrantes do movimento para a Desburocratização da Justiça e da valorização do princípio da conciliação dividiram-se em grupos e visitaram a maioria dos estados brasileiros, pregando idéias que tanto acreditavam e que culminou com o Primeiro Encontro Brasileiro de Desburocratização dos Serviços Judiciários, realizado em Campo Grande, Mato Grosso, de 13 a 15 de dezembro de 1985, sob o lema "A Justiça está abrindo os olhos. Venha ver o que ela descobriu". Posteriormente é que foi editado o Manual de Racionalização da Justiça, corporificando as medidas racionalizadoras que até aquele momento tinham sido produzidas, tendo o movimento, na oportunidade, assumido um caráter nacional, sendo reconhecido e inserido no Programa Nacional de Desburocratização.

Sobre a valiosa iniciativa, reconhecendo a filosofia para um processo mais dinâmico e extirpando praxes viciadas do dia-a-dia forense, como mencionado, houve apoio do Ministério Extraordinário da Desburocratização. Esse movimento de racionalização recebeu muitas críticas, mas também muito incentivo e reconhecimento de diversas administrações do Judiciário brasileiro e, dentre essas, a do Rio Grande do Sul, em que se fez destaque às medidas racionalizadoras, como marco a extirpar etapas desnecessárias do processo, dinamizando-o e tornando-o mais ágil.[101]

A idéia de racionalização da Justiça crescia a cada encontro realizado nas mais diferentes regiões do Brasil, com intensos debates. Foi no de São Paulo, do qual também participamos, realizado de 3 a 4 de novembro de 1990, que se consolidaram as propostas[102] e sugestões, sendo sistematizadas e posteriormente encaminhadas à Associação dos Magistrados do Brasil.

---

[101] COMISSÃO INTERESTADUAL DE RACIONALIZAÇÃO DOS SERVIÇOS JUDICIÁRIOS. *Racionalização da Justiça*. São Paulo: Imprensa Oficial do Estado S. A. – IMESP, 1986.

[102] Dentre as mais de cem propostas de alteração do CPC e do CPP que foram discutidas e organizadas naquela oportunidade, merecem destaque algumas delas, na área processual civil:
a) A alteração, no art. 125, do CPC, com o acréscimo do inciso IV, tentar a qualquer tempo conciliar as partes, mudança introduzida, mais tarde, pela Lei n° 8.952, de 13 de dezembro de 1994;
b) Outra alteração proposta foi a de que a citação do réu e a intimação de testemunhas poderiam ser feitas pelo correio e, excepcionalmente, a requerimento das partes ou a critério do juiz, seriam utilizados oficiais de justiça, o que ocorreu pela Lei n° 8.710, de 24 de setembro de 1993;
c) A Lei n° 8.455, de 24 de agosto de 1992, também veio introduzir ao sistema processual vigente a proposta de alteração que indicava o acréscimo de um parágrafo no art. 421 do CPC, quando a prova do fato permitisse, a perícia poderia consistir apenas na inquirição pelo juiz do técnico de sua confiança e dos assistentes indicados pelas partes;
d) Outra importante proposta sugerida foi a alteração do art. 604 do CPC, a qual dispunha que quando a determinação do valor da condenação dependa de cálculo aritmético, o credor procederá a sua execução na forma dos arts. 652 e seguintes, instruindo o pedido com a memória do cálculo que será expressa em moeda corrente nacional e no seu equivalente em BTNF. Se o cálculo se referir a valor do bem que tenha cotação em bolsa, cabe ao credor indicar a fonte utilizada. Tal proposta foi definitivamente implantada pela Lei n° 8.898, de 29 de junho de 1994;
e) Talvez uma das mais importantes propostas sugeridas e de real importância para o sistema legal foi a de que viabilizasse a obrigatoriedade da audiência de conciliação prévia, a realizar-se no prazo de 15 dias após o ingresso, em todas as ações. Para a audiência de conciliação, a parte requerida seria citada. Não comparecendo, os fatos alegados pela parte-autora seriam tidos como verdadeiros, proferindo-se sentença de plano. Comparecendo parte-ré, a composição seria tentada, pelo juiz ou por conciliador sob sua orientação. Havendo acordo, esse seria homologado. Não havendo, a causa seguiria seus trâmites normais.

Esta, por sua vez, providenciou na entrega do relatório para mudanças do Código de Processo Civil e do Código de Processo Penal, ao Ministério da Justiça, que constituiu uma comissão nacional com a finalidade de analisar as proposições apresentadas e estudar a viabilidade legislativa da alteração processual. Algumas dessas mudanças já ocorreram através de leis, alterando a sistemática do processo com a finalidade de valorizar a simplificação dos procedimentos, a racionalização dos serviços judiciários, com destaque especial e preferencial para a conciliação. Tais alterações provocaram novas rotinas dinamizadoras do trabalho judicial.

3.3. As condições de trabalho e a nova realidade do Judiciário

Hoje, não se admite mais uma instituição pública que não busque soluções visando a uma melhor prestação de serviço e, para tanto, deve auscultar as preocupações dos cidadãos, discutindo planos, viabilidades, caminhos que levem ao aperfeiçoamento e à eficiência, atendendo assim aos interesses legítimos da sociedade. O Poder Judiciário tem essa responsabilidade com o jurisdicionado, buscando, cada vez mais, corrigir imperfeições, tomando providências efetivas na prestação jurisdicional. É preciso combater os problemas que afetam a imagem da Justiça, pois os cidadãos não sabem realizar uma análise sobre os reais responsáveis pela demora no julgamento das causas. O Judiciário, com isso, acaba sendo responsabilizado, porque há um desconhecimento sobre as situações que ocorrem e dificultam uma entrega mais eficaz e mais rápida da jurisdição. Houvesse um esclarecimento maior, quem sabe o percentual que tem sido dado ao Poder Judiciário, em termos de aceitabilidade, quando são realizadas pesquisas, até pudesse ser modificado para melhor.[103]

A idéia de racionalizar a Justiça, como já referimos, tem conduzido o mundo jurídico à realização de encontros para discutir e encontrar o sentido de criar uma consciência de dinamização dos procedimentos para que o acesso à Justiça se constitua numa realidade, e não somente esperança e frustrações. Quem recorre ao Judiciário não assimila a demora, não entende as fórmulas e os procedimentos complicados da vida forense, não aceita rotinas, o linguajar complexo, tudo distante do entendimento normal da comunicação entre pessoas. Esse afastamento da realidade e da objetividade

---

[103] Pesquisa realizada pelo IBOPE por encomenda da Confederação Nacional da Indústria (CNI), e que foi dado a conhecer pelos meios de comunicação em todo o Brasil, e aqui no RS, conforme publicação do Jornal Zero Hora, edição de 28.05.99. Pelo levantamento técnico, o Poder Judiciário ficou com um percentual de 37% de índice de confiabilidade, num 5° lugar, atrás, respectivamente de Igreja Católica (75%), Igreja Evangélica (50%), jornais (49%), TVs (42%): mas à frente do Poder Executivo e do Poder Legislativo.

da vida torna enfadonho o processo, burocratizando a administração da Justiça. O usuário dos serviços judiciários abomina o excesso de formalismo da legislação processual, não entende o motivo de uma prestação jurisdicional tardia, que é a própria negação do princípio da inafastabilidade do Poder Judiciário, que no dizer de Luiz Guilherme Marinoni:[104]

> (...) não garante apenas uma resposta jurisdicional, mas a tutela que seja capaz de realizar, efetivamente, o direito afirmado pelo autor, pois o processo, por constituir a contrapartida que o Estado oferece ao cidadão diante da proibição da autotutela, deve chegar a resultados equivalentes aos que seriam obtidos se espontaneamente observados os preceitos legais. Dessa forma, o direito à adequada tutela jurisdicional garantido pelo princípio da inafastabilidade é o direito à tutela adequada à realidade de direito material e à realidade social.

A magistratura gaúcha, na comemoração dos dez anos do Código de Processo Civil, como referido, teve a iniciativa, com determinado pioneirismo, para afastar práticas processuais e formalismos exagerados que só atuam para a morosidade da prestação jurisdicional e para distanciar o cidadão da Justiça. Assim também a experiência histórica e pioneira dos Juizados de Pequenas Causas. Todas essas iniciativas de um acesso mais amplo à Justiça têm o reconhecimento do mundo jurídico nacional.[105]

O combate a um ritual já superado, como "nada mais disse e nem lhe foi perguntado, do que para constar, lavrou-se o presente termo que lido e achado conforme vai devidamente assinado pela autoridade, o depoente, o acusado e testemunhas", ou ainda o termo de audiência: "Aos tantos dias do mês tal do ano tal, às tantas horas, no local tal, presentes sua Excelência o magistrado tal", ou ainda os editais e mandados com as pleonásticas conclusões: "Dado e passado nesta cidade tal do Estado tal, aos tantos dias do ano tal e mês tal, e por todos assinado", só faltando constar – *do ano da graça de Nosso Senhor Jesus Cristo –*, e outras práticas bizantinas, seiscentistas, gongóricas, ultrapassadas (infelizmente ainda em muitos locais utilizadas) é que motivaram o movimento que consolidou idéias de

---

[104] Luiz Guilherme Marinoni. *Efetividade do Processo e Tutela de Urgência.* Porto Alegre: Fabris, 1994, p. 57-58.

[105] "A Experiência Pioneira dos Conselhos de Conciliação e Arbitragem
No início dos anos 80, dois movimentos de sinalização distinta convergiram em torno do projeto de criação dos Juizados de Pequenas Causas: o da Associação de Juízes do Rio Grande do Sul – AJURIS, interessada no desenvolvimento de alternativas capazes de ampliar o acesso ao Judiciário, canalizando para ele a litigiosidade contida na vida social, e o do Executivo Federal, cujo Ministério da Desburocratização pretendia racionalizar a máquina administrativa, tornando-a mais ágil e eficiente. A simultaneidade de seus objetivos e o fato de a magistratura gaúcha ensaiar seus primeiros passos no tratamento das pequenas causas tiveram, talvez, o efeito de impedir que o Executivo criasse uma agência específica, fora da organização do Poder Judiciário, para lidar com elas. Ao contrário, o Judiciário seria alçado ao centro do debate sobre o projeto de racionalização administrativa do Estado, infiltrando nele, em um contexto politicamente adverso à agenda democrática, os temas da facilitação do acesso à Justiça e da legitimação das instituições judiciárias como via eficaz de afirmação de direitos." Luiz Werneck Vianna [*et al.*]. *A judicialização da política e das relações sociais no Brasil.* Rio de Janeiro: Revan, 1999, p. 167-170.

racionalização dos serviços judiciários.[106] Muitas medidas de racionalização, preconizadas desde aquela época, e com certa resistência para adoção, num primeiro momento, hoje estão presentes como normas orientadoras no seio do Poder Judiciário, como se vê na consolidação normativa da Corregedoria-Geral de Justiça do Rio Grande do Sul.

Para a consecução de um processo mais ágil, foi sugerida a expedição de resoluções autorizando os escrivães a praticar determinados atos impulsionadores do processo, independentemente de despacho, como juntada de peças no processo, abrir vista ao Ministério Público, intimar a parte para fornecer cópias da inicial, quando o número era insuficiente, assim como tomar providências para a desavolumação dos autos (exclusão e arquivamento de cópias da petição inicial, contestação e outros documentos já existentes em decorrência do retorno de precatórias, mantendo somente as peças essenciais do ato deprecado), dentre outras providências. Destacam-se outras providências racionalizadoras como modelos de editais simplificados, com dados objetivos, representando economia de dinheiro e tempo. Igualmente modelos de despachos e decisões para casos simples e definitivos, assim como modelos de formulário cíveis e criminais e de capas de autuação de processos. Hoje, o Judiciário nacional, e como exemplo o do Rio Grande do Sul, adota muitas dessas providências agilizadoras e simplificadoras do processo e, em conseqüência, consolida e abraça idéias racionalizadoras da justiça preconizadas por um grupo de magistrados que visualizou uma Justiça mais simples, objetiva, desapegada de formas e procedimentos para o ideal de um processo mais efetivo e de um mais amplo acesso à Justiça.

Essas idéias servem, atualmente, como instrumentos para modelos informatizados, porque a evolução tecnológica e o desenvolvimento de sistemas computadorizados não só propiciam condições de um trabalho ágil, como ensejam o fornecimento de modelos de formulários eletrônicos, que facilitam, unificando e simplificando procedimentos da rotina forense.[107] As idéias de simplificação dos procedimentos evoluíram e têm no Sistema dos Juizados Especiais um lugar fértil para o desenvolvimento dessa nova mentalidade do Judiciário, onde a jurisdição virtual se apresenta como forma de atuação mais efetiva da Justiça.[108]

---

[106] Diocles Gelatti (Coord). *Manual de Sugestões da comissão de racionalização dos serviços judiciários*. Porto Alegre: Edição da Diretoria de Revista de Jurisprudência do Tribunal de Justiça do Rio Grande do Sul Tribunais, 1984.

[107] Objetivando a substituição de impressos padronizados por formulários eletrônicos, o Tribunal de Justiça do RS, com a participação do Conselho de Racionalização, está organizando e viabilizando a implantação de novos modelos desse novo sistema, dinamizador das atividades forenses em todos os graus de jurisdição. (Processo 003075-03.00/02-9. Gabinete da Presidência do Tribunal de Justiça do RS).

[108] Isso constatamos do discurso do Des, José Eugênio Tedesco, proferido em 1º de fevereiro de 2002, em razão de sua posse no Tribunal de Justiça:
"Desta sorte, é de se procurar uma nova adequação da referida legislação, o que se procurará fazer de imediato. De outra banda, diante do quadro desenhado sairemos em busca de novos paradigmas para tentar amenizar a situação que se mostra preocupante.

O ACESSO À JUSTIÇA E SOLUÇÕES ALTERNATIVAS

Esse movimento de racionalização e de maior amplitude de acesso à Justiça assume modernamente, portanto, uma nova etapa com o processo virtual, buscando uma solução rápida e eficaz dos litígios.[109] Também na Justiça Federal já vem-se tornando realidade a utilização de sistemas tecnológicos modernos, agilizando a prestação jurisdicional, com eliminação do uso de uma grande quantidade de papel, através da disposição de monitores para o acompanhamento dos julgamentos por um sistema virtual.[110] A concretização dessa idéia é resultado da participação de muitas pessoas envolvidas com uma Justiça mais ágil,[111] que tem raiz nos movimentos de agilização dos serviços judiciários, e na implantação pioneira dos Juizados de Pequenas Causas. Esse trabalho tem reflexo direto no segundo grau de jurisdição.

3.4. A racionalização no segundo grau de jurisdição

O caminho da racionalização no segundo grau também passou a ser uma das preocupações da Comissão Interestadual de Racionalização dos Serviços Judiciários, com muitas medidas sendo sugeridas visando à celeridade na tramitação dos feitos, procurando aliviar os julgadores dos tribunais de atividades dispensáveis, bem como objetivando a redução de custos, tudo com o fim de buscar um mais fácil acesso à Justiça, uma solução mais rápida dos litígios.

A racionalização no seio dos Tribunais, ordenando os procedimentos administrativos nas câmaras, órgãos diretivos, disciplinando e agilizando

---

Em parte, eles já existem. Cumpre aperfeiçoá-los. É o caso dos Juizados Especiais Cíveis e Criminais em que já recolhemos experiências suficiente para a correção de rumos, criação de novas rotinas com a utilização dos recursos técnicos que a informática permite. Com alguns ajustes é possível chegar-se ao processo virtual, o almejado processo sem autos, obediente aos princípios da oralidade, simplicidade e da informalidade."

[109] No Juizado Especial Cível de São Sebastião do Caí, RS, em 3 de dezembro de 2002, foi realizada a primeira audiência totalmente informatizada, devendo o procedimento ser expandido para os Juizados da Capital e das demais comarcas, eliminando a necessidade de utilização de papel. O objetivo é a rapidez, a democratização dos procedimentos, pelo acesso de todas as informações. (PROCESSO Virtual em JEC é implantado com sucesso. *Diário da Justiça*, Porto Alegre, 6 dez. 2002, p. 1).

[110] JULGAMENTO digital poupa árvores e verbas. Jornal do TRF da 4ª Região. Porto Alegre, n. 38, jan/mar de 2003, p. 3.

[111] Idéias para agilização dos processos continuam sendo efetivadas no seio da Associação dos Magistrados do Brasil, tanto que atualmente tem constituída uma *Comissão de Efetividade, (AMB INFORMA-Nº 71 de 23.12.04)* que após estudos e reflexões, apresentou propostas que se concretizaram em muitos Projetos de Lei, para mudança da legislação infra-constitucional, muitos deles hoje tramitando no Congresso Nacional, e que objetivam proporcionar instrumentos adequados para uma efetiva prestação jurisdicional. A importância de pesquisas e estudos continuados nessa área, se corporifica na preocupação de constituir um Fórum Permanente de Administração Judiciária, cuja proposta em tal sentido foi apresentada ao Supremo Tribunal Federal, tendo como diretriz a regionalização nos Estados para discutir a administração da Justiça, considerando as necessárias adaptações em âmbito local na busca de uma Justiça pronta e eficaz.

o andamento dos feitos, é uma preocupação que vem desde a época em que o grupo de magistrados, voltados para o andamento mais rápido dos processos, já manifestava idéias no sentido de um encaminhamento de medidas simplificadoras e aceleradoras do processo no segundo grau de jurisdição.[112] No caso do Tribunal de Justiça do Rio Grande do Sul, depois de aprofundada discussão em torno da matéria, foi possível reunir alguns pontos de convergência no sentido de unificar e regulamentar os procedimentos das Secretarias das Câmaras, dos Grupos, do Tribunal Pleno e do Departamento Processual.[113] Como se vê, essa preocupação de justiça rápida visa

---

[112] Referem-se as seguintes e com o decorrer do tempo passaram a ser adotadas:
"1.1. A secretaria intimará, independentemente de despacho, a parte autora a fornecer, em 5 (cinco) dias, as necessárias cópias da inicial e/ou documentos com ela apresentados. Desatendida a providência, os autos serão conclusos.
(...)
2.2. Recebidos.
A secretaria poderá abrir a correspondência dirigida, expressamente, ao relator, desde que não haja ressalva de 'Reserva' ou equivalente. Referindo-se a processo que esteja em dependências do Tribunal, informar o que for necessário ou tomar as providências adequadas, quando meramente impulsionadoras do feito (ex: intimações de partes).
(...)
3.1. Juntada.
As petições, cartas de ordem e precatórias, ofícios e expedientes avulsos, tão logo recebido pela secretaria, serão juntados aos autos, independentemente de despacho, achando-se o feito em recinto do Tribunal. Encontrando-se o processo com o relator, ser-lhe-á encaminhada a peça, instruída com a informação.
(...)
5. Desavolumação de autos.
A secretaria, por ocasião do recebimento de cartas de ordem e precatórias, dispensará a juntada de peças desnecessárias e de documentos que as instruírem, levando aos autos, tão somente, a carta propriamente dita e os documento comprobatórios do cumprimento (ex: mandados e certidões de citação e de intimação, termo da audiência de inquirição, etc). As demais peças devem ser arquivadas na secretaria." Comissão Interestadual de Racionalização dos Serviços Judiciários. *Racionalização da Justiça.*. São Paulo: Imprensa Oficial do Estado S. A. – IMESP, 1986, p. 289-291.
[113] Presidindo o conselho de racionalização, encaminhamos algumas medidas racionalizadoras das atividades do tribunal e que foram aprovadas pela Resolução 370/01 do Conselho Superior da Magistratura e publicadas no Diário Oficial da Justiça em 30.10.2001. Dentre outras destacam-se:
"Art. 10 – Salvo determinação em contrário, a Secretaria fica autorizada a assinar, mencionando que o faz 'de ordem do Relator', os seguintes documentos:
I – ofícios requisitando autos, fotocópias ou traslados e esclarecimentos cartorários;
II – ofícios de remessa de acórdãos com trânsito em julgado;
III – ofícios comunicando decisões que demandem pronto conhecimento do juízo;
IV – comunicações e pedidos de informações dirigidos ao foro judicial, extrajudicial e repartições públicas.
(...)
Art. 41 – Abrir-se-á vista ao Ministério Público, independentemente de despacho, em todas as oportunidades nas quais sua manifestação seja de rigor, especialmente:
I – nos recursos criminais, ressalvada a hipótese do art. 6000, § 4º, do CPP;
II – nos mandados de segurança, hábeas-córpus, conflito de competência, correição parcial e outros, após prestadas as informações ou quando dispensadas estas;
III – nos recursos cíveis em que, pela simples constatação, se verifique o interesse público ou as demais hipóteses alinhadas no art. 82 do CPC;
IV – na uniformização de jurisprudência, imediatamente após o trânsito em julgado do acórdão que solicitou o pronunciamento prévio do órgão julgador."
MANUAL de Procedimentos de Secretarias está na Intranet. *Informativo do Tribunal de Justiça do Rio Grande do Sul.* Porto Alegre, Nov. 2001.

não só às comarcas localizadas nos mais longínquos lugares, mas também aos Tribunais que recebem processos e precisam dar uma resposta imediata aos jurisdicionados, com objetivo de acesso à Justiça e democratização do Poder Judiciário.

Mudar atitudes e rotinas de serviços, modificar a mentalidade e forma de agir do Judiciário com efetiva democratização das relações entre a sociedade e os atores da prestação jurisdicional, é uma meta a ser alcançada, tanto na Justiça de primeiro grau quanto nos Tribunais Superiores, visando a maior acesso à Justiça e rapidez nas soluções dos conflitos, utilizando-se de meios tecnológicos disponíveis e que facilitam a vida dos usuários dos serviços judiciários.[114] A idéia é a tramitação mais célere dos processos, diminuição das fases processuais e do número de recursos perante os Tribunais, eliminando formalismos de atos desnecessários.[115]

Ora, a sociedade reclama, incessantemente, por uma solução rápida dos conflitos e uma pronta entrega da jurisdição; entretanto, constata-se que os processos aumentam no Poder Judiciário cada vez mais. Por um lado, esse fato é prova de confiabilidade no sistema judicial, porque é procurado mesmo sabendo das dificuldades existentes. Por outro, evitar a lide, a discussão numa demanda contenciosa, com os problemas que dela exsurgem, parece ser uma missão para uma Justiça consensual, não só pela paz social que representa, mas porque contribui decisivamente para diminuir o núme-

---

[114] Dentre muitos outros exemplos marcantes dessa preocupação com a agilidade e efetividade do acesso à Justiça estão as medidas tomadas pelo Tribunal de Justiça do Rio Grande do Sul, que consistem na delegação, por parte dos Vices-Presidentes, à Diretora do Departamento Processual para proceder, independentemente de despacho, providências a respeito de Carta de Sentença e Certidão nos processos em que houver pedido formal; de oficiar ao juízo de primeiro grau para requisitar autos, em atendimento à solicitação dos Tribunais Superiores e proceder a sua efetiva remessa àquelas Cortes, bem como para requisitar auto de Agravo de Instrumento em que foi reiterado o recurso recebido na forma retida; de oficiar aos Tribunais e ao juízo de primeiro grau, remetendo as petições protocoladas em processos que não se encontram mais neste Tribunal; e de intimar, pessoalmente, por meio de mandado, o Procurador-Geral do Estado para apresentação de contra-razões a recurso interposto, em processo de interesse do Estado e de competência originária do Tribunal de Justiça; bem como na orientação dos servidores do Departamento Processual, no sentido de que a prática de alguns atos meramente ordinários devem ser praticados de ofício pelo servidor encarregado e só revistos pelos Desembargadores Vice-Presidentes, quando remanescer dúvida a ser dirimida. (Portaria N.º 002/01, divulgada do Diário de Justiça do Estado do Rio Grande do Sul, de 03 de julho de 2002).
Outro exemplo a ser citado é a medida que estabelece procedimentos quanto a utilização, no âmbito do TJRS, do sistema de transmissão de dados e imagens tipo fac-símile (fax), para a prática de atos processuais, referentes a petições de processos tramitando no Tribunal, com apresentação posterior dos originais dos documentos transmitidos. (Portaria nº 14/01, divulgada do Diário de Justiça do Estado do Rio Grande do Sul, de 23 de julho de 2002).

[115] Recentemente, através do ato nº 07/2002, a Presidência do Poder Judiciário deste estado estabeleceu novos procedimentos quanto à autenticação das peças obrigatórias do Agravo de Instrumento. Estabeleceu que caberá ao Tribunal, quando o advogado não fizer uso da prerrogativa estabelecida no § 1º do art. 544 do CPC, autenticar somente as peças obrigatórias do processo. Tal medida parece ser uma medida sem expressão, mas se leva em conta que "no ano passado foram autenticadas 1 milhão e 592 mil cópias, mas passaram para 2002 em torno de 500 mil cópias. Somente no mês de setembro de 2001 entraram 2.598 Agravos." (TJ muda rotina de autenticação das peças dos Agravos de Instrumento. *Diário da Justiça*. Porto Alegre, 3 mar. 2002).

ro de processos na Justiça tradicional. Ajudando a combater essa morosidade é preciso, portanto, que as medidas racionalizadoras sejam efetivamente colocadas em prática no dia-a-dia forense, numa caminhada democratizadora das atividades forenses.

3.5. Experiências de justiça descentralizada e itinerante

O Poder Judiciário, em todos os estados, com a idéia de uma Justiça mais próxima dos segmentos populacionais, tem procurado realizar um trabalho, através de seus mais diversos órgãos, no sentido de descentralização dos serviços judiciários e implementação de projetos que viabilizem a democratização da Justiça. Nesse sentido é importante todo tipo de associação que vise a cooperar na promoção da dignidade e do bem-estar das pessoas, implementando uma Justiça que seja para todos, tendo, principalmente, nas diretrizes e princípios dos Juizados de Pequenas Causas, uma mola propulsora para afirmação da cidadania.[116]

Pretendendo uma nova Justiça, é de registrar a atuação da Associação dos Juízes do Rio Grande do Sul – AJURIS – ao divulgar aos cidadãos os seus direitos. Para tanto, utiliza espaços de rádio, jornal e televisão, inclusive com programas de debate sobre os mais diversos problemas que interessam à comunidade, esclarecendo também a população sobre as atividades dos juízes, servidores, enfim, o trabalho realizado pelo Poder Judiciário. É uma forma de aproximar, não só a magistratura com a sociedade, mas também de tornar mais conhecidas as atividades de um dos Poderes do Estado.

Felizmente, os Tribunais também estão preocupando em tornar conhecido o serviço forense, dando conhecimento à sociedade da forma como tramitam os processos, prestando esclarecimentos necessários aos cidadãos, em todos os campos de atividade da Justiça. Os programas que estão sendo veiculados em canais de televisão, através de convênios e outras formas de contratos e acordos, representam mais um caminho para que o povo conheça o seu Judiciário, sendo orientado desde como votar e como exercitar a reclamação de um direito.

---

116 Sálvio de Figueiredo Teixeira. O Aprimoramento do Processo Civil como Garantia da Cidadania. *In* TEIXEIRA, Sálvio de Figueiredo (Coord.). *As Garantias do Cidadão Na Justiça*. São Paulo: Saraiva, 1993, p. 91.
"O Estado Democrático de direito não se contenta mais com uma ação passiva. O Judiciário não mais é visto como mero Poder eqüidistante, mas como efetivo participante dos destinos da nação e responsável pelo bem comum. Os direitos fundamentais sociais, ao contrário dos direitos fundamentais clássicos, exigem a autuação do Estado, proibindo-lhe a omissão. Essa nova postura repudia as normas constitucionais como meros preceitos programáticos, vendo-as sempre dotadas de eficácia em temas como dignidade humana, redução das desigualdades sociais, erradicação da miséria e da marginalização, valorização do trabalho e da livre iniciativa, defesa do meio ambiente e construção de uma sociedade mais livre, justa e solidária".

Uma das formas de exteriorização da vontade democrática de aproximação do Judiciário junto à população é o programa desenvolvido com a idéia de orientar e indicar meios para firmação dos direitos. A referência ao projeto "Ronda da Cidadania", do Judiciário gaúcho, com apoio das instituições e comunidades, em que se implementa nas comarcas um trabalho itinerante de atendimento gratuito à população, abrangendo na confecção de documentos e orientação na área jurídica, inclusive efetivando acordos, propiciando a realização de exames de saúde, além de palestras e atividades de valorização da cidadania. Esse trabalho avançado conta com a presença dos magistrados e integrantes das comunidades.[117] É a Justiça perto do cidadão, é a democratização do Poder Judiciário, solucionando os problemas onde eles se encontram.

Essa idéia descentralizadora dos serviços da Justiça está dentro da concepção que temos para a multiplicação do que denominamos de *Centros de Conciliação e Mediação, Conselhos* ou *Juizados de Conciliação e Mediação*, enfim, uma ação concreta no sentido de ampliar, como pensamos, as oportunidades de transação, sob a orientação e o acompanhamento da instituição do Poder Judiciário. Essa idéia pode ser implantada, no caso do Rio Grande do Sul, em todos os municípios e em outros locais distantes das comarcas e das sedes dos Juizados Especiais, realizando um trabalho itinerante, somando-se a outros projetos vitoriosos e pioneiros.

A presença, ao menos de um representante do Judiciário ou por este supervisionado, com objetivo de receber pedidos e efetivar orientação, já concretiza o ideal de democratização. As experiências que se realizam nesse Brasil grandioso propicia uma certeza de sucesso numa política de aproximação do Poder Judiciário junto ao povo e da descentralização de seus serviços. No Rio Grande do Sul, tem ocorrido uma sucessão de programas no sentido de valorização da cidadania, o que também ocorre em outras unidades da Federação, numa concepção de Justiça para um novo milênio, com um Poder Judiciário presente, não aguardando passivamente, mas deslocando-se para as comunidades e ali resolvendo os problemas, com a participação do povo e de suas lideranças.

Ora, a democracia tem como base o respeito às leis, ao direito e ao poder constituído. Também se poderia dizer, de outra forma, que não há

---

[117] "Ronda da Cidadania atende 700 pessoas.
Orientações jurídicas e vários outros serviços foram oferecidos aos Moradores da Vila das Flores. Pelo menos 700 pessoas participaram, no sábado, da primeira edição do projeto social Ronda da Cidadania, na Vila das Flores. Nem o sol forte e o calor fizeram com que os moradores do local deixassem de participar do evento, que aconteceu durante todo o dia na sede do Coloradinho, na Rondônia. Criadas pela Corregedoria-Geral da Justiça, as atividades estão sendo desenvolvidas em Novo Hamburgo pelo Poder Judiciário em parceria com 15 outras entidades e empresas." (RONDA da Cidadania atende 700 pessoas. *Jornal de Novo Hamburgo*, Novo Hamburgo, 29 out. 2001).

afirmação do Estado Democrático de Direito, se não há o acesso à Justiça, se o cidadão, onde quer que ele esteja, não receba orientação, nem apoio. Por isso, iniciativas para afirmação da pessoa, com projetos na diretriz de aproximação da Justiça com o povo, denota o interesse do Judiciário, no objetivo para encontrar alternativas na solução dos litígios, fora do padrão tradicional de prestação jurisdicional e de distribuição de justiça.

Somam-se outras importantes experiências e iniciativas do Poder Judiciário, uma delas, também de valor inestimável, é a presença da Justiça junto às populações ribeirinhas da foz do Rio Amazonas, no Estado do Amapá. A Justiça Itinerante Fluvial realiza, periodicamente, atendimento a pessoas distanciadas e isoladas da sociedade, mas que são cidadãos que reclamam direitos e querem uma solução para os seus problemas. Essa Justiça direta, itinerante e imediata, atende desde os casos mais simples, como uma disputa entre vizinhos, até situações que podem ser tidas como mais complicadas. A aproximação de pessoas encarregadas de distribuir justiça cria confiança e consegue levar seus semelhantes a uma conciliação ou, pelo menos, a uma orientação para o encaminhamento do problema ao setor ou órgão próprio com o objetivo de solução.[118]

O Poder Judiciário deve, realmente, aproximar-se da população, e é com a idéia fundamental dos antigos Juizados de Pequenas Causas, hoje rebatizados como Juizados Especiais, que se assinala o caminho da descentralização dos serviços judiciários, e a idéia de conciliação. A experiência desses Juizados Itinerantes de natureza fluvial tem real importância para as populações residentes à beira dos rios, as quais aguardam a chegada dos barcos como se fora um dia de festa. Por sinal, a realização de casamentos, a oficialização de situações fáticas existentes, realmente, assume uma conotação de alegria e comemoração. É o Judiciário participativo e influenciando para que as pessoas possam ter acesso às políticas públicas. A forma de Justiça Itinerante terrestre também naquele estado tem o objetivo de ir ao encontro dos interesses da população, contribuindo para a construção de uma sociedade mais digna e justa. O Estado do Amapá possui um território imenso, com uma população vivendo em longínquos lugares, não podendo ficar excluída do acesso à Justiça, porque uma sociedade sem

---

[118] "A modalidade de Justiça Itinerante fluvial da capital do estado consiste na utilização de uma embarcação do tipo regional que, na primeira semana de cada mês desloca-se pelo rio Amazonas visitando residentes ribeirinhos até o distrito de Bailique, um arquipélago constituído de nove ilhas e de aproximadamente quarenta pequenas comunidades, abrigando cerca de cinco mil pessoas. Denomina-se de 'Jornadas Fluviais', essas viagens transporta equipes compostas por um Juiz de Direito, um Promotor de Justiça e um Defensor Público, além de serventuários da Justiça, entre os quais um enfermeiro que presta atendimento de primeiros socorros aos nativos. Esse trabalho é feito de forma cooperativa e integrada, envolvendo, além do Judiciário Estadual instituições como a Prefeitura, Governo do Estado, marinha, Exército, entre outras." O que é Justiça Itinerante? *Revista do Instituto dos Magistrados Brasileiros – IMB*, p. 36-37, set. 1996.

o reconhecimento do direito está desgarrada da concepção democrática do Estado.[119]

A nova visão de Justiça, simplificada, acessível e pronta para uma solução de litígios, encontra nas iniciativas avançadas a diretriz para a democratização do Poder Judiciário. No próprio estado do Amapá, dentro do espírito dos Juizados Especiais, há um outro exemplo de pensamento progressista para o acesso à Justiça com os denominados "Juizado Volante" e "Juizado Por Telefone", instrumentos de interação e aproximação entre a Justiça e o povo.[120]

O Brasil tem uma extensa e rica área territorial, uma invejável Amazônia e tantas outras regiões com características peculiares. As situações especiais de cada população também exigem um tipo particular de atendimento da Justiça. No estado do Amazonas, por exemplo, com um milhão e meio de quilômetros quadrados e um número diminuto de municípios, sessenta e dois, onde apenas três são sedes de comarcas, é compreensível que a estrutura do Poder Judiciário coloque como prioridade meios de atendimento para facilitar o acesso da população à Justiça. Então, um projeto também lá existente, denominado *Justiça Sobre As Águas*, representa uma feliz iniciativa para, itinerantemente percorrendo os rios, levar o Judiciário para próximo dos cidadãos amazonenses e guarda semelhança com outros existentes na mesma região. A *Justiça Sobre Rodas*, utilizando veículos para chegar aos locais de atendimento à população, com a prática do *Juizado Especial Volante*, que é uma forma na prestação de serviço imediato, num acidente de trânsito, por exemplo, com o deslocamento de um veículo com estrutura material e pessoal, cujo fim principal é a conciliação. Nessas ex-

---

[119] "A Justiça Itinerante terrestre está sendo executada com auxílio de um ônibus especial, equipado com microcomputadores, duas salas de audiências, instalações sanitárias, cozinha e grupo gerador de energia. Cumprindo programação estabelecida pelos Juizados Especiais Centrais, o veículo, conduzindo a equipe do Judiciário se desloca aos bairros periféricos da capital, aos distritos e aos municípios que não sediam comarcas. O objetivo é atender ao maior número possível de pessoas, sem que essas tenham que se deslocar à capital." O que é Justiça Itinerante? *Revista do Instituto dos Magistrados Brasileiros – IMB*, p. 36-37, set. 1996.

[120] "A liberdade de atuação promovida pelos Juizados Especiais contagiou o trabalho do Tribunal de Justiça do Amapá e incentivou a criação de dois novos sistemas de acesso a Justiça, além dos JE e dos Juizados Itinerantes (terrestre e fluvial), o Juizado Volante e o Juizado por Telefone. Em casos de acidente de trânsito sem vítimas, basta acionar a Justiça Volante para que uma *van* se desloque até o local da ocorrência. 'O veículo transporta um servidor e um juiz para tentar estabelecer um acordo entre as partes', explica a juíza coordenadora dos Juizados especiais Cíveis do Amapá, Sueli Pini. 'Se aquele que ficou de reparar o dano não cumprir o acordo no prazo estipulado, a outra parte já estará orientada a se dirigir a um Juizado e promover a execução da sentença'. A preocupação em encontrar mecanismos que encurtem a distância entre a Justiça e o cidadão motivou a juíza a inaugurar, em agosto do ano passado, o Juizado por Telefone – um serviço também pioneiro no país, que permite às pessoas formular o seu processo e a sua reclamação a distância, numa ligação que não costuma durar mais que oito minutos." O BRAÇO social da Justiça: Juizados Especiais ampliam acesso ao Judiciário. *RT Informa*, São Paulo, Ano III, n. 13, p. 4-5, mai./jun. 2001.

periências vitoriosas estão a filosofia e os princípios dos Juizados de Pequenas Causas.[121]

Dentro da linha dos antigos Juizados de Pequenas Causas e, agora, na implantação dos Juizados Especiais pela Lei nº 9.099/95, o Poder Judiciário paulista também é levado para próximo do cidadão, incrementando um sistema de Juizado Itinerante com a participação dos estudantes das Faculdades de Direito.[122] Essa forma descentralizada de aproximação da Justiça à população, embora as dificuldades que possam surgir no desenvolvimento de um relevante trabalho,[123] compensa pelos resultados obtidos, na realização do direito, amenizando o sentimento de abandono e isolamento. Esses Juizados Itinerantes, em São Paulo, operam através de *traillers*, atendendo inúmeros bairros e populações mais distanciadas das comarcas do interior, exatamente com o intuito de chegar próximo das pessoas que não teriam essa atenção do Judiciário caso, democraticamente, não se aproximasse para ouvi-las e propiciar a elas, primeiramente, audiências conciliatórias e a instrução e julgamento dos casos necessários, num segundo momento. Os *traillers* páram em lugares predeterminados, obedecem a uma escala de atendimento e são equipados com salas, estrutura material suficiente para um atendimento imediato da população.[124]

Outros exemplos também existem nesse nosso grandioso Brasil, como a *Justiça nas Ruas*, efetivada no estado de Pernambuco, onde uma equipe de integrantes do Poder Judiciário presta serviços jurisdicionais onde está o povo reunido. Para tanto, vai ao encontro nos sindicatos, nas escolas, nos centros urbanos, assim como no interior, desencastelando-se dos gabinetes, indo ver de perto os problemas dos cidadãos. Com o mesmo sentido de interiorização dos serviços da Justiça, a implantação de um *Juizado de Relação de Consumo* dentro de uma Universidade em Caruarú, Pernambuco, com a participação no chamado "Fórum Universitário" de alunos da faculdade, realiza um trabalho meritório, pois a interiorização e a descentralização do Judiciário representa um passo importante para o atendimento ao direito.

Uma outra valiosa experiência é a do Juizado Itinerante da Comarca de Fátima do Sul, no estado do Mato Grosso, onde, sob uma pauta previamente organizada, são priorizados os serviços judiciários próximo ao cida-

---

[121] *Revista In Verbis*, nº 12, p. 6-9, abr./mai. 1999.

[122] "A função social dos JE é perceptível, sobretudo nos Juizados Itinerantes – uma ramificação dos Juizados Especiais que circula por toda a periferia da capital em *trailler*, levando um juiz, um promotor, um procurador um advogado da OAB e alguns estagiários." O BRAÇO social da Justiça: Juizados Especiais ampliam acesso ao Judiciário. *RT Informa*, São Paulo, Ano III, n. 13, p. 4-5, mai./jun. 2001.

[123] Télio de Magalhães. Juizado Itinerante retoma atividades em São Paulo. *O Estado de São Paulo*. São Paulo, 13 de maio de 2002.

[124] Luciana Gross Siqueira Cunha. Juizado Especial: ampliação do acesso à justiça? *In* SADEK, Maria Tereza (Org.). *Acesso à Justiça*. São Paulo: Fundação Konrad Adenauer, 2001, p. 43/69.

dão, uma iniciativa, dentre outras, de modificação da estrutura convencional, propiciando justiça rápida e eficaz aos jurisdicionados.[125]

Nesse sentido, é de ser destacado, também, o *Projeto Justiça Comunitária,* praticado no Judiciário do Distrito Federal, dando real importância à conciliação e à intermediação para um resultado consensual, antes que as questões sejam transformadas em processos contenciosos. Evita-se, assim, o abarrotamento de prateleiras, armários, salas e gabinetes.[126] Na realização desse trabalho, os denominados agentes comunitários de justiça e cidadania movimentam-se em direção aos problemas existentes, agindo como intermediadores na composição dos conflitos, além de terem uma ação positiva no sentido de orientar os cidadãos sobre seus direitos e no encaminhamento de suas dificuldades. Uma outra idéia para levar justiça para todos os lugares e que se tem no trabalho dos Conselhos de Conciliação e Arbitramento do Rio Grande do Sul. Por sinal, a idéia de aproximar os serviços judiciários, com um trabalho itinerante procurando atender aos anseios da população, com uma Justiça rápida e eficaz, não só valoriza e democratiza o Judiciário, como, decisivamente, influi para diminuir os excluídos da Justiça.[127] Essas idéias de levar a Justiça para todos vêm crescendo paulatinamente pelo auto-significado de viabilizar a solução dos conflitos.

A idéia de levar a Justiça para todos os recantos do Brasil, onde, normalmente, pelo sistema tradicional, o Estado não consegue chegar, tem ocupado o tempo de todos que se preocupam com uma efetiva aplicação do direito. Um dos pontos que se deve destacar são os projetos que visam a descomplicar os ritos, adotando procedimentos informais, de tal maneira que se possam atender à grande maioria dos cidadãos.

---

[125] "Na comarca de Fátima do Sul, Mato Grosso do Sul, uma experiência descentralizadora e itinerante da justiça foi implementada pelo magistrado Ailton Stropa Garcia, realizando audiências, prestando serviços, orientando, nos municípios e distritos distantes da sede da comarca e utilizando diversos locais, como centros comunitário, com pauta previamente elaborada e deslocamento com funcionários, para atender a população onde ela se encontrava, sem necessidade do jurisdicionado ir ao prédio da justiça para resolver seu problema, levando, enfim, a justiça ao encontro do povo." FÓRUM Itinerante: Jateí abriu a programação. *Jornal o ZANGÃO,* Fátima do Sul-MS, 22- 29 abr. 1991.

[126] Apresentação de O Projeto Justiça Comunitária foi criado para estipular a comunidade a escolher os melhores caminhos para a resolução de seus conflitos, por meio do diálogo promovido por pessoas da própria comunidade. São os Agentes Comunitários de Justiça e Cidadania, formados na Escola de Justiça e Cidadania do TJDFT, para a orientação dos direitos dos cidadãos, a prática da medicação e a promoção de caminhos voltados à auto-sustentabilidade da comunidade.

[127] Soma-se aos valiosos exemplos já relatados, entre outros, a experiência de um Sistema de Unidade Volante dos Juizados de Pequenas Causas, no município de Santa Cruz do Sul/RS, onde um veículo Kombi percorre toda a cidade, dividida por áreas, e cujo atendimento é feito no interior do mesmo. Segundo informações prestadas na época "o objetivo da unidade volante é descentralizar o atendimento, evitando as filas que se formam no fórum (...). O serviço é o mesmo prestado nos Juizados do centro da cidade: o oficial recebe a ação e presta orientação necessária. (...). O funcionário da Justiça diz que 50% dos casos são resolvidos apenas com a informação do procedimento." Adreane Becker. Juizado de pequenas causas funciona em uma Kombi. *Jornal Zero Hora,* Porto Alegre, 26 nov. 1996.

No estado de Minas Gerais há um esforço do Judiciário para atender com prioridade os mais humildes. Um dos planos é a revitalização dos Juizados Informais de Conciliação, com objetivos definidos para atender as classes menos desfavorecidas, chegando aos becos, favelas e lugares considerados isolados, até inacessíveis, com pessoas indo de porta em porta, nas cidades e no interior, buscando resolver os problemas de cidadãos que, se não tivessem essa "janela", estariam afastados da Justiça e jamais teriam seus direitos reconhecidos.[128] A implementação de idéias como esta que se efetiva em solo mineiro é uma certeza de que a semente de um juizado informal, simples, econômico, acessível ao cidadão pode ser plantada em todos os segmento sociais. São Juizados como os itinerantes que tornam possível resgatar e amparar o princípio constitucional do amplo acesso à Justiça. É uma forma da Justiça a ser observada em todos os locais, diferente daquela que é praticada longe dos cidadãos, nos Fóruns, nos Tribunais, distanciada da compreensão do cidadão comum.

Como se vê, o sistema tradicional e formal está cedendo lugar a alternativas que procuram vencer os problemas de lentidão e demora na entrega jurisdicional, sem ofender os cânones legais, levando o Poder Judiciário às comunidades.[129] É a necessidade de rever padrões de comportamento e atitudes, é a consciência de uma nova realidade e, felizmente, a grande maioria dos juízes e dos Tribunais está tendo um pensamento para modificar e até redirecionar a maneira de agir, porque a injustiça pelo não-reconhecimento de um direito marca fundo na alma do ser humano. Por isso, o Sistema dos Juizados Especiais e de Pequenas Causas se constitui num laboratório para mudanças e representa o futuro de Justiça que o Brasil busca.

---

[128] Renato Salha. Temos de ir aonde o Estado não vai. *In Verbis*, p. 34, set./out. 2001.

[129] Com a promulgação da Emenda Constitucional nº 45/2004, os Tribunais Regionais Federais (art. 107, §§ 2º e 3º) e os Tribunais de Justiça dos Estados (art. 125, §§ 6º e 7º), poderão instituir uma "Justiça Itinerante", com amparo constitucional, levando um atendimento judiciário até o jurisdicionado, principalmente em locais onde o acesso ao sistema judiciário é mais difícil e complicado, utilizando para tanto equipamentos públicos e meios comunitários, seguindo os sadios exemplos que vêm sendo praticados há algum tempo, em muitos lugares do Brasil, com especial destaque para as valiosas experiências de conciliação. Igualmente está aberta a possibilidade da Justiça funcionar descentralizadamente, com Câmaras Regionais, se constituindo na interiorização da entrância final. O objetivo primacial é colocar em ação a idéia de um efetivo e pleno acesso à Justiça pelo cidadão em todas as fases do processo.

4. O sistema dos juizados como modelo brasileiro na realização da justiça

4.1. Uma visão alternativa na solução de conflitos

Pelo princípio constitucional do art. 5°, XXXV, o acesso ao Judiciário é garantia de todas as pessoas lesadas em seus direitos. Este preceito já estava no art. 141, § 4°, da Constituição Federal de 1946, e essa diretriz sempre teve o sentido de não só reafirmar a linha do direito material civil de que todo o direito deve corresponder a uma ação garantidora, com contraditório e ampla defesa, porque o Estado deve estar presente na vida do cidadão, colocando-lhe à disposição um processo legal para a efetiva solução dos litígios. Não importa tanto ao tema que se desenvolve discutir as razões da conceituação de ação como instituto de direito processual e, nem mesmo, percorrer o caminho das teorias da ação. Despiciendo ratificar discussões em torno do conceito de lide, mas sim que esta representa um conflito envolvendo interesses de partes em campos opostos ou diferentes, quanto ao direito alegado. Não é necessário percorrer a história do direito processual, esclarecendo a presença do Estado com a idéia de proibir a justiça privada, atribuindo para si o exercício da jurisdição; nem percorrer as teorias sobre o nascimento e a sistematização do direito processual.[130] Importa, isto sim, discutir uma distribuição de Justiça de forma rápida, efetiva, econômica, em que o sistema legal não crie obstáculos e propicie a afirmação da cidadania em todos os lugares, com uma nova concepção de direito, da ação, do processo, da solução do litígio, com uma nova esperança de justiça. É preciso encontrar meios e formas de levar a Justiça junto ao povo, resolvendo desde os pequenos litígios, de tal forma, que mesmo não podendo diminuir o excessivo número de processos, desde logo, mas, ao menos, agindo na sociedade, com o Estado, procurando resolver as situações conflituosas.

[130] Ernane Fidélis dos Santos. *Manual de Direito Processual Civil – Processo de Conhecimento*. 4.ed. atual. aum. São Paulo: Saraiva, 1996, p. 1-4.

Hoje os Juizados Especiais Cíveis e Criminais apresentam-se como uma feliz realidade, consagrados no âmbito da Justiça Estadual e também, agora, no âmbito da Justiça Federal, uma verdadeira revolução no mundo jurídico brasileiro, sendo instrumentos agilizadores da prestação jurisdicional um efetivo exemplo de valorização da cidadania e de um maior acesso à Justiça.[131]

Esse sistema dinâmico, para chegar ao ponto em que está, necessitou percorrer um longo caminho de conscientização sobre a efetiva instrumentalidade do processo e de democratização do Poder Judiciário. Essa realidade está sendo possível pela manifestação individual de cada operador do direito e dos movimentos de associações de classes e organizações de todos os gêneros, em todo o Brasil, que sempre se pronunciaram por um processo mais rápido, por formas e modelos alternativos, mais efetivos para a realização da justiça.[132] Esta idéia de distribuição de justiça, como já referida,

---

[131] Lei nº 9.099, de 26 de setembro de 1995, que dispõe sobre os Juizados Especiais Cíveis e Criminais: "art. 1º – Os Juizados Especiais Cíveis e Criminais, órgãos da Justiça Ordinária, serão criados pela União, no Distrito Federal e nos Territórios, e pelos Estados, para conciliação, processo, julgamento e execução, nas causas de sua competência" e Lei nº 10.259, de 12 de julho de 2001, que dispõe sobre a instituição dos Juizados Especiais Cíveis e Criminais no âmbito da Justiça Federal: "art. 1º – São instituídos os Juizados Especiais Cíveis e Criminais da Justiça Federal, aos quais se aplica, no que não conflitar com esta Lei, o disposto na Lei nº 9.099, de 26 de setembro de 1995".

[132] "O processo civil tem-se mostrado um instrumento caro, seja pela necessidade de antecipar custas ao Estado (os preparos), seja pelos honorários advocatícios, seja pelo custo às vezes bastante elevado das perícias. Tudo isso, como é perceptível à primeira vista, concorre para estreitar o canal de acesso à justiça através do processo.
Essas e outras dificuldades têm conduzido os processualistas modernos a excogitar novos meios para a solução de conflitos. Trata-se dos meios alternativos de que se cuida no presente item, representados particularmente pela conciliação e pelo arbitramento.
A primeira característica dessas vertentes alternativas é a ruptura com o formalismo processual. A deformalização é uma tendência, quando se trata de dar pronta solução aos litígios, constituindo fator de celeridade. Depois, dada a preocupação social de levar a justiça a todos, também a gratuidade constitui característica marcante dessa tendência. Os meios informais e gratuitos (ou pelo menos baratos) são obviamente mais acessíveis a todos e mais céleres, cumprindo melhor a função pacificadora. Por outro lado, como nem sempre o cumprimento estrito das normas contidas na lei é capaz de fazer justiça em todos os casos concretos, constitui característica dos meios alternativos de pacificação social também a de legalização, caracterizada por amplas margens de liberdade nas soluções não-jurisdicionais (juízos de eqüidade, e não juízos de direito, como no processo jurisdicional).
Com essas características presentes em maior ou menor intensidade, conforme o caso (direitos disponíveis ou indisponíveis), vão sendo incrementados os meios alternativos de pacificação social – representados essencialmente pela conciliação e pelo arbitramento.
Da conciliação já falava a Constituição Imperial brasileira, exigindo que fosse tentada antes de todo processo, como requisito para sua realização e julgamento da causa. O procedimento das reclamações trabalhistas inclui duas tentativas de conciliação (CLT, arts. 847 e 850). O próprio Código de Processo Civil exige, nas causas versando direitos disponíveis, que ao início da audiência o juiz tente conciliar os litigantes (arts. 447-448). Além disso, os juízes cíveis têm o poder de, a qualquer tempo, fazer comparecer as partes em juízo, inclusive para tentar a conciliação (art. 342); pena que não exerçam com mais intensidade esse poder! A Lei das Pequenas Causas é particularmente voltada para a conciliação como meio de solução de conflitos, dando a ela especial destaque ao instituir uma verdadeira fase conciliatória no procedimento que disciplina: só se passa à instrução e julgamento da causa se, após toda a tentativa, não tiver sido obtida a conciliação dos litigantes nem a instituição do juízo arbitral (v. arts. 22-28)." Antonio Carlos de Araújo Cintra, Ada Pellegrini Grinover e Cândido R. Dinamarco. *Teoria Geral do Processo*. 7.ed. São Paulo: Revista dos Tribunais, 1990, p. 30-31.

norteou a experiência dos primeiros Conselhos de Conciliação e Arbitramento no Rio Grande do Sul, que passaram a funcionar com o apoio do Poder Judiciário, tendo o primeiro sido instalado na cidade de Rio Grande/RS, em 23/07/82, logo denominado pelo povo de Juizado de Pequenas Causas. Tinha um regulamento elaborado pela AJURIS e a participação de um corpo de conciliadores composto por advogados voluntários que se dispunham, à noite, a presidir audiências de conciliação, sob a supervisão de um Juiz de Direito.

O valor dessa idéia e a repercussão no mundo jurídico ganhava importância pelo descompromisso com as formalidades e a rapidez na solução dos problemas. Essa influência foi assinalada pelo Professor Cândido Rangel Dinamarco[133] ao comentar a Lei 7.244/84, de 7 de novembro de 1984, base para a introdução oficial dos Juizados:

> (...) o marco legislativo inicial de um movimento muito ambicioso e consciente no sentido de rever integralmente velhos conceitos de direito processual e abalar pela estrutura antigos hábitos enraizados na mentalidade dos profissionais, práticas irracionais incompatíveis com a moderna concepção democrática do exercício do poder através da jurisdição...

As leis devem sempre levar em conta fatores e informações que podem contribuir para resolver determinadas situações vivenciadas em sociedade. Entretanto, poucas vezes, a vivência prática, a experiência com a participação direta e ativa do cidadão, contribui para uma providência legislativa salutar e profícua. No caso dos Juizados de Pequenas Causas, até hoje simpaticamente assim denominados, foram consagrados pelo povo, desde os Conselhos de Conciliação e Arbitramento, que se constituíram num verdadeiro centro disseminador de justiça, com base na informalidade e simplicidade, facilitando a aproximação das pessoas e as conduzindo democraticamente para uma conciliação e pacificação.

Esses Conselhos, na época, não se constituíam em órgãos jurisdicionais e dependiam do interesse das partes na solução dos litígios. Essa visão de Justiça tinha na informalidade sua característica básica, atendendo valores considerados pequenos, buscando uma confissão de obrigação, que conduzisse a um título de execução extrajudicial. Na verdade, como experiência pioneira, esse projeto serviu para conscientizar a comunidade jurídica brasileira, dando origem à Lei nº 7.244/84, tratando dos Juizados de Pequenas Causas, mudando o rumo do direito processual civil, e mostrando que era possível uma nova forma de atuação da Justiça junto à comunidade. Ora, o objetivo primordial de conciliação afirmava-se como um novo horizonte na vida das pessoas, afastando formalismos processuais e valorizando sobremaneira o interesse de paz.

---

[133] Cândido Rangel Dinamarco. *Manual das Pequenas Causas*, p. 1.

A funcionalidade desses conselhos, tendo por base a informalidade, passou a se constituir numa alternativa de solução de conflitos, sem a rigidez de regras processualísticas, priorizando a imediatidade e a oralidade, tinha como meta a conciliação. Nas audiências desses Conselhos, às vezes, as partes expressavam apego ao formalismo, colocando alguma indagação sobre o ato firmado, quando isso ocorria, era prática usual chamar ou ter presente um representante do Cartório extrajudicial, adrede convidado, para o reconhecimento das assinaturas das partes intervenientes do acordo. Essa iniciativa de quem presidia a audiência, embora, de alguma forma, burocratizante, servia para tranqüilizar os acordantes e afirmar um novo sistema de atuação do Judiciário.

Essa forma de aproximar as pessoas, mesmo que não tivesse obrigatoriedade no cumprimento da obrigação assumida, pois se tratava de um juizado informal, teve receptividade e aplauso, porque se afastando da Justiça tradicional, demorada e cara, encontrava outros meios de acesso à Justiça.

A semente de uma Justiça menos formal, com um processo mais adequado para os pequenos conflitos, estava nascendo na consciência jurídica brasileira, e outras iniciativas foram sendo repetidas em outros estados, como os Juizados Informais de Conciliação em São Paulo e os Conselhos de Conciliação em Minas Gerais,[134] sendo exemplos marcantes a contribuírem para a viabilização do acesso à Justiça.

Com a institucionalização do sistema, através da Lei Federal nº 7.244, de 7 de novembro de 1984, tinha início uma atitude decisiva e fundamental para mudar a concepção tradicional do processo e a Justiça brasileira. Num segundo momento, igualmente de forma pioneira, o Rio Grande do Sul, com a Lei Estadual nº 8.124, de 10 de janeiro de 1986, oficializou o Sistema dos Juizados de Pequenas Causas como órgão judiciário do Estado.[135]

Uma Justiça mais rápida estava oficialmente surgindo com a implantação de um descomplicado modelo nos Estados, para causas de menor valor, consideradas mais simples no que concerne ao direito discutido com uma sistemática sem exigências formais. Um projeto de "justiça para todos" passava a ser um instrumento usado pelos cidadãos, constituindo uma via

---

[134] Horácio Wanderlei Rodrigues. Acesso à Justiça no Direito Processual Brasileiro. *In,* WATANABE, Kazuo [*et al.*] (Coord.). *Juizado Especial de Pequenas Causas.* São Paulo: Revista dos Tribunais, 1985, p. 55.

[135] A Lei Estadual nº 8.124, de 10.01.1986, criou o Sistema dos Juizados de Pequenas Causas, sendo implantados o 1º Juizado no Foro Regional do Sarandi e o 2º Juizado no Foro Central, além da existência de Juizados Adjuntos, como o próprio nome diz, funcionando junto a uma vara das comarcas do interior e mantendo os Conselhos de Conciliação – *art. 17. O Tribunal de Justiça manterá apoio aos Conselhos de Conciliação criados pela Associação dos Juízes do Rio Grande do Sul, podendo proporcionar-lhes, nas comarcas onde não estiver funcionando Juizado de Pequenas Causas, auxílio em instalações, pessoal e material.* Posteriormente, foi modificada pela Lei 8.641, de 01.06.1988, visando a uma melhor organização do Sistema, que previa a descentralização de atendimento inclusive sob a forma itinerante.

de acesso fácil à Justiça, afastando formas ultrapassadas e repensando o direito com os novos tempos e as novas tendências do processo civil. Ouvir as partes, valorizando o acordo como diretriz de ação, é que ensejou a implantação oficial dessa extraordinária Justiça em todo o território nacional, mostrando ao mundo jurídico uma alternativa válida, moderna e ágil de realizar o direito.[136] Era preciso iniciar uma caminhada que assegurasse a marcha dos feitos e a democratização do aceso à Justiça com prevalência do espírito de conciliação, proporcionando vez a milhares de excluídos do direito e da justiça.

A implantação de um sistema moderno de solução dos conflitos estava se consagrando com os Juizados Especiais e de Pequenas Causas, dinamizando a Justiça, pelo espírito renovador com que se apresentava.[137]

Os Juizados constituem-se, sem dúvida, no maior centro irradiador de idéias que o mundo jurídico ultimamente recebeu, experiência pioneira, influindo na simplificação dos procedimentos e na busca da eliminação de práticas viciosas, excessivas e protelatórias na marcha processual. Como se vê, propostas de desburocratização das práticas judiciárias são necessárias e, cada vez mais, no sentido de descomplicar o processo e colocá-lo como instrumento para efetivação da justiça e solução mais rápida dos litígios.[138]

---

[136] "Art 1º – Os Juizados Especiais de Pequenas Causas, órgãos da Justiça ordinária, poderão ser criados nos Estados, no Distrito Federal e nos Territórios, para processo e julgamento, por opção do autor, das causas de deduzido valor econômico". Lei n.º 7.244, de novembro de 1984. Dispõe sobre a criação e o funcionamento do Juizado Especial de Pequenas Causas. Art. 1º.

[137] Nesse sentido, afirma Cândido Dinamarco:
"Naturalmente, as sucessivas reformas processuais têm estado atentas à necessidade de imprimir ao processo celeridade, com economia de recursos e serviços e as vistas postas nos seus desejáveis bons resultados, segundo um critério de justiça.
Ora, o obstinado esforço de simplificação do procedimento e dos seus atos, que presidiu à elaboração da Lei das Pequenas Causas, não levou a renegar ou menosprezar esses e outros princípios que, conforme entendimento comum e tradicional aceitação, estão à base dos sistemas processuais dos povos contemporâneos e do nosso em particular." Cândido R. Dinamarco. Algumas causas da morosidade da Justiça Civil. WATANABE, Kazuo [*et al.*] (Coord.). *Juizado Especial de Pequenas Causas*. São Paulo: Revista dos Tribunais, 1985, p. 103.

[138] "1.4. Os novos esforços do processualismo brasileiro
Mas se a ciência processual, conquanto plenamente amadurecida, não fora capaz de moldar um processo que efetivamente servisse à atuação do direito material, tornava-se evidente a exigência de uma postura renovada por parte do processualista. O método técnico-científico, oriundo da Alemanha e da Itália e implantado no Brasil desde os anos 40, já havia levado à edificação de um sistema processual de rigorosa coerência interna, à construção de suas categorias dogmáticas, à elevação destas a princípios gerais. Conquistada a maturidade científica de sua disciplina, era preciso que o processualista se voltasse em outra direção. Assim se fez, e, aproximadamente a partir dos anos setenta, o processo brasileiro tomou novos rumos: primeiro os estudos constitucionais, em que as atenções se voltaram para o lado jurídico-constitucional, como resultante das forças políticas e sociais de determinado momento histórico; com isso, a transformação do processo, de instrumento meramente técnico, em instrumento ético de atuação da Justiça e de garantia da liberdade; a partir desta visão externa, a percepção da necessidade da plena e total aderência do sistema processual à realidade sócio-jurídica a que se destina, cumprindo sua primordial vocação, que é a de servir de instrumento à efetiva realização dos direitos materiais; e, para isso, a visão da técnica processual como instrumento dirigido à predisposição dos meios destinados

A meta de ampliar o acesso à Justiça a todas as classes sociais realmente é uma preocupação que se vê presente hoje com a interminável discussão da reforma do Poder Judiciário no Congresso Nacional.[139] Há uma ansiedade de mudanças para criar um maior acesso à Justiça e atender milhares de cidadãos que, sequer, conseguem levar o seu problema para ser discutido perante o Poder Judiciário. Desde o Código de Processo Civil, de 1973, até as reformas que vêm sendo efetivadas, visando a uma melhor instrumentalidade do processo, há uma constante preocupação de que a Justiça seja aperfeiçoada para atender aos anseios e às expectativas dos cidadãos, diante dos novos tempos.[140]

O povo, sabendo que o Poder Judiciário não consegue atender convenientemente à demanda de processos, reclama por outras soluções. É de pensar, então, que a administração da Justiça precisa estar em condições de atender às necessidades e exigências das comunidades, para resolver os conflitos onde eles ocorrem, para que haja paz social e segurança. Caso o Judiciário fraqueje, não atenda às demandas postas em juízo, nem seja possível ir ao encontro dos cidadãos, logicamente que a chamada Justiça Privada, aquela que se efetiva fora do controle direto ou mesmo próximo do Judiciário, se fará presente. Isto ocorrendo, outras formas alternativas e de autotutela são buscadas para a solução de conflitos, e é compreensível, uma vez que a Justiça tradicional não está atendendo, suficientemente, aos interesses do cidadão. Entendem-se, portanto, justificáveis os elogios e aplausos ao Sistema dos Juizados de Pequenas Causas, pela melhor compreensão pelo povo da forma como se pratica uma justiça simples, mas com todos os requisitos de respeito ao cidadão e com a idéia de um

---

aos diversos escopos processuais. E assim foi que, sem descurar o cientificismo do processo, os novos processualistas brasileiros deslocaram o eixo de suas preocupações para outros enfoques e posturas, rumo ao instrumentalismo substancial do processo e à efetividade da Justiça, quando todo o sistema processual passa a ser visto como instrumento para atingir os escopos jurídicos, sociais e políticos da jurisdição e a técnica processual, como meio para a obtenção de cada um deles." Ada Pellegrini Grinover. *Novas Tendências do Direito Processual*, p. 178.

139 "A reforma atrasada
Com quase uma década, a reforma do Poder Judiciário caminha a passos lentos no Congresso Nacional. Em 2002 não foi diferente e mais uma vez o processo não foi concluído. A expectativa é de que a próxima legislatura possa encerrar os trabalhos." A REFORMA atrasada. Jornal da Ajuris – Associação dos Juízes do Rio Grande do Sul. Ano X, n. 198, 4ª semana de dezembro de 2002, p. 2.

140 "A segunda metade do século XX caracterizou-se, na doutrina internacional do processo civil, como um tempo de mudanças. O monumental esforço dos idealistas portadores da bandeira da efetividade do processo abriu espaço para a consciência da necessidade de pensar no processo como algo dotado de bem definidas destinações institucionais e que deve cumprir os seus objetivos sob pena de ser menos útil e tornar-se socialmente ilegítimo. Merecem menção muito destacada as iniciativas de Mauro Cappelletti e Vittorio Denti, cujos discípulos e seguidores, na Itália, em toda a Europa continental e em plagas americanas, compõem um grupo hoje muito coeso em torno da idéia que se convencionou denominar acesso à justiça." Cândido Rangel Dinamarco. *A Reforma do Código de Processo Civil*, p. 19.

processo dinâmico, moderno e renovado, servindo de modelo na aplicação do direito.[141]

É com base nesse sistema, hoje ratificado e redimensionado como Juizados Especiais, que se divisa uma nova Justiça. Pois bem, é em cima dessa concepção de prestação jurisdicional que o Poder Judiciário pode se aproximar do cidadão estendendo as formas de conciliação e buscando em outras linhas legais, como é o caso da mediação, um sistema mais abrangente e informal, resolvendo as questões que se apresentam, com a utilização dos próprios meios legais existentes, sob o pálio do sistema institucional do Poder Judiciário. Este é um objetivo a ser perseguido em favor do cidadão. Nesse sentido, a lição de Ada Pellegrini Grinover:

> Monopólio do Estado é a função jurisdicional, consistente na solução das lides que lhe são submetidas pelas partes em conflito. Não têm, evidentemente, natureza jurisdicional as gestões que visem a facilitar a autocomposição (a qual compreende a renúncia, a submissão e as concessões recíprocas), e que vêm sendo feitas, desde sempre, por pessoas e entes, institucionalizados ou não (os advogados, os órgãos da Assistência Judiciária, O Ministério Público, os próprios membros do Poder Judiciário). O processo só surge para solucionar a lide, e esta somente se configura, como pretensão resistida, quando as forças espontâneas do direito se mostrem incapazes de superar o conflito de interesses.
>
> Desde a tradição do direito lusitano até o direito moderno a conciliação pode ser atividade extrajudicial, livremente exercida por órgãos não jurisdicionais, ainda que atuem junto ao juiz.[142]

O Poder Judiciário precisa, realmente, viver e adaptar-se aos novos tempos, pois a sociedade reclama por uma presença mais efetiva do Estado. Os cidadãos já possuem um maior número de informações, conhecem melhor seus direitos, mas não o suficiente para que a cidadania esteja plenamente afirmada. A concepção de uma justiça próxima tem conduzido a reformas processuais, e as mais significativas ocorreram após as experiências modernas e dinamizadoras, fruto dos princípios orientadores do Sistema do Juizado de Pequenas Causas. A idéia de descentralização e

---

[141] "A Lei das Pequenas Causas não é e não se esperava mesmo que fosse, um corpo isolado com vida autônoma e despregado de raízes lançadas para fora de si. Ela constitui, isso sim, um ponto bastante luminoso na constelação das leis processuais que têm vida no universo do ordenamento jurídico. Em outro escrito, ressaltei que o processo ali instituído, se bem inteiramente novo e revolucionário na forma como encadeados os seus atos com simplicidade e os seus sujeitos com muita liberdade, é um processo fiel ao modelo contemporâneo e tradições brasileiras, além de rigorosamente alinhado aos sadios princípios presentes nos sistemas processuais da atualidade. Foi bastante árdua e inçada de dúvidas e polêmicas a concepção de um processo acessível ágil rápido e barato, sem quebra da segurança expressa no devido processo legal e da igualdade das partes em sua participação contraditória efetiva: era preciso modernizar pelo informalismo e simplicidade, sem ultrajar princípios nem comprometer a qualidade do produto final almejado." Cândido R. Dinamarco A Lei das Pequenas Causas e a Renovação do Processo Civil. *In* WATANABE, Kazuo [*et al.*] (Coord.). Op. cit., p. 196.

[142] Ada Pellegrini Grinover. Aspectos Constitucionais dos Juizados de Pequenas Causas. *In* WATANABE, Kazuo [*et al.*] (Coord.). *Juizado Especial de Pequenas Causas*. São Paulo: Revista dos Tribunais, 1985 p. 11-12.

dinamização de Juizados de Conciliação, nos mais diversos lugares, é de ser perseguida pelo Poder Judiciário, para que o direito não fique como um sonho que jamais se realiza.[143]

Nessa linha de pensamento, foram empreendidas diversas campanhas, distribuindo e colocando cartazes em ônibus, lotações, universidades, enfim, nos mais diversos lugares que tivesse movimentação de pessoas, com o objetivo de divulgar os Juizados de Pequenas Causas e conscientizar a todos para que comparecessem e reclamassem seus direitos. Efetivando-se chamadas como: "Você cobra seus direitos e não paga por isso, sem burocracia, compareça pessoalmente e faça sua reclamação nos balcões dos Juizados", se constituíram em formas de comunicação e aproximação da Justiça ao cidadão. Esse procedimento precisa ter continuidade, porque os Juizados representam um caminho seguro ao cidadão para reclamar um direito e, portanto, de alto relevo social.

4.2. As comunidades e a relevância social dos juizados

As populações, tanto urbana como rural, têm dificuldade de acesso ao Judiciário, primeiramente porque desconhecem os seus direitos e, muitas vezes, porque não têm um representante para colher as reclamações e encaminhá-las para uma solução. A instituição dos Juizados Especiais e de Pequenas Causas, na Constituição de 1988 (artigos 24, inciso X, e 98, inciso I), sinalizou a constitucionalização de uma justiça rápida, eficaz, gratuita e próxima do povo, afirmando a conciliação como sustentáculo desse novo ideal. Um novo sistema tinha sido presenteado ao mundo jurídico para a realização do direito. A semente que fora anteriormente lançada em solo

---

[143] "Os tribunais devem manter serviço de atendimento facilitado, para fornecer informações sobre andamento de processo, sobre o endereço da assistência judiciária, sobre problemas jurídicos concretos de toda ordem. E isso por meio de telefone, de fac-símile, de guichês com funcionários treinados e conscientes de que o povo é seu patrão. Somente o pobre brasileiro sabe explicar o quão é maltratado nas repartições públicas. O Judiciário poderia reverter esse quadro, desenvolvendo um programa de transparência, dando-se a conhecer ao cidadão através de ações de caráter essencialmente informativo. Os tribunais e associações têm o de ver de manter a população informada. Divulgando os endereços dos foros, e dos organismos vinculados à realização da Justiça, os horários de realização das audiências, o funcionamento dos juizados especiais, e outros dados de interesse, inclusive prestando contas da produtividade do Judiciário.
Projetos mais ambiciosos poderiam sugerir as Cartilhas de Cidadania, contendo o elenco dos direitos que consubstanciam o direito a ter direitos. Em linguagem acessível, de compreensão por qualquer do povo, com forma atraente e suscetível de operacionalização mediante recurso à prestigiada classe dos publicitários brasileiros. Não é demasia pensar-se em uma série de folhetos, sob a denominação 'Eu e a Justiça', subdividindo-se em 'Eu e a Constituição', 'Eu e o Direito da Família', 'Eu e o Direito de Propriedade', 'Eu e o meu emprego', 'Eu e o Direito Penal', além de outros títulos. A denominação com ênfase no pronome pessoal da primeira pessoa tem o intuito de prestigiar a consciência da cidadania." José Renato Nalini. Novas perspectivas no acesso à Justiça, *Revista CEJ*, Brasília, v. 1, n. 3, p. 63, set./dez., 1997.

gaúcho estava agora revigorada na Constituição, acenando para a descentralização dos serviços judiciários. A tendência em direção à comunidade atende o espírito de uma nova cultura jurídica, de que a justiça não pode ficar parada, diante da modernidade presente.[144]

Concepção de uma justiça conciliadora, descentralizada, saindo dos gabinetes, indo ao encontro aos cidadãos e de seus problemas, tentando resolvê-los, não a deprecia, não a diminui, não lhe retira o poder; pelo contrário, a torna mais respeitável e solidifica a imagem de credibilidade junto ao povo pelo trabalho itinerante que realiza.[145] Essa prática tem sido defendida por todos que querem uma Justiça ampliada, aberta e resolvendo problemas, onde quer que eles existam.

Dentro dessa orientação, de uma justiça presente em todos os lugares, de uma convivência democrática com o povo, é que também entusiasmou o Judiciário gaúcho a levar à zona rural, aos municípios interioranos, os serviços judiciários, aproveitando a constitucionalização dos Juizados, as novas atribuições e definição de competência estabelecidas na Constituição Federal aos juízes de paz, como se vê no art. 98, II, da Carta Maior, com diretriz conciliatória nas comunidades. Nesse sentido foi realizado convênio entre o Poder Judiciário gaúcho e os municípios, tornando possível o primeiro Juizado Itinerante na área rural, com a participação de um juiz de paz como conciliador.[146]

---

[144] Foram criados e instalados, em 27.05.1991, um Juizado Informal de Conciliação na zona norte de Porto Alegre, com um posto de recepção de pedidos denominado "Projeto Vida" e vinculado ao Juizado Especial e de Pequenas Causas do bairro Sarandi; e um outro na zona sul, no bairro Restinga. Sobre este posto descentralizado, só para exemplificar, o objetivo de conciliação e sua importância na pacificação comunitária, se constituía de uma pessoa atendendo diariamente na recepção de pedidos em local cedido pela comunidade, e vinculado aos Juizados Especiais e de Pequenas Causas do Foro Central de Porto Alegre. Periodicamente havia o deslocamento de um magistrado responsável por um dos juizados referidos, com um veículo do Poder Judiciário, material necessário e acompanhamento de árbitros, conciliadores, funcionários e advogados do quadro da Defensoria Pública do Estado. Em salas muitas vezes improvisadas e sem as melhores condições materiais, mas mesmo assim, as audiências eram realizadas à noite, para facilitar o acesso à justiça. Foi constatado que o percentual de conciliação era superior a 90%, o que demonstra a importância da aproximação das pessoas e da presença do Judiciário na realização de um acordo. Na época, participamos desse projeto, testemunhando o seu sucesso.

[145] "4. O Juizado Itinerante.
Ainda não foi possível, por óbvias limitações de recursos materiais e humanos, promover-se uma descentralização geográfica dos Juizados de Pequenas Causas. Com o objetivo de mitigar os inconvenientes da atual centralização, adotou-se um Juizado itinerante para atender a população de Vila Restinga – uma comunidade proletária integrante da grande Porto Alegre, com cerca de 140.000 habitantes. A cada duas semanas, em dia, hora e local determinados, uma equipe completa (Juiz, Árbitros, Conciliadores, funcionários, etc.) é deslocada para Vila Restinga, onde se realizam as audiências.
As sessões do Juizado de Pequenas Causas logo tornaram-se momentos importantes na vida da comunidade (as audiências contam sempre com uma grande platéia), e o índice de conciliações é próximo de 100%." João Geraldo Piquet Carneiro. Juizado Especial de Pequenas Causas (Avaliação da experiência do Rio Grande do Sul). *Revista de Juizado de Pequenas Causas*, v. 5/6, p. 13, ago./dez. 1992.

[146] O primeiro juizado descentralizado de conciliação em zona rural e com caráter itinerante foi instalado em 28.11.91, no município de Progresso, integrando o juizado especial adjunto de pequenas causas da comarca de Lajeado. Na oportunidade, presidindo a solenidade pelo conselho de supervisão dos juizados de pequenas causas, assistimos ser destacado do pioneirismo daquele evento, pela presença do Poder Judiciário junto ao povo, somando-se aos demais poderes constituídos.

A idéia de descentralização dos Juizados para outras comunidades se concretizou com a nova legislação gaúcha que seguia a orientação constitucional, prevendo a disseminação de juizados de conciliação com postos de atendimento descentralizados. Com a transformação em lei dos projetos referidos, o Rio Grande do Sul[147] passava a ter um instrumento avançado e valioso dirigido para o desdobramento da prestação de serviços judiciários fora da sede da comarca, como filosofia de amplo acesso à justiça.[148] Esses Conselhos, contando com a participação de conciliadores, indicados dentre cidadãos de boa vontade, respeitados na própria comunidade onde vivem, trabalham com o objetivo de realizar a distribuição da justiça a partir da conciliação, dentro de uma dinâmica de recepção de pedidos e audiências no próprio local. Nesse sistema, ressalta-se o valor de que, periodicamente, haja o deslocamento de um magistrado responsável pelo Juizado da sede da comarca e que, sendo necessário, seja acompanhado de conciliadores e juízes leigos para a efetivação e atendimento das audiências de conciliação e instrução.

O tempo e as sadias experiências dos serviços descentralizados do Judiciário se encarregarão de, paulatinamente, demonstrar a importância para a afirmação da cidadania, pelas mais diversas razões, como na aquisição de bens e produtos que não correspondem em qualidade e quantidade, nos serviços que são prestados com ineficiência, como em tantas outras situações em que pelo valor, pela distância das comarcas, pela pressão dos mais fortes, pela falta da presença do representante do Judiciário, deixariam de reclamar e de exigir os mais comezinhos direitos.[149]

Um exemplo de Justiça para todos e de afirmação do princípio federativo é fazer com que o cidadão possa reclamar o seu direito onde quer que

---

[147] A Lei 9.442, de 3.12.1991, do Rio Grande do Sul, dispôs sobre a composição do Sistema Estadual dos Juizados Especiais e de Pequenas Causas Cíveis, possibilitando levar os serviços judiciários para fora das sedes das comarcas e dos juizados, inclusive pra distritos e bairros.

[148] Presidimos a instalação de outros dois juizados de conciliação que foram instalados nos municípios de Fontoura Xavier e Barros Cassal, respectivamente nos dias 12.12.91 e 13.12.91, ambos vinculados ao juizado adjunto especial e de pequenas causas da comarca de soledade, numa continuidade e afirmação da meta de descentralização dos serviços judiciários e num trabalho itinerante da justiça.

[149] Muitos são os exemplos de casos simples e que envolvem a convivência de pessoas, cujas situações resolvidas com a presença de um conciliador, podendo ser o próprio juiz de paz da comunidade, ou através de um mediador, apresentando alguma alternativa de solução para o caso apresentado. Podem ser citados como exemplos dessa nova justiça alguns casos: No Juizado Especial Cível de Venâncio Aires/RS, a discussão em torno da posse de uma vaca malhada, resultado de um contrato verbal entre vizinhos, que, com a morte do marido, o contratante, a viúva entendeu que o contrato estaria desfeito; no município de Giruá, a questão envolveu a venda de uma vaca da raça Jersey, tendo sido constatado um defeito anatômico; na comarca de Santo Ângelo, o problema resultou da troca forçada de uma bicicleta e uma novilha por uma mula velha; em Passo Fundo, a encomenda, para um alfaiate, de duas calças, resultou em insatisfação, visto que a única peça finalizada não era do tamanho desejado pelo cidadão que fez a encomenda. Conforme noticiado no Jornal Zero Hora, de Porto Alegre, RS, de 2 out. 1994 e 28 fev. 2001.

ele esteja.[150] A ausência da justiça faz com que as emoções reprimidas e insatisfações resultem em danos materiais e em delitos, tendo conseqüências muitas vezes desastrosas nas áreas pessoal, familiar e na comunidade em que vivem. A oportunidade de um acordo solucionando uma desavença, um mal-entendido, uma querela, um litígio entre vizinhos, um desentendimento entre pessoas do mesmo local e outras tantas situações que ocorrem, exigem do Poder Judiciário uma atuação efetiva, resolvendo essas questões, deixando de ser inacessível. Por isso, o Poder Judiciário deve estar presente com os seus serviços, criando condições para que, tanto no Juízo Comum,[151] quanto nos Especiais, nenhum cidadão, também os menos favorecidos, fique distanciado do Poder Estatal. Como se constata pelos números apresentados, todos os sistemas visam ao mais amplo acesso à Justiça.

A presença de magistrados e juízes leigos no Sistema dos Juizados Descentralizados, além do objetivo principal de conciliação, também exerce uma missão de orientação sobre os direitos do cidadão, porque de nada adianta pretender propiciar o acesso à Justiça sem essa conscientização. A informação para o estabelecimento de uma nova cultura sobre o exercício da cidadania é um dos motivos propulsores da idéia de Juizados de Conciliação e Mediação, porque além da participação dos integrantes do Poder Judiciário, pode contar, igualmente, com o desprendimento de conciliadores, juízes leigos e profissionais de outras áreas de conhecimento.

É possível pensar nessa Justiça porque, desde a Lei Federal 7.244/84, iniciou-se no Brasil uma nova fase da Justiça. A conciliação passou a ser valorizada como meio legal, eficaz e democrático de solução alternativa

---

[150] Hoje são 168 Juizados no RS. Em Porto Alegre, 8 Juizados Especiais Cíveis, autônomos (com organização cartorial e magistrado titular), com a mesma situação, 18 Juizados no interior. Outros 141 Juizados, denominados Adjuntos, porque funcionam em anexo a uma Vara e/ou Comarca, localizados todos no interior e 1 Juizado Adjunto na Capital. Existem no Sistema dos Juizados de Pequenas Causas 75 Conselhos de Conciliação, funcionando em Municípios que não sediam Comarcas, com atendimento, inclusive, de forma itinerante aos Distritos e 13 Postos Descentralizados de Atendimento, localizados em Universidades e em outros locais da sede das comarcas que objetivem, através da conciliação, principalmente, a solução imediata dos conflitos e o amplo acesso à Justiça. (Relatório da Coordenadoria dos Sistemas dos Juizados Cíveis e Criminais, *in* Relatório Anual do Poder Judiciário do Rio Grande do Sul, janeiro 2003).

[151] O Rio Grande do Sul possui cento e sessenta (160) comarcas, com quatrocentas e setenta e três (473) varas, com jurisdição sobre quatrocentos e sessenta e sete (467) municípios.
Só para exemplificar, no Rio Grande do Sul, no ano 2000, tramitaram, na área cível, Justiça Comum, 596.013 processos, enquanto no ano de 2001 esse número foi elevado para 601.879 processos.
Nos Juizados Especiais Cíveis, durante o ano de 2000, foram distribuídos 162.267 processos, sendo que desses foram realizados 52.094 acordos, o que representa um percentual de 33%. Já em 2001, o número de processos distribuídos foi de 172.770 e desses, foram realizados 54.002 acordos, exibindo um percentual de 31,26%.
Como se vê, o número de processos distribuídos nos Juizados Especiais Cíveis é muito alto, chegando a representar, nos anos de 2000 e 2001, 22% (vinte e dois) do total de processos distribuídos na área cível em nosso estado.
Os dados referidos foram extraídos dos Relatórios Anuais de 2000 e 2001, da Corregedoria-Geral da Justiça e dos Sistemas dos Juizados Especiais do Poder Judiciário do Rio Grande do Sul, com informações complementares.

dos conflitos, tendo na figura dos conciliadores, ativos auxiliares do Judiciário, com um trabalho gratuito e de desprendimento com as partes na realização de um acordo. Deu-se, ainda, a possibilidade de solução de um problema através de um árbitro, escolhido pelas partes, consoante dispunham seus arts. 6º, 17 e 22/27, com suas exigências e peculiaridades.

Esse novo sistema de justiça identificado com o homem comum, pela simplicidade e informalidade do procedimento adotado, dá início à imagem de um Poder Judiciário mais acessível a todos os segmentos da sociedade. A proximidade do povo e a linguagem compreensível, menos complicada conduz a um melhor funcionamento da Justiça, repercutindo em todo o território nacional, com a edição de leis estaduais,[152] ensejando que milhares de brasileiros pudessem reclamar, de forma simples e direta, os seus direitos.

A demora na solução das demandas sempre se constituiu em fator de descrédito na Justiça. Esse conceito a sociedade manifesta-se, primeiramente, diante da dificuldade em poder ingressar com uma ação em juízo, depois, em razão da morosidade no julgamento das causas, não só pela falta de um rito mais simples e célere, aí incluindo a multiplicação de recursos, mas também, como já dito, por manobras protelatórias das próprias partes interessadas para que o litígio não tenha um fim mais rápido. Essas atitudes, muitas vezes, são desconhecidas do cidadão e, por isso, não se pode simplesmente transferir a culpa pela demora no julgamento das causa exclusivamente aos juízes, porque amarrados a uma série de dificuldades para impulsionar o processo. O desencanto por não ter uma resposta imediata ao direito reclamado tinha, na Constituição denominada cidadã, uma luz para encontrar caminhos de justiça efetiva, através do Sistema dos Juizados Especiais.

4.3. A diretriz constitucional e a abrangência dos juizados

A valiosa experiência da implantação formal dos Juizados Especiais e de Pequenas Causas na área cível fez com que o mundo jurídico conduzisse o debate, sensibilizando os constituintes de 1988 para tão importante tema. Firmou-se na conciliação a grande saída para diminuir o número de processos, agilizar a prestação jurisdicional e obter uma Justiça concreta e imediata. Houve a compreensão de que muitas causas consideradas simples

---

[152] Posteriormente à Lei nº 7.244/84, que instituiu os Juizados de Pequenas Causa no Brasil, o Rio Grande do Sul editou, pioneiramente, a Lei nº 8.124, de 10 de janeiro de 1986, com as modificações da Lei nº 8.641, de 1º de junho de 1988; São Paulo editou a Lei nº 5.143/86; dentre outros. Todas num sentido de competência reduzida e incentivando a conciliação.

e de valor econômico reduzido se eternizavam à espera de um julgamento com inegáveis prejuízos para as partes e a própria sociedade. Uma outra realidade também era discutida na área criminal, exigindo um tratamento moderno no campo processual, com procedimentos simples e objetivos, evitando a prescrição e a decadência do direito.

Ao viabilizar concretamente a criação de Juizados Especiais nos Estados-Membros e no Distrito Federal, afirmava-se uma nova Justiça, com competência para a conciliação, o julgamento e a execução de causas cíveis de menor complexidade, com critérios mais definidos. Corporificou-se uma oportunidade ímpar para o Brasil mudar o Poder Judiciário no campo dos desassistidos, com princípios protetivos do cidadão. Apontava-se um novo caminho com destaque para uma fase conciliatória.

A expectativa de uma norma federal disciplinadora dessa Justiça, preconizada pelos Constituintes de 1988, levou diversos Estados-Membros a elaborar leis no âmbito estadual para colocar sistemas ágeis e eficientes à disposição do povo. Por isso, o surgimento de leis estaduais concorrentes, pois, embora a base constitucional, da regra geral do art. 22, inciso I, determinando a competência privativa da União para legislar em matéria processual, em face do princípio da especialidade, não se excluía a competência dos Estados para legislar sobre a criação, o funcionamento e o processo do Juizado de Pequenas Causas. Assim, de acordo com o inciso X do artigo 24 da Constituição Federal, estava sendo estabelecida uma exceção ao que constava do regramento geral de exclusividade da União em matéria processual.

Ademais, no inciso XI, também a concorrência de competência sobre procedimentos em matéria processual. Sem dúvida, uma verdadeira afirmação do princípio do federalismo que orientou a nova Constituição do Brasil, não só possibilitando uma descentralização no campo do Legislativo, mas também criando condições para levar o Judiciário para junto às comunidades menores, para os municípios desprovidos dessa presença, uma idéia de valorização nunca alcançada anteriormente.[153] Essa descentralização dos serviços judiciários é no sentido de buscar uma divisão de trabalho e melhor aplicabilidade da função social do Estado.[154] Assim, o artigo 98, inciso I, ao referir a criação de Juizados Especiais, com destaque para a conciliação, e no inciso II, ao valorizar a missão conciliadora do Juiz de Paz, estava afirmando um ideal de Justiça próxima do povo.

Embora não seja objeto do trabalho a discussão do tema, de estarem, ou não, abrangidos os Juizados de Pequenas Causas nos Juizados Especiais,

---

[153] Paulo Bonavides. *Curso de Direito Constitucional.* 8.ed. São Paulo: Malheiros, 1999, p. 310/313.
[154] Ruy Cirne Lima. *Princípios de Direito Administrativo.* 6.ed. São Paulo: Revista dos Tribunais, 1987, p. 145/151.

é de destacar defensores da não-distinção e, nessa idéia, está um dos que participou também ativamente desse movimento para uma Justiça mais próxima do cidadão.[155] Por outro lado, outros defendem a distinção entre os Juizados Especiais e os de Pequenas Causas, porque foi a intenção do legislador constituinte estabelecer especificamente, no artigo 24, inciso X, da Constituição Federal, a discrepância entre os dois institutos.[156]

Então, com a promulgação da Carta Constitucional de 1988 e com a discussão que se travava para uma legislação federal disciplinando a matéria a respeito dos Juizados Especiais e de Pequenas Causas, alguns estados tomaram atitudes concretas dentro da competência concorrente possível. À União, pois, cabe estabelecer normas gerais (art. 24, § 1º),[157] não excluindo, entretanto, a competência suplementar dos Estados (§ 2º), porque com o surgimento de uma lei federal, afastariam, na incompatibilidade, as normas editadas no âmbito estadual.

Assim aconteceu com Mato Grosso do Sul, que editou a Lei nº 1.071, de 11.07.1990, com implantação dos Juizados Cíveis e Criminais, inclusive contemplando a execução dos próprios Juizados, seguindo, assim, a nova orientação constitucional. Ora, a Lei 7.244/84 determinava a execução da decisão cível no juízo comum, e isso criava uma decepção ao requerente de um direito ao receber a informação após o resultado de uma vitória na ação

---

[155] Rêmolo Letteriello. Considerações sobre os Juizados Especiais de Pequenas Causas. *Revista do Juizado de Pequenas Causas*, n. 2, p. 11-12, ago. 1991:
"As referências contidas nos arts. 24, X, e 98, I, da Carta Magna, sobre 'Juizados de Pequenas Causas' e 'Juizados Especiais', respectivamente, deram margem a interpretações divergentes a respeito do tema, entendendo uns que esses Juizados seriam órgãos distintos, e outros que seriam únicos.
Com todo o respeito às opiniões em contrário, temos que os Juizados Especiais abrangem os de Pequenas Causas, não havendo que se falar, portanto, em duplicidade de órgãos.
Não pode prevalecer o argumento de que eles são distintos, porque distintas as suas competências, ou seja, a do primeiro, estabelecida em face do 'pequeno valor' das causas (até 20 salários mínimos, a que alude a Lei n. 7.244 que teria sido recepcionada pelo art. 24, X, da Constituição) e a do segundo, em razão da 'menor complexidade' das questões cíveis (art. 98, I).
Evidentemente, a expressão 'menor complexidade' alcança não só as causas de reduzido valor econômico, como também as questões que, pela sua natureza, são consideradas simples.
Aduz-se, ainda, que, se fosse intenção do constituinte instituir dois organismos autônomos, o Juizado de Pequenas Causas certamente constaria do capítulo referente ao Poder Judiciário, como ocorre com os Juizados Especiais.
Quando o texto se refere à competência legislativa 'concorrente', está a dizer que tanto a União como os Estados e o Distrito Federal podem editar normas sobre os Juizados Especiais, inclusive regras de 'processo', que até então era de competência privativa da União.
Na repartição da competência concorrente, a Constituição conferiu à União competência para expedir 'normas gerais', entendidas como aquelas que fixam os princípios fundamentais, e aos Estados para criarem as 'normas específicas'. Aliás, o § 1º do referido art. 24 dispõe que: 'No âmbito da legislação concorrente, a competência da União 'limitar-se-á' a estabelecer normas gerais'."
[156] Álvaro Lazzarini. A Constituição Federal de 1988, os Juizados Especiais e os Juizados Especiais de Pequenas Causas. *Revista de Processo*, São Paulo, n. 58, p. 110-113, abr./jun. 1990.
[157] José Afonso da Silva. *Curso de Direito Constitucional Positivo*. 13.ed. rev. e atual. São Paulo: Malheiros, 1997, p. 476/477.
BRASIL. Constituição da República Federativa do Brasil, 30.ed. atual. e ampl. São Paulo: Saraiva, 2002. Art. 24.

de conhecimento. Era como consagrar a expressão "ganhou, mas não levou".[158] A mudança para possibilitar a execução nos próprios Juizados, assim como relativamente aos títulos extrajudiciais,[159] somente ocorreu após a lei sul-mato-grossense, editada com base nas normas gerais da Constituição Federal.

O Rio Grande do Sul seguia adiante, em matéria cível, editando as Leis nº 9.442, de 03.12.1991, e nº 9.446, de 06.12.1991, ancorado em disposição constitucional, dando nova fisionomia ao Sistema Estadual dos Juizados Especiais e de Pequenas Causas Cíveis. Por razões outras, que descabe comentar, não foi possível o encaminhamento de uma lei dos Juizados Especiais Criminais, ficando com o Estado do Mato Grosso a primazia da corajosa iniciativa. A conciliação e a possibilidade de descentralização dos serviços judiciários, fora da sede dos Juizados, em bairros ou cidades circunvizinhas, demonstrava a nítida preocupação do mais amplo acesso à Justiça, porque se pretendia propiciar em outros locais que pessoas reclamassem seus direitos.

É importante ressaltar a Lei gaúcha nº 9.446, de 06.12.1991, referida, porque redimensionou a competência cível,[160] com uma maior abrangência de ações, seguindo o espírito da menor complexidade e orientando sobre a conciliação e o arbitramento, buscando atender a disposição constitucional vigente como sinal de uma nova e revigorante Justiça. Outros estados também procuraram legislar concorrentemente, tendo em vista a demora de uma lei federal e preocupados em colocar à disposição do povo uma Justiça

---

[158] "Art 40 – A execução da sentença será processada no juízo ordinário competente". BRASIL. Lei nº 7.244, de novembro de 1984. Dispõe sobre a criação e o funcionamento do Juizado Especial de Pequenas Causas. Art. 40.

[159] "Art. 1º – O art. 40 da Lei nº 7.244, de 7 de novembro de 1984, passa a vigorar com a seguinte redação:
'Art. 40. A execução da sentença será processada no juízo competente para o processo do conhecimento, aplicando-se as normas do Código de Processo Civil'."
BRASIL. Lei nº 8.640, de março de 1993. Altera a redação do artigo 40 da Lei 7.244, de 7 de novembro de 1984. Art. 1º.

[160] "Art. 3º – O Juizado Especial e de Pequenas Causas Cíveis tem competência para a conciliação, processo, julgamento e execução das causas cíveis de menor complexidade, assim consideradas, enquanto não sobrevier legislação federal específica:
I – as de valor não excedente a quarenta (40) vezes o salário mínimo;
II – as enumeradas no artigo 275, inciso II, do Código de Processo Civil.
§ 1º – Compete ainda ao Juizado promover a execução:
a) dos seus julgados
b) dos títulos executivos extrajudiciais no valor de até 40 vezes o salário mínimo, observado o disposto no artigo 6º, § 1º.
(...);
§ 3º – A opção pelo procedimento previsto nesta Lei importará em renúncia ao crédito excedente ao limite estabelecido neste artigo, excetuada a hipótese de conciliação. (original sem grifo)
(...)". RIO GRANDE DO SUL. Lei nº 9.446, de dezembro de 1991. Dispõe sobre os Juizados Especiais e de Pequenas Causas Cíveis. Art. 3º.

O ACESSO À JUSTIÇA E SOLUÇÕES ALTERNATIVAS

preconizada pelo novo sistema Constitucional brasileiro.[161] Os sistemas implantados sempre tiveram o objetivo de um juizado de causas simples, oportunizando à população resolver questões com características especiais, através de um procedimento diferenciado, sob os princípios da informalidade e da simplicidade, valorizando sobremaneira a conciliação e, assim, garantindo a efetividade dos direitos reclamados.

Depois de sete anos de discussão e aguardando a efetividade da norma constitucional, finalmente surge a Lei n° 9.099, de 26.09.1995, mudando conceitos na aplicação do direito, estabelecendo parâmetros no mundo jurídico, dinamizando procedimentos, contemplando também a área penal e, com isso, consolidando as experiências desbravadoras de uma nova realidade.

A nova lei, com um conceito renovador, oxigenando e dinamizando as relações das partes com o processo, pelo fato de não incluir no texto a expressão *pequenas causas*, não estava afastando as questões de menor valor, até porque, marcava uma linha de entendimento de que as demandas até um determinado limite, vinte salários mínimos, não exigiam o acompanhamento de advogado. Esse acesso ao Judiciário representa a concepção de que todo direito pode ser reclamado, independentemente do valor da obrigação a ser exigida, porque a Justiça não se mede pelo quantitativo, mas pela paz social que representa.[162] Com essa filosofia mantinham-se os princípios[163] dos Juizados de Pequenas Causas, possibilitando o acesso a todos nesse sistema.

A Lei dos Juizados Especiais, com a competência para até quarenta salários mínimos e a obrigatoriedade de advogado, se o pedido não excedesse a vinte salários mínimos, embora tenha expressamente revogado a anterior Lei Federal, manteve o espírito vivo das pequenas causas e do valor da conciliação, tanto que até vinte salários mínimos o pedido pode ser apresentado diretamente pela parte, conforme dispõem os arts. 3° e 9° da Lei 9.099/95. Interpretando, porém, o princípio do acesso de todos à Justiça, pode-se pensar que tenha ocorrido uma omissão, ou mesmo um erro de expressão do legislador, ao não contemplar expressamente as palavras *pequenas causas*, porque a nova Lei n° 9.099/95, na verdade, incorporou, na

---

[161] No estado de Santa Catarina, a Lei n° 8.151, de 22.11.1990, que criou os Juizados Especiais Cíveis e respectivas Turmas Recursais, depois revogada pela Lei Estadual Complementar n° 77, de 12.01.1993. Mais tarde, entrou em vigor a Lei n° 1.141. de 25.03.1993, com o mesmo texto da lei complementar referida. No Estado da Bahia, a Lei n° 6.371/92, dentre outros.

[162] "Cidadão com causa pequena não é cidadão menor nem tem direito menor: é cidadão integral"
Uma das afirmações inserida na Carta de Curitiba, de cuja redação participamos e resultante do Primeiro Simpósio Nacional de Juizados Especiais de Pequenas Causa Cíveis e Criminais, realizado na capital paranense de 4 a 6 de junho de 1992.

[163] Luiz Melíbio Uiraçaba Machado. Princípios Políticos dos Juizados Especiais. *Revista Ajuris*, Porto Alegre, n. 67, p. 201-212, jul. 1996.

área cível, quase totalmente, os parâmetros e conceitos da antiga Lei nº 7.244/84, as diretrizes da Lei nº 9.446/91-RS e da Lei nº 1.071/90-MS.[164]

Independentemente de qualquer discussão acadêmica sobre o assunto, na verdade, o Sistema dos Juizados Especiais preconizados pela Lei nº 9.099/95, não exclui as pequenas causas. Afirma, isto sim, um ideal de Justiça que se insere em norma constitucional, depois de sólida experiência na vida forense. Aumenta a noção de acesso à Justiça, proporcionando ao povo um rito especialíssimo com a característica de celeridade e eficácia. Afasta o processo da Justiça formal, tendo, na conciliação, um horizonte avançado e de extraordinário alcance na aplicação do direito.[165] Após o advento da lei, instituindo os Juizados Especiais, o Judiciário gaúcho tomou providências e iniciou estudos, tornando possível a edição de lei, no sentido de dar efetividade aos Juizados Especiais Cíveis e Criminais previstos na ordem Constitucional brasileira.[166]

Os princípios norteadores do Sistema dos Juizados Especiais estavam ratificados nessa nova lei, objetivando o amplo acesso à Justiça, ressaltando a importância da descentralização dos serviços judiciários e a realização de audiências em locais fora da sede da comarca, como estabelece o art. 94 da referida lei. Assim, revigorava-se um conceito de aproximação da Justiça e de ouvir diretamente as pessoas, falar com elas e, com isso, atender ao interesse geral do povo.[167]

---

[164] JUIZADOS ESPECIAIS: UM ANO DA LEI – Encontro São Paulo/Mato Grosso do Sul – Balanço do primeiro ano da Lei nº 9.099/95 – Aspectos Práticos – Suplemento Especial – Tribuna da Magistratura – Órgão Oficial da Associação Paulista de Magistrados – nov./dez. 1996, p.4.

[165] "O processo legislativo que resultou na Lei 9.099/95 teve início de discussão em 1989, por ocasião de diversos projetos apresentados na Câmara dos Deputados, visando a atender o disposto no artigo 98, inciso I, da Constituição Federal. Na área cível, o denominado *Projeto Jobim* teve base em trabalho realizado pelo então Desembargador Ruy Rosado de Aguiar Júnior, do Tribunal de Justiça do Rio Grande do Sul e hoje Ministro do Superior Tribunal de Justiça, à frente de um Grupo de Estudos da Universidade Federal do Rio Grande do Sul – UFRGS. Na área penal, o chamado *Projeto Temer* resultou de estudos de diversos juristas paulistas , tendo a presença marcante da jurista Ada Pellegrini Grinover, da Universidade de São Paulo. A fusão dessas duas áreas, com as origens referidas, originou o *Substitutivo Abi-Ackel*, sob o nº 1.480-B, em razão da aprovação unânime na Câmara dos Deputados, que posteriormente rejeitou o Substitutivo apresentado pelo Senado, e com isso foi sancionado o Substitutivo original, nascendo a Lei 9.099/95. Por isso, afirma-se que na parte cível foi seguida a diretriz da Lei nº 7.244/84 e a própria essência da Lei nº 9.446, de 06.12.1991, do Rio Grande do Sul, em vigor enquanto aguardava legislação federal pertinente e que serviu também para elaboração da lei que instituiu os Juizados no Mato Grosso do Sul." João Protásio Farias Domingues de Vargas. As Inovações dos Juizados Especiais Cíveis na Nova Lei Federal nº 9.099/95, em Contraste com a Lei nº 9.446/91 do Rio Grande do Sul. *Revista Juizado de Pequenas Causas*, n.º 14, p. 28-39, ago. 1995.

[166] O Rio Grande do Sul, através da Lei 10.675, de 2.1.1996, de forma pioneira, após a novel legislação federal, implantou os Juizados Especiais Criminais, cujo artigo 1º dispõe: "Fica criado, no Estado do Rio Grande do Sul, o Sistema dos Juizados Especiais Cíveis e Criminais, órgãos da Justiça Estadual Ordinária, para conciliação, processo, julgamento e execução das causas previstas na Lei Federal nº 9.099, de 26-09-95".

[167] "A instituição, na verdade, não é nova, antes, muito antiga, muito anterior à própria criação do Poder Judiciário, haurida nas fontes milenares do juízo arbitral e dos 'conselhos de homens bons'.. Quando as coisas instituídas falham, por culpa de fatores estranhos a nossa vontade, convém abrir os olhos às lições do passado para verificar se, acaso, com mais humildade, dentro de nossos forças e

Essa nova visão de Justiça conciliatória passa a marcar uma linha divisória na vida jurídica brasileira, colocando, em primeiro lugar, a solução do conflito através do convencimento de que o acordo pacifica e é bom para as partes envolvidas, retirando a idéia de instrução do processo e da sentença como objetivo de resolver a causa. A conciliação ou a transação representa um ideal de Justiça preconizado pelo art. 2º da mesma lei, e que é defendido pelo microssistema dos Juizados Especiais, no sentido de resolver, extrajudicialmente, as dúvidas e desavenças sobre o direito disponível com posterior homologação pela instituição do Poder Judiciário.[168]

A multiplicação dos problemas exige, cada vez mais, dos responsáveis pela administração da Justiça, alternativas para a solução dos litígios, e a conciliação desponta como fundamental à solução dos problemas vivenciados pelas pessoas em suas comunidades. Incontáveis são as pessoas desassistidas e, ao Poder Judiciário, cabe parcela da culpa, porque está distanciado do cidadão, precisando reverter essa situação.[169]

É preciso agir pensando em outras formas e alternativas de prestação jurisdicional, de disponibilizar os serviços judiciários à população, de vencer as barreiras que dificultam ao cidadão comum a busca por seu direito, quer pela falta de informação, quer pelo abandono dos poderes constituídos. Não é justo que milhares de situações conflituosas não cheguem à apreciação do Poder Judiciário. É necessário resgatar a credibilidade da Justiça, oferecendo meios e métodos de solução de conflitos, porque se não ocorrer uma ação nesse sentido, crescerá a desconfiança e o distanciamento, inviabilizando-se o Estado Democrático de Direito.

A nova lei dos Juizados Especiais oferece muitas alternativas e, dentre outras, reafirma a possibilidade de utilizar conciliadores e juízes leigos para multiplicar o número de audiências para atender a população, bastando que se tenha boa vontade e interesse na implantação de sistemas e formas de

---

limites, não podem elas nos ensinar a vencer desafios do presente. Do passado longínquo, então, se ressuscitam e recriam, cm novas roupagens adaptadas ao tempo novo, instituições sepultas, capazes de reflorescer com surpreendente vitalidade e eficiência." Galeno Lacerda. Dos Juizados de Pequenas Causas. *Revista da AJURIS*, Porto Alegre, n. 27, p. 7-8, mar. 1983.

[168] "(...) há que distinguir a transação civil daquela preconizada na lei instrumental. A transação processual é celebrada no bojo do processo e acarreta a sua extinção, com o julgamento do mérito, enquanto que a civil, por si só, representa apenas a renúncia de direitos através de concessões mútuas, extinguindo não necessariamente a demanda (a qual nem precisa existir), mas as obrigações entre as partes." Joel Dias Figueira Júnior. *Comentários à Lei dos Juizados Especiais Cíveis e Criminais*. 3.ed. São Paulo: Revista dos Tribunais, 2000, p. 76/77.

[169] "Quem não tem acesso à Justiça hoje no Brasil não são apenas minorias étnicas, religiosas, ou sexuais, entre outras. Quem não tem acesso é a maioria do povo brasileiro. O Judiciário, por seus custos financeiros, processos jurídico-formais e com formação cultural é privilégio das elites, concedido, comedidamente, a alguns setores das classes médias urbanas. A maioria da nossa população, as classes populares, quando tem acesso, o tem como vítima ou réu. Não é deles, um ativo. É um passivo. Não é deles um direito, mas um dever." Joaquim Falcão. Justiça: Promessa e Realidade. *Associação dos Magistrados Brasileiros* (org.). Rio de Janeiro: Nova Fronteira, p. 273-274, 1996.

conciliação e mediação junto a varas e comarcas, com a designação de locais, dentro ou fora dos fóruns, com o objetivo de concretizar e ampliar o acesso à Justiça.[170]

Acreditamos num sistema que viabilize a intermediação e as formas conciliatórias, como alternativas valiosas e imprescindíveis para a solução dos conflitos e a pacificação dos homens. Pensamos que o Poder Judiciário deve estar presente em todos os segmentos sociais, principalmente entre a população economicamente mais pobre, que está distante e desassistida dos órgãos públicos.[171]

A atenção ao direito do cidadão evitará que este seja negativamente influenciado e induzido à prática de delitos e a cometer abusos. Essa é a missão do Poder Judiciário: solucionar conflitos, desde os pequenos, pois são esses que se agigantam, dentro da dinâmica social,[172] dando origem a problemas mais sérios e comprometedores no comportamento social. Nessa linha de raciocínio, vale referir a experiência itinerante realizada na Vila Restinga, em Porto Alegre, onde, nas audiências, constatava-se que a grande de maioria dos casos era resolvida pela conciliação.[173] Quem vivencia

---

170 "O tema do acesso à Justiça é nova maneira de ver os fenômenos do direito, o direito em ação, em desenvolvimento, em progresso. Vê-lo, não apenas como tradicionalmente acontece, mas do ângulo dos que consomem o direito.
Significa, diante do problema do direito, do sistema legal, dos seus benefícios, vê-los a partir dos obstáculos que os consumidores do direito enfrentam para obter o acesso à Justiça." Mauro Cappelletti. Acesso à Justiça. *Revista do Ministério Público do Rio Grande do Sul*, Porto Alegre, n. 35, p. 47-53, 1995.

171 "A luta pela existência é a lei suprema de toda a criação animada; manifesta-se em toda a criatura sob a forma de instinto da conservação.
Entretanto, para o homem não se trata somente da vida física, mas conjuntamente da existência moral, uma das condições da qual é a defesas do direito. No seu direito o homem possui e defende a condição da sua existência moral.
Sem o direito desce ao nível animal, e os romanos eram perfeitamente lógicos, quando, sob o ponto de vista do direito abstrato, colocavam os escravos na mesma linha dos animais. A defesa do direito é portanto um dever da própria conservação moral; o abandono completo, hoje impossível, mas possível em época já passada, é um suicídio moral." Rodoflf Von Ihering. *A luta pelo direito*. 16.ed. Trad. João de Vasconcelhos. Rio de Janeiro: Forense, 1997, p. 19. Trad. de: Der Kampf Um S'recht.

172 "No campo das Ciências Sociais, as mudanças ocorrem com maior rapidez, porque a matéria, base de incidência de seus estudos, é altamente instável e cíclica, como é a vida social. Essa característica constitui a sua própria essência existencial por ser a quantificação da heterogeneidade humana e daí porque são sentidas com mais profundidade pelo universo dos que são diretamente envolvidos e que constituem o próprio núcleo em transformação. Numa análise externa, o conflito que naturalmente emerge ecoa com grande impacto e até por isso mesmo se caracteriza por ter a sua propagação bem difundida, se constituindo em fator de preocupação daqueles que têm a função de traduzir para os demais o interesse que isso envolve." Wellington Pacheco Barros. *A interpretação sociológica do direito*. Porto Alegre: Livraria do Advogado, 1995, p. 94.

173 Trabalho nesse sentido foi apresentado no Congresso Brasileiro de Magistrados, realizado em Belo Horizonte, em novembro de 1991, e que resultou aprovado, por unanimidade.
Silvestre Jasson Ayres Torres. Descentralização e Interiorização das Turmas Recursais dos Juizados Especiais e de Pequenas Causas. 1º Simpósio Nacional dos Juizados Especiais e de Pequenas Causas Cíveis e Criminais, Curitiba/Paraná, 4-6 jun. 1992, *in* Revista do Juizado de Pequenas Causas nº 5/6, ago./dez. 1992, p. 34-35.

os Juizados pode afirmar que é indizível a alegria das pessoas em receber, numa vila, num bairro, a presença do Judiciário, buscando a conciliação, a aproximação das pessoas, resolvendo seus problemas, enfim, descentralizando os seus serviços e, colocando a Justiça junto à comunidade.

Propagar esses Juizados fora da sede da comarca, sempre que possível, usando convênios entre o Poder Judiciário, as comunidades e as universidades, é uma concreta alternativa para resolver conflitos. Esse ideal poder ser plenamente concretizado, com a participação de estudantes de Direito, professores, aposentados e lideranças das comunidades, tendo, na conciliação, a força presente do juiz de paz, tudo a viabilizar a plena confiança para reclamar o direito.[174] Essa forma de distribuir a justiça deve ser preservada e ampliada e daí o cuidado para que os juizados, pelo aumento de competência e complexidade de organização, não venham a se distanciar do povo e, por isso, a necessidade de estruturar um amplo canal de acesso à Justiça, para atender às demandas propostas, principalmente, se for fixada a competência absoluta e não sendo mais uma opção do autor,[175] por sinal, idéia já consolidada nos Juizados Especiais Federais no art. 3º, § 3º, da Lei nº 10.259/01.

Por sinal, o Poder Judiciário gaúcho, face ao aumento dos litígios no juízo comum, muitos deles podendo ser resolvidos pelos princípios dos Juizados Especiais, com maior rapidez e eficácia, concluiu um estudo para viabilizar a obrigatoriedade das demandas até quarenta vezes o salário mínimo nacional, a serem apreciadas na Justiça especializada. Com isso, diminuiria o fluxo de demandas na Justiça tradicional, a qual reservaria mais tempo e melhor estrutura para as causas de maior complexidade.[176] Como se vê, no que é possível, segue a linha dos Juizados Especiais Federais.

É interessante frisar que existem inúmeros projetos tramitando no Congresso Nacional, visando a mudanças no sistema, desde o aumento de competência até a obrigatoriedade da presença de advogado em todas as ações, excluindo a possibilidade da parte numa conciliação direta, assim como a obrigatoriedade do ingresso nesses juizados quando se referir a um determinado valor ou tipo de ação.

---

[174] "O desafio é criar foros que sejam atraentes para os indivíduos, não apenas do ponto de vista econômico, mas também físico e psicológico, de modo que eles se sintam à vontade e confiantes para utilizá-los, apesar dos recursos de que disponham aqueles a quem eles se opõem." Mauro Cappelletti e Bryant Garth. *Acesso à Justiça*. Trad. e rev. Ellen Gracie Northfleet. Porto Alegre: Fabris, 1988, p. 97. Trad. de: Access to Justice.

[175] Dyrceu Aguiar Dias Cintra Junior. A morte do Juizado Especial Cível. *Associação Juízes Para A Democracia*, nº 18, p. 9, Ativa Editorial Gráfica, ago./out. 1999.

[176] Foi encaminhado projeto de lei, pelo Poder Judiciário, à Assembléia Legislativa, tendo em vista a competência legislativa concorrente entre os Estados e a União, no sentido de alterar a Lei nº 9.446/91, tornando obrigatório o ingresso nos Juizados das causas com valor até quarenta salários mínimos, mantendo a opcionalidade para as situações do inciso II do art. 275 do CPC. Outras modificações estão presentes no projeto, mas não afrontam a Lei federal nº 9.099/95.

É preciso acompanhar essas movimentações modificadoras do Sistema dos Juizados e que a população, a principal interessada em razão dos benefícios dessa forma de prestação de justiça, fique atenta para que não se burocratizem os juizados, não se criem empeços para os serviços prestados e não comprometam a democratização do Judiciário e nem se agrida a cidadania.[177] O sistema deve preservar seus princípios, mantendo a linha de um canal aberto, fácil e de amplo acesso de uma Justiça para todos, não se deixando envolver por formalidades de um juízo comum, tradicional e de um processo com ritos complicados.

Não se pode esquecer que a maioria da população é simples e humilde, vive num ambiente em que é compreensível a existência de desacertos, conflitos, contrariedades, mas que o direito deve garantir a convivência pacífica, e que a Justiça deve estar presente em todos os lugares. Por isso, esse sistema produz resultados e faz surgir alternativas de solução de conflitos.

4.4. Os juizados como laboratório de idéias

Como referido anteriormente, não pretende este trabalho dissertativo incursionar em outras áreas, como no campo do Direito Constitucional Processual, mas discutir alguns pontos da estrutura do Poder Judiciário, das condições do Estado e da força das comunidades para criar uma sistemática de conciliação e mediação, alternativa para o problema do acesso à Justiça.

O Poder Judiciário, porque trabalha junto a todas as camadas sociais, deve preocupar-se em estar o mais próximo possível do povo, verificando e conhecendo suas angústias, desejos, necessidades e colhendo todas as experiências positivas que possam ajudar na solução dos conflitos. Para tanto, exige-se um aparelhamento eficiente, ensejando boas condições para o exercício de tão nobre missão. Nesta concepção, os dirigentes do Poder Judiciário precisam ouvir as associações e entidades de classe, a comunidade em geral, sobre as reclamações apresentadas, quer quanto a condições materiais e de pessoal, quer como atinentes a uma legislação que proporcione o efetivo acesso à Justiça. Imprescindível que os ritos e procedimentos sejam simplificados e sirvam para uma Justiça célere, econômica e efetiva. Essa preocupação é antiga, e, em que pese o tempo tenha assinalado extraordinários progressos, ainda hoje são sentidas as mesmas angústias.

Como referência, o art. 448 do Código de Processo Civil, que anteriormente se constituía no momento propício para a conciliação das partes, agora se constitui em mais uma oportunidade para a conciliação, tanto que

---

177 Os juizados sob ameaça. *Jornal da Tarde* nº 12, São Paulo, 19 mar. 2001, Editorial, p. 3A.

deve ter uma interpretação com o art. 331, que primeiramente teve uma nova redação pela Lei nº 8.952, de 13 de dezembro de 1994, ensejando uma audiência conciliatória no saneamento do processo, em fase anterior à audiência de instrução e julgamento. Essa afirmativa é porque a solução do litígio pela transação, com a audiência preliminar, procura evitar a litigiosidade processual e agora, mais uma vez, se mostra o espírito norteador para a solução do litígio, na recente Lei nº 10.444, de 7 de maio de 2002, alterando, mais uma vez, o referido art. 331 do Código de Processo Civil. É a idéia de conciliação que está presente, oxigenando um novo conceito de processo, tendo no sistema dos Juizados de Pequenas Causas a fonte inspiradora.

Um outro exemplo forte dessas inovações, sem dúvida, é a inclusão do inciso IV no art. 125 do Código de Processo Civil, reforma introduzida também pela Lei nº 8.952/94, em que se busca, a qualquer momento, a aproximação das partes com o objetivo de conciliação. Essa idéia propicia a conciliação antes mesmo de qualquer audiência com o objetivo de resposta da parte demandada, independentemente do procedimento escolhido.

A petição inicial é recebida, seu pedido é analisado e, conforme o caso, já é designada uma audiência para conciliação. Aplicar-se-ia, dessa forma, o princípio de prioridade para a conciliação (art. 125, IV, do CPC), quando os ânimos ainda não estão acirrados, as posições não estão radicalizadas, facilitando o entendimento. Essa nova visão de cultura conciliatória utiliza o dinamismo da conciliação na solução dos conflitos, com multiplicação da capacidade de atendimento dos problemas pelo somatório de pessoas envolvidas no plano de uma Justiça consensual.

Até mesmo perante os Tribunais é possível realizar a conciliação e a mediação, ensejando o encontro das partes envolvidas no recurso para que possam, de forma pacífica, resolver o litígio, contando, inclusive, com aposentados oriundos do meio jurídico. Basta a vontade para essa forma democrática de resolução das controvérsias.[178] Essa idéia tem sido ventilada em encontros, congressos e na própria discussão da reforma do Poder Judiciário, uma diretriz de preocupação para o campo conciliatório, por sinal, um caminho buscado por todos os povos.[179]

---

[178] O Tribunal de Justiça do Estado de São Paulo, através do Conselho Superior da Magistratura, pelo Provimento nº 783/2002 dispôs sobre a criação e funcionamento do PLANO PILOTO DE CONCILIAÇÃO EM SEGUNDO GRAU DE JURISDIÇÃO. *Diário Oficial do Estado de São Paulo*. São Paulo, 8 nov. 2002.

[179] "(...) Há muito mais a mudar. Recentemente o promotor de Justiça André Luís Alves de Melo,de Estrela do Sul (MG) (...).Um ponto sempre levantado pelos porta-vozes do Judiciário – o da escassez de juízes – é rebatido com estatísticas eloqüentes.
- Na França existem só 9.000 magistrados; desses 1.500 promotores, além de 900 juízes administrativos (similar aos federais).
- Na Alemanha existem aproximadamente 160 mil juízes, mas quase 90% são leigos, de paz e arbitrais.
- Na Inglaterra, existem apenas 1.800 juízes judiciais e mais de 20 mil juízes leigos.

A partir dos Juizados Informais de Conciliação e de um movimento de racionalização dos serviços judiciários, sobre o qual mais adiante se abordará, buscou-se mudar essa sistemática, para tornar possível a conciliação em qualquer momento do processo, resultado, por certo, da experiência exitosa no Sistema do Juizado Especial de Pequenas Causas, preconizado pela Lei n° 7.244/84. Este procedimento foi adotado, pioneiramente, mais uma vez, no Rio Grande do Sul, pela Lei estadual n° 8.124, de 10.01.86.[180] O mesmo ocorreu com a Lei estadual n° 9.446/91,[181] uma vez ausente legislação federal sobre a matéria. A conciliação, portanto, só adquiriu uma nova conotação de importância, no Código de Processo Civil, a partir de 1994, um pouco antes da Lei 9.099/95, que ratificou a idéia motivadora da conciliação na solução de conflitos. Esse pensamento de valorizar a conciliação está no art. 55 e parágrafo único da anterior Lei federal n° 7.244/84, ensejando a homologação do acordo extrajudicial pela autoridade judiciária com força de título executivo judicial, permitindo, inclusive, que os membros do Ministério Público também efetivassem homologação de acordos, com valor de título extrajudicial.

Por sinal, a reforma processual com a Lei n° 8.953/94 deu nova redação ao inciso II do art. 585 do Código de Processo Civil, ampliando o seu sentido e criando a possibilidade não só do Ministério Público, mas também dos integrantes da Defensoria Pública e mesmo os escritórios de advocacia,

---

O Brasil tem 1 milhão de bacharéis em direito e, desses, 500 mil são advogados. No fundo criou-se uma indústria de direito – diz o promotor – na qual a classe jurídica como um todo está mais interessada em criar problemas do que trazer soluções para os cidadãos. 'O cidadão tem que ser estimulado a jogar na loteria que são os juristas passam lucrar com o caos', diz ele. 'Espalham o vírus da lentidão processual e do litígio e vendem seus remédios'.
Para agilizar os processos, prossegue o promotor, bastaria alterar um único artigo do Código Civil, o 447, transportando as audiências de conciliação para antes da contestação e delegá-las para assessores. Segundo ele, resolveria 60% dos processos em menos de 60 dias. Depois, passar o Juizado Especial as causas de família, remunerando os juízes leigos, um modelo muito mais barato e rápido..." Luís Nassif. A reforma do Judiciário. *Folha de São Paulo,* São Paulo, 12 mar. 2002, p. B3.
180 "Art. 13 – O procedimento conciliatório previsto nos arts. 22 e 23 da Lei Federal n° 7.244/84 é estendido às ações sob rito comum sumaríssimo (art. 56, I da mesma Lei), designando o Juiz, ao receber a inicial, data para a audiência preliminar, expedindo-se mandado de citação e para comparecimento à mesma audiência prévia e, não sendo caso de julgamento antecipado da lide marcará data para a audiência de instrução e julgamento.
§ 2° – O disposto neste artigo aplica-se às ações decorrentes de contrato de locação ou de arrendamento de imóveis, e às ações possessórias, não obtida a conciliação, passa a correr o prazo contestacional.
§ 3° – O Tribunal de Justiça poderá ampliar a outras ações, relativas e direitos disponíveis, a previsão do parágrafo anterior". RIO GRANDE DO SUL. Lei n° 8.124, de janeiro de 1986. Cria o Sistema Estadual de Juizados de Pequenas Causas. Art. 13.
181 Art. 18 – Aberta a sessão, o conciliador esclarecerá as partes presentes sobre as vantagens da conciliação, mostrando-lhes os riscos e as conseqüências do litígio, especialmente quanto ao disposto no § 3° do artigo 3° desta Lei.
Parágrafo único – Obtida a conciliação, será reduzida a escrito e homologada pelo Juiz de Direito, mediante sentença com eficácia de título executivo.
Art. 19 – Não comparecendo o demandado, o Juiz proferirá sentença.
RIO GRANDE DO SUL. Lei n.° 9.446, de dezembro de 1991. Dispõe sobre os Juizados Especiais e de Pequenas Causas Cíveis. Arts. 18 e 19.

através dos advogados das partes envolvidas, de promoverem a transação. Objetiva-se, com isso, um processo de conciliação ou mediação, uma vez que os atos homologados ou referendados, como acordos, terão força de título executivo extrajudicial. Por sinal, os advogados sabem que têm o dever de agir segundo o Código de Ética, que orienta tão nobre profissão, no sentido de laborarem para obter o consenso entre as partes.

Ora, é uma indiscutível vontade contida na lei para atender as reclamações de um maior acesso à Justiça, permitindo e incentivando o caminho da conciliação e da mediação. Essa afirmação pode ser feita porque, além do Ministério Público e da Defensoria Pública, que são órgãos do Estado, é de ser entendido, na vontade do legislador, um chamamento para que os escritórios de advocacia, com auxílio de outros profissionais, dependendo da matéria discutida, busquem alternativas e formas de intermediação para a solução dos conflitos.

Há, na verdade, uma idéia presente e que precisa ser incentivada na solução dos litígios, mesmo que fora da órbita do Poder Judiciário. É importante que, organizados e atuantes, esses escritórios efetivem acordos, mas que, por outro lado, as portas da Justiça não estejam fechadas. Para tal desiderato é preciso deixar de lado determinados questionamentos sobre juízos de competência, de tal forma que qualquer autoridade judiciária disponível, no Juízo Comum, no Sistema dos Juizados Especiais, ou no Sistema de Plantão, possa, se for o caso, apreciar e homologar a transação realizada, resultado dessa conciliação ou mediação. Mais do que isso, selar a paz entre as partes. A Lei nº 9.099/95 seguiu a diretriz para ouvir as partes e descomplicar os procedimentos para a solução dos conflitos, como se vê do art. 57 e parágrafo único, que orienta para a transação, no sentido de a homologação surtir efeito judicial ou extrajudicial, dependendo da forma de chancela da vontade as partes. Importa é a pacificação, enfim, realizar a Justiça.

A possibilidade da conciliação em qualquer fase do processo, como ideal a ser buscado pelos operadores do direito, é de inestimável valor para o Poder Judiciário e o mundo jurídico. O caminho consensual constitui-se numa importante mudança no âmbito de reforma no processo civil e tem, no extraordinário laboratório de idéias dos Juizados de Pequenas Causas, um modelo para a realização da justiça. Anteriormente, tão-só na audiência de instrução e julgamento é que se propiciava tal fase processual, e os processos, então, se eternizavam nos escaninhos de cada Fórum aguardando esse momento.

Hoje as partes têm mais oportunidades, e a audiência específica de conciliação, que antecede à instrução, é uma especial chance para viabilizar e resolver, de comum acordo, a questão posta em juízo, quando o juiz tenta conciliar as pessoas envolvidas. Enfim, uma conciliação prévia antes de um ato formal do juiz, no apreciar o pedido inicial, significa um avanço, e não, como algumas afirmativas que são feitas, o esvaziamento de atividades funcionais ou prejuízo para as partes, porque restringiria o princípio da ampla defesa. Ora, pelo contrário, é uma técnica moderna e democrática de resolver, no nascedouro, os litígios.[182]

A mesma lei dos Juizados Especiais assinala e indica diretrizes agilizadoras para solução de conflitos que não precisam de uma ação para dirimi-los, bastando que o simples acordo extrajudicial seja levado a qualquer juízo a fim de ser homologado, valendo como título judicial. Mais, se levado a órgãos e pessoas estranhos ao Poder Judiciário, obtido o acordo, valerá como título extrajudicial. Como vimos, há uma abertura para facilitar um acordo sobre os problemas das partes. É a constatação do objetivo do mais amplo acesso à Justiça.

4.5. A Lei nº 10.259/01 e seus princípios informadores

Os Juizados Especiais Estaduais constituíram-se num novo impulso e em efetiva resposta de que é possível solucionar os litígios. Essa idéia tem base num enfoque diferenciado do processo e na adoção de procedimento que procura afastar o formalismo e as práticas burocratizantes na condução do processo. O sistema dos Juizados, com seus princípios. visa à aproximação do cidadão ao Judiciário, à democratização da prestação de seus serviços, tendo na multiplicação dos atendimentos uma mola mestra para ampliar o acesso à Justiça. Ora, isto é possível porque se alargam as pautas dos juízos de primeiro grau, criam-se novas possibilidades para resolver os conflitos pela intermediação de pessoas, pela conciliação, pelo arbitramento. Quem teve vivência no sistema dos Juizados sabe do valor da utilização, ao mesmo tempo, de várias salas em que são realizadas audiências, com percentuais alentadores de conciliação, conseqüência da participação efetiva de conciliadores e juízes leigos, voluntários que se agregam à organização do Judiciário para ajudar na discussão e aproximação das pessoas na solução dos seus problemas.

O objetivo de uma Justiça rápida e acessível é resultado de um procedimento simplificado, com menor formalidade possível e decisões concisas. Os resultados são altamente positivos dessa nova possibilidade de o cidadão comum ter acesso à Justiça, sem custas, com a remoção de obstáculos, com atendimento direto. São mecanismos de composição dos conflitos, como a conciliação e a mediação, que inspiraram, por certo, o legislador para a

---

[182] Luiz Fernando Tomasi Keppen. Novos momentos da tentativa de conciliação e sua técnica. *Revista de Processo*, n. 4, ano 21. out/dez 1996, p. 42/55.

criação dos Juizados Especiais Cíveis e Criminais no âmbito da Justiça Federal, com a Lei nº 10.259, de 12 de julho de 2001.

Essa legislação ordinária espelha-se na sadia experiência dos consagrados Juizados de Pequenas Causas e fundamenta-se na norma constitucional do art. 98, inc. I, que possibilita à União criar os Juizados Especiais, contando com juízes togados e leigos para o objetivo de conciliar, julgar e executar causas de menor complexidade, na área cível, e infração com menor potencial ofensivo, na área criminal.

Com a Lei dos Juizados Especiais Federais, ampliou-se o quadro de participação na solução dos conflitos, porque também as empresas de pequeno porte podem ser autoras. As pessoas físicas e as microempresas[183] já tinham essa possibilidade no sistema dos Juizados Especiais Estaduais. Entretanto, é no pólo passivo que surge a boa novidade de poder o cidadão comum discutir o seu direito nas causas de menor expressão econômica. O teto foi elevado para sessenta salários mínimos, para indenizações, ressarcimentos e pagamentos, contra a União, autarquias, fundações e empresas públicas federais, consoante dispõem os seus arts. 3º e 6º, respectivamente. Essa lei também traz, dentre outras novidades, a abolição do precatório, tendo em vista a alteração anterior já ocorrida no art. 100 da Constituição Federal pela Emenda Constitucional nº 20/99. Com isso, a parte requerente, após o trânsito em julgado da decisão, poderá ir a uma agência do Banco do Brasil ou da Caixa Econômica Federal e receber o pagamento, em face do direito reconhecido, que poderá ocorrer de uma forma mais rápida, ainda, quando os representantes judiciais, com boa vontade, se dispuserem à conciliação, conforme previsão legal, grande objetivo desse novo sistema de acesso à Justiça.[184]

---

[183] "Art. 38. Aplica-se às microempresas o disposto no § 1º do art. 8º da Lei nº 9.099, de 26 de setembro de 1995, passando essas empresas, assim como as pessoas físicas capazes, a serem admitidas a proporem ação perante o Juizado Especial, excluídos os cessionários de direito de pessoas jurídicas".
BRASIL. Lei nº 9.841, de 5 de outubro de 1999. Institui o Estatuto da Microempresa e da Empresa de Pequeno Porte, dispondo sobre o tratamento jurídico diferenciado, simplificado e favorecido, previsto nos arts. 170 e 179 da Constituição Federal. Art. 38.

[184] "Um dos primeiros e imediatos beneficiados pelo novo sistema será o segurado da previdência social. Quem, antes, entrava na Justiça contra o INSS para reclamar algum benefício poderia ter de esperar até seis anos para recebê-lo. Era a triste realidade, que ora começa a mudar, dos processos previdenciários que se transformavam em questões sucessórias. Com os Juizados Especiais, esse mesmo segurado poderá receber seu benefício já na primeira audiência, caso ocorra conciliação. De qualquer forma, o prazo máximo para resolução do conflito não deverá exceder 180 dias. Note-se bem: dos 1,5 milhão de ações que hoje tramitam na Justiça federal contra o INSS, mais de 80% tem valor inferior 60 salários-mínimos, ou seja, poderiam tramitar nos Juizados Especiais.
No ano de 2001, o orçamento do Governo federal contemplou 40.752 precatórios devidos pelo INSS. Desse total, 33.204 (81,5%) precatórios possuíam valor inferior a 60 salários-mínimos. O mesmo fenômeno se verifica com relação aos precatórios da União, como um todo, excluído o INSS: dos 64.119 precatórios incluídos no orçamento de 2001, 53.295 (83%) possuíam valor igual ou inferior ao teto para julgamento pelos Juizados Especiais. Esses não são números frios: dão a dimensão do universo de brasileiros que podem ser beneficiados pelo novo sistema de resolução rápida de ações judiciais". Gilmar Ferreira Mendes. Juizados Especiais Federais: obra social. *Jornal O Globo*, São Paulo, 14 jan 2002.

Considerando o campo previdenciário, o alcance da nova Lei dos Juizados Especiais Federais é extraordinário, realmente desafogando a Justiça Federal Comum e sendo um alívio para os litigantes, pois é sabido que a grande maioria dos processos que envolvem o cidadão comum e a União diz respeito a questões previdenciárias, por sinal, abrangendo em torno de 95% dessas causas.[185] Essas questões, sejam no aspecto alimentar ou assistencial, eram alvo de reclamações intermináveis no sentido da demora nos julgamentos, sem falar no pagamento estabelecido pela ordem de ingresso dos precatórios.

Um outro exemplo do avanço dessa nova lei e que se constitui num marco de esperança na dinamização da Justiça, inclusive com reflexos imediatos para o Poder Judiciário, diz respeito aos recursos que serão decididos dentro de um sistema próprio, excluindo o recurso *ex officio,* diminuindo o volume de serviço nos Tribunais Superiores e, com isso, combatendo a morosidade no andamento dos processos.

Antes mesmo da entrada em vigor da Lei nº 10.259/01, havia uma preocupação com o excessivo número de processos e numa forma de utilização de um sistema de conciliação, tão útil e bem aceito no âmbito dos Juizados Estaduais. Essa experiência foi colocada em prática na 3ª Vara Previdenciária da 4ª Região da Justiça Federal, com pleno sucesso,[186] em que a conciliação viabilizou resolver conflitos num tempo bem menor, e atendendo ao interesse de uma Justiça mais rápida.

Os Juizados Especiais Federais foram instalados oficialmente, em vários pontos do Brasil, no dia 14 de janeiro de 2002. Na oportunidade, foi destacada a abrangência de atuação desse novo instrumento com a filosofia de decisão rápida, tendo a possibilidade de conciliação agora de forma legal, conforme prevê o art. 10 da referida lei. A possibilidade de conciliação pelos órgãos federais se constitui num avanço, tendo em vista o grande número de processos no Poder Judiciário que tem a participação da União,

---

[185] Carolina Bahia. Juizado resolverá ações em 60 dias – Justiça Federal terá varas especiais para pendências previdenciárias no Estado. *Jornal Zero Hora*, Porto Alegre, 04 jan 2002.

[186] Realizou-se o *Seminário dos Juizados Especiais Federais: Afirmação da Cidadania*, no auditório da Justiça Federal de 1ª instância, em Porto Alegre, sob a coordenação da Escola da Magistratura do Tribunal Regional Federal da 4ª Região, de 17 a 19 de setembro de 2001, onde participamos, juntamente com a Juíza Federal Simone Barbisan Fortes, do Painel "A experiência do projeto piloto do TRF 4ª Região e a experiência dos Juizados Especiais Estaduais", oportunidade em que falamos sobre o sistema de conciliação e mediação na solução dos litígios e a experiência histórica do Rio Grande do Sul e sua contribuição para uma nova mentalidade de interiorização e democratização da Justiça. A magistrada da Justiça Federal relatou a experiência pioneira junto à 3ª Vara Previdenciária, concentrando em ações de valores considerados de pequenas causas que envolviam auxílio-doença, benefício assistencial e aposentadoria por invalidez. Exemplificou, além das audiências terem sido mais rápidas, num percentual significativo houve acordo, isso porque havia uma portaria conjunta da Advocacia-Geral da União e do Ministério da Previdência que autorizava participar dessa experiência. Assim, processos que poderiam demorar de dois a quinze anos, puderam ser solucionados de forma mais imediata, em período, inclusive, inferior a seis meses.

dos Estados, dos Municípios, das autarquias e das fundações públicas, isto em torno de 70 a 80% dos processos.[187]

A nova Lei dos Juizados Especiais Federais atende a uma expectativa do mundo jurídico brasileiro, pela simplificação do procedimento e pela amplitude de competência. A conciliação perante os Juizados é uma atitude concreta para influir decisivamente na diminuição do número de processos na Justiça Federal. Em matéria recursal, haverá também maior rapidez, porque Turmas constituídas com esse objetivo decidirão, no próprio Sistema dos Juizados, o que representa e demonstra a concepção de uma Justiça moderna e atuante.[188]

A vontade de uma entrega imediata da jurisdição está presente no ideal da Justiça Estadual e da Justiça Federal. No âmbito estadual, com comarcas e juizados em lugares mais distantes, há na prática e objetivamente uma proximidade maior com as pessoas. Constata-se que, paulatinamente, a Justiça Federal está procurando uma aproximação maior do cidadão, reorganizando e instalando seus serviços judiciários não só nas capitais, mas também em outras cidades, cada vez mais descentralizando seus serviços, diminuindo, dessa forma, a distância entre os órgãos jurisdicionais, administrativos e o jurisdicionado. Propostas existentes para criação de Varas Federais para todas as regiões,[189] principalmente para o interior do país, com instalação em municípios que não possuam órgãos judiciais especializados, são uma diretriz da política de interiorização para levar a Justiça Federal mais perto do povo, criando uma nova imagem do Poder Judiciário.

A criação dos Juizados Especiais e, mais recentemente, a proposta para instalação de inúmeras Varas Federais, distribuídas por diversas regiões, assim como a criação de novos Tribunais Regionais Federais objetiva reduzir o grande volume de processos e redistribuí-los entre as regiões com a recolocação dos Estados de forma mais racional, atendendo à agilização da Justiça, tornando-a mais democrática, e com maior acessibilidade ao cidadão.

A instituição desses Juizados ressalta a importância de aproximar o cidadão do Estado e da Justiça porque contribui para que as pessoas mais necessitadas, como é o caso de quem reclama do sistema previdenciário, possam ter um atendimento que valoriza a cidadania. É necessário, porém,

---

[187] *Jornal dos Magistrados*, v. 65, jul./ago. 2001.

[188] Por ocasião da instalação dos Juizados Especiais Federais na 4ª Região, em 14 de janeiro de 2002, no discurso oficial do então Desembargador Federal Teori Albino Zavascki, Presidente do TRF 4ª Região, afirmou que não se pode deixar de reconhecer que a instituição dos Juizados Especiais Federais vem inaugurar, no âmbito da Justiça Federal, um modelo realmente inovador, direcionado justamente a superar as deficiências do sistema tradicional. Propõe a valorização dos princípios da oralidade, da sumariedade e da conciliação.

[189] Daniela Cristóvão. Conselho da Justiça Federal debate novas varas e cortes no orçamento. *Valor Econômico*, São Paulo, 23 abr. 2001

que os próprios órgãos do Estado, através de seus representantes, se disponham a essa nova forma de ver a Justiça e de solução dos conflitos e, aos poucos, se adaptem a uma nova cultura jurídica.

O volume de processos que, paulatinamente, vai aumentando no sistema dos Juizados Especiais Federais exige que haja uma prática do sistema conciliatório e que as pessoas designadas pelos Órgãos Públicos sejam verdadeiros prepostos no sentido de resolver as causas pelo acordo. O volume excessivo de processos não pode conduzir esse sistema a um descrédito e, por isso, já está exigindo das autoridades judiciárias medidas concretas no sentido de abreviar o demora na entrega da jurisdição.[190]

Todas as medidas implementadas visam a combater o emperramento do aparelho judiciário, torná-lo mais racional e acessível ao povo. Desde a instalação dos novos Juizados Federais, têm ocorrido algumas dificuldades e indagações na análise da lei, principalmente porque os institutos são novos, exigindo, em razão de aplicação subsidiária, conforme disposto no art. 1º da Lei nº 10.259/01, uma interpretação e comparação com a legislação dos Juizados Especiais Estaduais, concernente aos aspectos que não venham causar conflito de aplicabilidade. É lógico, embora não haja uma referência expressa ao Código de Processo Civil, como regra geral, terá aplicação naquilo que for possível, desde que não venha criar uma situação de conflito. A Lei nº 9.099/95 tem uma diretriz de aplicação subsidiária do direito processual, tanto no campo cível, art. 52, concernente à execução, como no penal, art. 92 e, desse pensamento, resulta, igualmente, analogia e raciocínios sobre os princípios gerais do direito.

É importante ressaltar que, tanto no Sistema dos Juizados Especiais Estaduais, como nos Federais, valorizam-se e destacam-se princípios, dentre esses, o da oralidade, porque embasa a idéia de conciliação, sobrelevando o interesse das partes, com a expectativa de que também nos Juizados Federais haja, principalmente dos representantes do Estado, boa vontade, dentro da linha de novas propostas alternativas de solução de conflitos. Um dos pontos relevantes desse novo Sistema é que todo o reclamante de um direito, obtida a sentença, ou homologado um acordo, receberá, após sessenta dias do trânsito em julgado da decisão, o valor cobrado, independentemente do tão combatido e criticado precatório, conforme assinalam os arts. 16 e 17 da Lei nº 10.259/01. Trata-se de efetivas medidas desburocratizadoras na administração da Justiça.

Igualmente, o Sistema Recursal apresenta-se com novidades, pela simplificação dos procedimentos que são adotados e deverão diminuir, consideravelmente, o número de processos nas Instâncias Superiores. O

---

[190] MUTIRÃO para apressar processos – Juizados Especiais Federais fizeram trabalhos extra para diminuir sobrecarga. *Jornal Zero Hora*, Porto Alegre, 28 abr. 2003.

somatório de experiências positivas do novo sistema será obtido com a consciência de uma nova cultura de justiça voltada, principalmente, para a conciliação, quando órgãos públicos estarão no pólo passivo e precisando contar com o interesse do Estado também na solução pacífica dos litígios. Para atingir esses objetivos é necessário que haja treinamento dos servidores que atuam no Sistema dos Juizados Especiais, também é preciso que exista uma disposição da Ordem dos Advogados e Defensoria Pública em participar dessa garantia do acesso à Justiça, com treinamentos e estudos no sentido dessas instituições se integrarem à idéia dos juizados, inclusive envolvendo os estudantes de Direito, como estagiários, num imprescindível papel para a realização da justiça no novo sistema implantado.

O acesso à Justiça estará cada vez mais facilitado se todos os operadores do Direito compreenderem o papel a ser desempenhado. É necessária a participação efetiva de conciliadores e juízes leigos para o funcionamento do sistema, porque este prevê como réu não somente a União, mas também as autarquias, as fundações e as empresas públicas federais, não sendo, portanto, só o INSS que vai figurar no pólo passivo dentro do sistema. Por isso é preciso repensá-lo e tomar providências, não só com mutirões para atender o número de demandas, mas disponibilizando recursos humanos, espaços físicos e todos os meios materiais para possibilitar o efetivo funcionamento dos Juizados, para não afastar sua meta de celeridade. Não só isso, é preciso apostar na regionalização dos serviços, encontrar meios alternativos de levar a Justiça ainda mais perto do cidadão através de Juizados descentralizados, utilizando técnicas existentes, não só para conciliação, mas também para a intermediação das partes com o objetivo de mediação.

Um ponto interessante é que a Constituição Federal, no art. 109, § 3º, possibilita que possam ser processadas e julgadas, na Justiça Estadual, onde, no local em que tenham domicílio os segurados da Previdência Social, para as causas que a ela digam respeito, quando a comarca não seja sede de Juízo Federal. Essa norma constitucional refere-se ao primeiro grau de jurisdição, tanto que os recursos cabíveis são encaminhados para o respectivo Tribunal Regional Federal.

Fazendo uma leitura da Lei nº 10.259/01, relativamente ao procedimento estabelecido no art. 20, está claro que não existindo vara federal instalada podem ser propostas as demandas no Juizado Especial Federal mais próximo, seguindo a orientação de competência de foro, conforme o art. 4º da Lei nº 9.099/95. Como se vê, ao mesmo tempo em que supletivamente se buscam as normas da lei dos Juizados Especiais Estaduais, também expressamente o art. 20, referido, veda a aplicação de Lei dos Juizados Federais no âmbito estadual. Ao interpretar como absoluta essa vedação, conclui-se que a norma diz respeito à inaplicabilidade no Juízo Estadual.

Resulta com isso, de alguma forma, que aquele cidadão distante de Juizado Especial Federal fica prejudicado no acesso à Justiça.

Esse prejuízo evidencia-se porque praticamente todas as causas envolvendo a Previdência Social estão sendo apreciadas pelo Juizado Especial Federal, pelo valor e pela matéria, com um rito especial, célere, que facilita uma solução mais rápida dos conflitos. Essa situação existente deve fazer com que a Justiça Federal possa descentralizar seus serviços para beneficiar com as diretrizes e princípios dos Juizados Especiais, diminuindo distâncias, diante da obrigatoriedade da lei. Nos locais onde não existir Vara da Justiça Federal, pensamos que nas ações que ingressarem no Juízo Estadual, poderiam até ser aplicados os princípios e diretrizes da Lei nº 10.259/01, assim como são aplicados alguns princípios dos Juizados Especiais Estaduais na Justiça comum.

Este pensamento está coerente com a linha de aproximação do Judiciário e de democratização de suas instituições. O raciocínio que estamos realizando, sabemos, pode sofrer severas críticas, mas conduz a uma proposição de utilização dos centros avançados de conciliação, mediação e também de arbitramento, contemplando igualmente postos ou serviços descentralizados dos Juizados Especiais Federais. Esses serviços, com uma atuação itinerante, encarnariam uma velocidade e mudanças de conceitos e de atitudes em todas as esferas do Judiciário, como alternativas de amplo acesso à Justiça.

Os Juizados Especiais constituem-se num avanço extraordinário e revolucionário da Justiça brasileira, propiciando efetivo acesso à Justiça e cujos benfazejos efeitos devem-se prenunciar bem maiores com o passar do tempo.

Espera-se, assim como o Sistema dos Juizados Especiais Estaduais influenciou os Juizados Especiais Federais, possa ser influenciado por estes,[191] pois assim como foi elevado o valor de sessenta salários mínimos para o âmbito federal, e a recente Lei nº 10.444/02 efetivou modificações no art. 275, I, do Código de Processo Civil, também elevando o procedimento sumário ao mesmo patamar. Essa alteração também poderá ocorrer

---

[191] Também um outro Projeto de Lei nº 4.723/2004, foi encaminhado, e dispõe sobre a uniformização de jurisprudência no âmbito da Lei nº 9.099, de 26 de setembro de 1995, dos Juizados Especiais Cíveis e criminais, cuja proposta, segue a diretriz de um procedimento já implantado nos Juizados Especiais Federais pela Lei nº 10.259, de 12 de julho de 2001. O objetivo é introduzir a uniformização da jurisprudência no campo dos Juizados Especiais Estaduais, quando ocorrerem posições divergentes sobre questões de direito material entre as Turmas Recursais. Para dirimir eventuais controvérsias haverá reunião conjunta das turmas em conflito, no caso de divergência entre órgãos do mesmo Estado. Haverá a participação do Superior Tribunal de Justiça, quando a decisão apresentar contrariedade com súmula ou jurisprudência dominante deste, ou quando as turmas recursais de diferentes Estados derem à lei federal interpretações divergentes. Vê-se, pois, que a idéia é harmonizar a aplicação da legislação nas causas que têm a característica de menor complexidade, e cujo escopo é a celeridade e eficácia da atividade jurisdicional e amplo acesso à Justiça.

no âmbito dos Juizados Especiais Estaduais, para receber os progressos no sentido de uma Justiça cada vez mais ampla, moderna e atuante, tendo, no direito do consumidor, uma área de plena aplicabilidade e valorização da cidadania.

4.6. O consumidor e a justiça especial

O consumidor de produtos e serviços, cada vez em maior escala, tem no Sistema dos Juizados Especiais e na viabilidade consensual uma alternativa que visa à humanização do direito à afirmação da cidadania, contribuindo para uma sociedade melhor e mais fraterna.

As necessidades do homem e as cobranças que o mundo hodierno impõe estão fazendo com que se modifique o pensamento conservador no campo jurídico. Vive-se hoje numa sociedade de massas, em que muitos conceitos passaram a ser revistos no sentido de dinamização da própria vida e de como enfrentar os problemas que a cada dia se apresentam de formas diferentes.

Hoje, principalmente depois da Constituição de 1988, não só os direitos individuais, mas também os de natureza coletiva se constituem em razão bastante para a atuação do sistema jurídico. Há, portanto, uma preocupação na nova ordem jurídica constitucional com o aspecto coletivo e o social. São constatáveis as transformações que estão se operando em todos os campos do conhecimento, com revisão de muitos institutos, vencendo arraigados conservadorismos, expressando novos conceitos e uma nova visualização de direitos. Não é suficiente que se proporcione o acesso a quem presta jurisdição e realiza atendimento de reclamações, mas que o consumidor tenha um serviço imediato e eficiente, sem falhas.[192]

Muitos diplomas legais têm surgido ultimamente no mundo jurídico brasileiro, valorizando sobremodo o sentido mais social e coletivo, não se pensando com a ótica individualista da lei, mas na amplitude do direito. A influência das *class action* no desenvolvimento do pensamento jurídico na solução dos conflitos será motivo de uma abordagem no título seguinte.

São garantias do cidadão contra os desmandos do Estado como se vê das legislações pertinentes à Ação Popular (Lei nº 4.717/65) e Ação Civil Pública (Lei nº 7.347/85). A primeira, na declaração de nulidade ou anulação de atos lesivos ao patrimônio público, assim como a moralidade administrativa, propiciando o acesso do cidadão à Justiça, inclusive com facilidade quanto às custas judiciais. Faculta-se a outros cidadãos habilita-

---

[192] Cármen Lúcia Antunes Rocha. O Direito Constitucional à Jurisdição". *In* TEIXEIRA, Sálvio de Figueiredo (coord.). *As Garantias do Cidadão Na Justiça*. São Paulo: Saraiva, 1993, p. 37.

rem-se como litisconsortes ou assistentes da demanda. É uma afirmação da cidadania e da garantia do acesso à Justiça para proteger o direito ferido.

Relativamente à Ação Civil Pública, objetiva proteger direitos e interesses difusos ou coletivos, previstos em lei especial, sem excluir o cabimento da ação popular nos casos cabíveis, na responsabilidade tanto no campo dos danos morais quanto patrimoniais, relativamente ao meio ambiente, ao consumidor, aos valores artísticos, paisagísticos dente outros. Nesses aspectos, é importante ampliar a legitimidade na defesa dos interesses difusos ou coletivos.[193] Nessa linha, é de se destacar o Ministério Público e as organizações associativas constituídas com a exclusividade de defender o bem-estar coletivo e de seus integrantes, com objetivos próprios que envolvem a qualidade de vida, bem como o meio ambiente. A afirmação da defesa desses direitos hoje está presente na Constituição Federal, no seu art. 5º, LXXIII, à disposição dos cidadãos para defender o interesse da sociedade e extirpar atos lesivos a ela.

O acesso à Justiça deve ser assegurado a todos os segmentos da sociedade, e o Poder Judiciário precisa estar estruturado para atender ao cidadão e facilitar-lhe a defesa do direito reclamado, criando outras condições na solução de conflitos, em que tenha a presença dos grupos organizados no meio comunitário, porque mais fácil a reclamação e a solução do problema. Não se pode fechar os olhos a essa nova realidade social, a uma nova cultura da aproximação das pessoas e da conciliação.

Após a Constituição Federal de 1988, os diplomas legais que têm surgido marcam presença por uma preocupação social e de afirmação da vida em sociedade, não só impondo deveres, mas também assegurando direitos de tal forma que haja equilíbrio na convivência Cidadão-Estado. É exemplo disso a Lei nº 8.078/90, que estabelece normas de proteção e defesa do consumidor, visando também à ordem pública e ao interesse social, inclusive infundindo uma cultura que conduz à incidência desse diploma legal para aqueles consumidores que são vítimas nas relações de consumo, como prevê o seu art. 17.

Enfim, o Código de Defesa do Consumidor deu uma nova visão ao direito básico dos consumidores, ao estabelecer, em seu art. 6º, que o Estado deve assegurar pleno acesso aos órgãos judiciários, defendendo o princípio da igualdade, aos inverter o ônus da prova frente a uma situação de hipossuficiência.

Esse valioso instrumento jurídico considera igualmente aquelas pessoas expostas a práticas comerciais abusivas e é diante dessa situação de vulnerabilidade dos consumidores que existe a possibilidade da defesa in-

---

[193] Mauro Cappelletti. Formações sociais e interesses coletivos diante da Justiça Civil. *Revista de Processo*, n. 5, p. 128/159, jan./mar. 1977.

dividual e coletiva, porque muitas são as situações em que o cidadão se vê envolvido em relações de cláusulas contratuais relativas ao fornecimento de produtos e serviços.

É pensando no acesso ao Poder Judiciário que se valorizam as associações e os grupos organizados, na defesa das ações individuais e coletivas, inclusive pela participação do Ministério Público na defesa desses direitos. Entretanto, para efetivar esse objetivo de efetivo acesso à Justiça é necessária a estrutura organizacional presente na lei consumerista, no art. 5º, com um serviço de assistência jurídica nos Juizados Especiais, e em outros órgãos do Judiciário.

É sabido que as causas envolvendo ações consumeristas chegam em percentual elevado para apreciação no sistema dos Juizados, exigindo um número qualificado de conciliadores e juízes leigos. Não é sem razão que a norma consumerista aponta para criação de Juizados Especiais de Pequenas Causas e Varas Especializadas para a solução de litígios de consumo. De outro lado, também no Juízo Comum, a presença de profissionais integrantes da Defensoria Pública do Estado são essenciais para que se possa viabilizar o acesso à Justiça, a garantia de uma instrução com afirmação e equilíbrio do direito discutido.[194] Assim, a busca de proteção a um direito individual, mas igualmente a proteção dos direitos difusos ou coletivos, exige um Poder Judiciário preparado, organizado, receptivo, com o Estado, dando assistência aos necessitados de justiça.

A proteção do cidadão consumidor e da possibilidade de buscar a justiça passa por mecanismos estruturais do Estado a propiciar segurança jurídica garantindo a afirmação do direito e uma satisfatória solução da causa. A lição de Mauro Cappelletti[195] bem valoriza essa realidade. Também o Ministro do Superior Tribunal de Justiça Ruy Rosado de Aguiar Júnior aborda o tema:

---

[194] No Projeto de Lei nº 4.726/2004, encaminhado também ao Congresso Nacional, dentre as diversas modificações propostas, destacam-se as referentes aos artigos 112, 114 e 305 do Código de Processo Civil, encampando uma tendência já presente nos julgamentos perante o Poder Judiciário, de ter como absoluta a competência do foro quanto ao domicílio do réu, quando se trata de contratos de adesão em que conste cláusula de eleição do foro, favorecendo a parte que elaborou os termos contratuais, de tal forma que se possa declarar a nulidade, declinando da competência desde logo, de ofício, numa idéia de agilização, evitando protelar a finalização do processo, deixando de lado esse campo de discussão sobre exceções de incompetência relativa, que na verdade, com sua forma de instrução e julgamento, só contribuem para a morosidade dos processos.

[195] "Se, porém, tivesse de resumir numa frase as conclusões a que anos de estudos comparatísticos me levaram, não precisaria fazer outra coisa, senão reiterar o que já escrevia no relatório geral para os volumes do Florence Access to Justice Project, a saber, que uma solução eficaz há de ser "pluralística", isto é, uma combinação de várias soluções integráveis entre si: a ação pública do Ministério Público; em certos casos, a de órgãos públicos especializados; a de associações privadas e de indivíduos; excepcionalmente, também a ação popular. Entendo que só por meio de uma articulada solução pluralística, que é justamente a solução adotada pelo Código de Defesa do Consumidor brasileiro, se poderá superar o ceticismo que alguns especialistas continuam a manifestar a cerca da eficácia da solução judicial do problema da tutela dos consumidores, e dos direito difusos." *Revista Forense*, vol. 310, p. 53-63.

O Código de Defesa do Consumidor não se preocupou apenas com a regulamentação das ações coletivas. Cuidou de introduzir regras de natureza processual que garantissem, também nas ações individuais, a facilitação de acesso à Justiça e a eficácia da defesa dos direitos do consumidor.[196]

Como se vê, há uma preocupação em criar condições de acesso à Justiça na defesa dos direitos do consumidor, segmento importante da sociedade brasileira, que hoje tem efetiva proteção de uma lei que indica um caminho mais rápido e aponta para uma mesa de negociações, com o fito de buscar uma solução para um problema individual ou coletivo.

---

[196] O Acesso do Consumidor à Justiça no Brasil, *in Revista do Consumidor*, n. 16, p. 25.

5. O sistema arbitral como concepção válida e alternativa à jurisdição

5.1. Um quadro comparativo de modelos na resolução de disputas

A idéia de uma Justiça próxima do cidadão, resolvendo conflitos através de formas alternativas, para fazer frente ao acúmulo de processos na Justiça, tem nas chamadas *Alternative Dispute Resolucion* (ADR) em que se busca um maior acesso à Justiça, cortando o caminho do litígio judicial e pacificando as pessoas. Esse sistema exige uma cultura para entender a importância que tem a liberdade de escolha das pessoas ao fazerem uma opção pela técnica de arbitragem ou mediação.

É valida uma proposta conciliatória antes da formação do processo, assim que o pedido é formulado, daí a importância de um sistema de mediação/conciliação de característica extrajudicial, dentro do espírito de uma Justiça Privada, numa concepção de ADR, envolvendo a própria arbitragem. Esses meios visam à composição de litígios.

A necessidade de encontrar alternativas aos instrumentos tradicionais que se caracterizam por serem caros, morosos e de restrito acesso tem movimentado o mundo jurídico em diversos países, com destaque para o consagrado professor da Universidade de Florença, Mauro Cappelletti, incansável estudioso sobre a temática do acesso à Justiça, que atribui ao movimento da ADR um sentido político-filosófico, trilhando um caminho para essa busca de justiça.

Para vencer esses obstáculos processuais, buscam-se efetivas alternativas, como é o caso da mediação, a conciliação e a forma de arbitragem, para solução dos conflitos, evitando o formalismo dos sistemas tradicionais. Esse movimento faz parte da denominada "Terceira Onda", visando ao amplo acesso à Justiça, quer como alternativa de modelo extrajudicial ou de âmbito judicial.[197]

---

[197] Mauro Cappelletti. Os Métodos Alternativos de solução de conflitos no quadro do movimento universal de acesso à justiça. *Revista Forense*, vol. 326, p. 121/130, abr. /jun. 1994.

Cabe, desde logo, estabelecer, mesmo que circunstancialmente, as diferenças conceituais entre essas modalidades alternativas. A mediação constitui-se numa forma de negociação assistida, em que uma terceira pessoa, como mediadora, atua no sentido de colocar termo à disputa. Para tanto, é imprescindível o aspecto confiança, de tal forma que a pessoa intermediadora possa, paulatinamente, ir afastando as diferenças e reunindo informações num campo investigatório para apresentar os pontos convergentes e positivos, a fim de tornar possível a pacificação.

A arbitragem, por sua vez, também tem na voluntariedade o seu motor e representa, juntamente com a mediação, uma das formas diferenciadas na resolução de conflitos. Desprende-se dos formalismos exagerados do processo tradicional, tendo, nos profissionais escolhidos espontaneamente pelas partes envolvidas, um mecanismo hábil para resolver os conflitos, principalmente aqueles considerados grandes, de maior complexidade. Por isso, a arbitragem tem sido utilizada na área comercial, tanto nacional quanto internacionalmente. Cabe dizer, é um instrumento alternativo para a composição de um conflito sobre bens disponíveis, atuando no campo de relação jurídica em que se valoriza a liberdade e autonomia da vontade das partes.[198]

As distinções conceituais são importantes para que se possa localizar o instrumento pretendido na solução do conflito. No início, as partes resolviam seus problemas através da força, da imposição, realizavam a defesa do próprio direito através da autotutela. Mais tarde, com a presença do Estado, já se fala em autocomposição, que, embora tenha marca da vontade individual, o elemento consenso também se faz presente, quer renunciando um direito, quer reconhecendo a afirmativa jurídica de outrem. A presença de um terceiro, como intermediário para resolver os interesses conflitantes, tanto serve à mediação, quanto à conciliação, pois, ambas têm matizes parecidas. Diferem, entretanto, porque na conciliação são apresentadas propostas pelas partes, para que se possa chegar ao acordo. É em razão dessas circunstancias que a conciliação e a mediação são denominadas de meios de autocomposição.[199]

---

[198] "...al arbitraje, una fórmula, como dijéramos, de heterocomposición, similar a la de Justicia, solamente que desempañada la labor del Juez árbitro, por un particular elegido por las propias partes. Se trata de una Justicia paralela a la del Estado, que en algunos casos resulta obligatoria (legal), pero normalmente és voluntaria. Mediante la cual las partes pueden elegir el árbitro y aun mismo el procedimiento en el contrato (o luego en el compromiso arbitral. Modernamente existen Cámaras de arbitraje, que proporcionan los árbitros (o una lista de ellos para que las partes seleccionen, y la infraestructura). La mediación se ha definido como un procedimiento 'no adversarial', en que un tercero neutral que no tiene ningún poder o autoridad sobre las partes, ayuda a que ellas encuentren una armonización de sus intereses, explorando fórmulas de arreglo." Enrique Vescovi. El majoramiento de la Justicia. La búsqueda de soluciones alternativas en especial el arbitraje. Con referencia a los códigos modelos para la uniformización de la Justicia. *Revista de Direito Processual Civil*. Curitiba, n. 14, p. 817/838, out./dez. 1999.

[199] "La conciliación es un procedimiento en que las partes, ayudadas por un tercero que, inclusive, puede ser un Juez o conciliador, llegan a una solución del conflicto mediante una transacción (en

As propostas de novas modalidades para resolver conflitos foram aperfeiçoadas nos Estados Unidos da América do Norte numa concepção de um lugar apropriado, concentrando pessoas habilitadas, com instrumentos capazes e viabilizadores para solução de conflitos. O atendimento com prioridade para as pequenas causas tem ao lado a assistência no campo psicossocial, com tratamento especializado, destacando-se sempre o amplo acesso à Justiça. Esse modo de ação passou a ser conhecido como uma das possibilidades de alternativas para resolução de conflitos. A utilização de mediadores, conciliadores e de árbitros, quando necessário, e no interesse das partes, passaram a ter aceitabilidade, cuja idéia vem sendo debatida, melhorada e aplicada, sempre levando em consideração a natureza específica de cada população beneficiada.

Essas mudanças, na forma de distribuição da justiça, encontram, e é natural, dificuldades para serem aplicadas, porque se trata de uma nova cultura e posicionamento frente ao uso dessas técnicas transformadoras.[200] Essas matrizes precisam ser compreendidas, cada uma delas no seu campo de atuação, assim como a extensão de seus efeitos. O importante é que os próprios escritórios de advocacia e os interessados nesses sistemas efetivamente os utilizem para encontrar resultados positivos e justos, para não prolongar demandas ou usufruir vantagens na escolha desse processo. É vencendo as indiferenças e criando crédito para essa forma alternativa de solução de conflitos, que haverá de ser encontrada uma mentalidade que tenha, na educação e na conscientização, o caminho da verdadeira importância desses métodos.[201]

Os métodos alternativos de resolução de conflitos têm-se constituído num processo gradativo que vai alcançando novas conquistas, criando, de forma paulatina, uma consciência para submeter a mediação às causas que

---

puridad la transacción es el género que se realiza a través de esta, u otras especies analizadas)". Enrique Vescovi. El majoramiento de la Justicia. La búsqueda de soluciones alternativas en especial el arbitraje. Con referencia a los códigos modelos para la uniformización de la Justicia. *Revista de Direito Processual Civil*. Curitiba, n. 14, p. 817/838, out./dez. 1999.

[200] Adroaldo Furtado Fabrício. O novo Juízo Arbitral. *Revista dos Juizados Especiais*. Porto Alegre, n. 18, p. 24/25, dez. 1996.

[201] "Some of the indifference to ADR on the part of the bar must be attributed simply to unfamiliarity with the potential for alternative processes and the form they might take. This might be expected to change as a new generation of law students filters through the system. In addition, some lack of enthusiasm can be explained by the self-interest of lawyers. 'Self-interest' here is partly a matter of simple economics. Lawyers, especially those paid by the hour, are able to extract substantial fees from prolonged conflict, and may have no incentive to shape disputes in such a way as to maximize their benefits from them. There is also a more fundamental point: Alternative processes often function in such a way as to transfer greater power and control over disputing to the parties themselves, or to their professionals (such as mediators) who may be involved in helping to resolve the dispute. To many lawyers, this may seem to threaten the attorney's exclusive control over dispute resolution, a feeling of dominance that only the judicial process can provide." John S. Murray; Alan Scott Rau; Edward F. Sherman. *Processes of Dispute Resolution: the role of lawyers*. 2.ed. New York: By The Foundation Press, Estbury, 1996, p. 49.

vão surgindo e aumentando a cada ano. Esse sistema de ADR vem crescendo, incorporando-se na sociedade, mudando os hábitos e costumes, criando uma nova cultura sobre seu valor na solução dos conflitos. As escolas da área jurídica começam a oferecer cursos e, aos poucos, os estudantes e operadores do Direito vão compreendendo que é na possibilidade de encontrar soluções para os problemas, fora do sistema tradicional, como acontece nos Estados Unidos[202] e vem ocorrendo no Brasil.

A contribuição americana é muito substanciosa no trabalho de implantar essa cultura de resolução de conflitos por formas alternativas, num processo de afirmação de uma Justiça informal, em que surge com menor custo e destituídas de formalismos desnecessários, procurando uma expansão tanto na cidade quanto no campo, cujas experiências vão crescendo, refletindo seus efeitos no âmbito interno.[203]

Como se vê, a opcionalidade é a característica marcante das formas alternativas que se contrapõem ao sistema tradicional de resolver os litígios. A participação voluntária tem aumentado gradativamente a implantação de instrumentos com esses objetivos, principalmente, nos Estados Unidos. A Lei nº 9.307/96, que trata da Arbitragem, já é um resultado e se inspira na prática de uma Justiça Alternativa. Esses mecanismos alternativos, na Justiça americana, tanto podem ocorrer no sistema privado, com a característica da voluntariedade, quanto no sistema público, depois de iniciado um processo judicial. São exemplos dessas iniciativas a arbitragem, a mediação e a negociação, todas se constituindo em alternativas válidas, nas mais diversas situações. É de ressaltar que os tribunais oferecem serviços de mediação, experiências válidas na busca de um acordo como, por exemplo, na disputa da propriedade ou em processos de divórcios. O trabalho do mediador pode ocorrer de forma gratuita ou com o pagamento de um pequeno valor, mas sempre com a preocupação de evitar o desestímulo ou, conforme a experiência e tempo de prática, poderá ocorrer um pagamento mais substancioso.[204]

A Justiça americana, por apresentar características peculiares, adota muitos mecanismos que têm origem no Direito inglês, na denominada *Com-*

---

[202] Ibidem, p. 1/2.

[203] "The most common dispute resolution projects, as well as the best documented, are those connected with the justice system. The Columbus Night Prosecutor is particularly well known, and in 1974 replication workshops were held around the country based on that experience. As a result, mediation programs operated out of the prosecutor's office have proliferated, especially in the Midwest. Court-run programs are probably even more popular, primarily in New Jersey and Florida. Most aperate from centralized court buildings, use professional mediators, and serve the entire city or county. In some situations, however, a court-sponsored project can have a neighborhood focus." Richard L. Abel (org). The Politics of Informal Justice. Los Angeles.. *An Overview of Community-oriented Citizen Dispute Resolution Programs in the United States.* vol. 1. Califórnia, p. 75/97.

[204] Edward Brunet. Solução alternativa de litígios na América no ano de 2000. *Revista do Tribunal Regional Federal da 4ª Região.* Porto Alegre, n. 34, p. 79/96, 1999.

mon Law. Torna-se importante referir uma outra experiência americana com os chamados *rent-a-judge,*[205] na contratação de juízes aposentados para resolver os litígios e cujas decisões, por sinal, não têm revisão pelo Judiciário.[206] Muitas críticas podem ocorrer quando se refere a experiências alienígenas, que nem sempre se adaptam à cultura jurídica brasileira. Entretanto, dentro do que pensamos, não só magistrados, mas todas as pessoas envolvidas com o Direito e que estejam aposentadas podem ser chamados a colaborar com a solução dos litígios e controvérsias. É importante ressaltar que as ADRs fazem parte da estrutura do Estado Americano e têm um apoio na *Americam Bar Association*, que é uma organização dos advogados e que apóiam e participam de projetos, no sentido de instituir formas de encaminhamento e de diagnóstico preliminar, com o intuito de determinar qual o procedimento mais adequado para o caso apresentado.[207] Nos Estados Unidos, a política de viabilizar acordo é trilhada no sentido de verificação de documentos e provas que conduzam a uma transação e, nesse sentido, os advogados realizam um intercâmbio importante.[208]

A idéia é de encontrar meios para resolver problemas, mesmo sem base legal, como é a experiência dos *mini-trial* norte-americanos, para que possam as partes e os advogados encontrar meios para um acordo, encaminhando os documentos a um profissional julgador. Assim como essa instituição, mais de uma centena de associações estaduais e locais possuem comissões específicas de ADR.[209] O Judiciário Americano pratica o encaminhamento das partes à arbitragem, no sentido de encontrar uma solução mais rápida para as controvérsias. Há uma idéia de afastar sistemas adversariais, o conhecido *Adversary System*, adotando instrumentos procedimentais simples e objetivamente rápidos, em favor das partes, evitando-se a contenciosidade.

---

205 "O *rent-a-judge* (juízes de aluguel) é uma forma alternativa de arbitragem, apresentada pela American Arbitration Associations – AAA, cuja entidade tem a diretriz de solucionar casos pelo modo extrajudicial". Fátima Nancy Andrighi. Estrutura de dinâmica do Poder Judiciário norte-americano. Aspectos da composição judicial e extrajudicial dos litígios. O Judiciário e a Constituição. Rio de Janeiro: Saraiva, 1994, p. 315/321.

206 Clademir Missaggia. Audiência Preliminar: Indicativos de um Itinerário para uma Jurisdição Cível Justa e Efetiva. *Revista da Ajuris*, Porto Alegre, n. 78, p. 95/123, jun. 2000.

207 Alexandre Morais da Rosa. Aspectos destacados do Poder Judiciário norte-americano. *Revista Cidadania e Justiça*, n. 8, ano 4, Rio de Janeiro, 1º semestre de 2000, p. 113/120.

208 "En los Estados Unidos siempre existió el 'pre-trial', donde los abogados intercambian documentos y pruebas y plantean la posibilidad de acuerdos transaccionales, inclusive con la presencia del propio juez que ha de entender en la causa. Pero la novedad ha sido, en los últimos años, la explosiva aparición de diversos centros de conciliación y mediación, inclusive a nivel privado. Es allí donde se ha desarrollado la mediación y, más recientemente, lo que se dado en llamar la 'previa evaluación neutral." Enrique Vescovi. El majoramiento de la Justicia. La búsqueda de soluciones alternativas en especial el arbitraje. Con referencia a los códigos modelos para la uniformización de la Justicia. *Revista de Direito Processual Civil*, Curitiba, n. 14, p. 817/838, out./dez. 1999.

209 Mauro Cappelletti. Os Métodos Alternativos de solução de conflitos no quadro do movimento universal de acesso à Justiça. *Revista Forense*, v. 326, p. 121/130, abr./jun. 1994.

Essas denominadas "portas" realmente estabelecem horizontes a serem seguidos para cada situação.[210]

Dentre as formas alternativas para a solução de conflitos é de referir a *class action*, com determinada importância nos Estados Unidos e, igualmente, nos países que adotam o *common law*. Não tem sido adotado esse expediente, com a freqüência esperada, nos países de *civil law*. É de destacar, porém, que o Brasil avançou nesse rumo, ao tornar realidade a lei da ação civil pública (Lei nº 7.347/85), possibilitando ações coletivas na área dos interesses difusos e coletivos, de característica indivisível. Embora não contemplando a reparação de danos pessoais, transferindo aos indivíduos o caminho de ações próprias para eventual ressarcimento de dano, houve um crescimento no campo da idéia das *class action*, com a implantação do Código de Defesa do Consumidor, que, de uma forma mais ampla, objetivou também a defesa de interesses subjetivos individuais.[211] As chamadas ações de classes dizem respeito a um sistema que possibilita aos integrantes de uma classe ou categoria, com interesse, ou de alguma forma envolvida numa determinada ação, onde um membro dessa classe ou grupo de pessoas que, embora não estando integrado numa associação organizada, pode ser considerado com representatividade e, com isso, agir como se autorizado estivesse pela classe, desde que reconhecido pelo órgão judiciário competente. Esse sistema é diferente, um pouco, daquele preconizado, de alguma forma, pela Lei nº 8.078/90, onde a representatividade na ação de classe é válida dentre aquelas associações previamente organizadas e que têm o objetivo de proteção dos direitos coletivos ou difusos. O modelo da *class action*, como se referenciou, não tem sido tão utilizado, em razão de alguns abusos e inadaptações, sendo que no brasil, o Código de Defesa do Consumidor, na sua competência, procura adotar uma série de ações e providências no sentido de tutelar o direito dos consumidores, quer de forma individual ou coletiva e, enfim, os direitos difusos no sentido mais amplo.[212] É a filosofia da *class action* presente na legislação brasileira, na solução dos conflitos.

No Brasil, pode ser adotado um projeto no sentido de classificação dos casos apresentados, encaminhando para conciliação, mediação e, mesmo a arbitragem, sob a coordenação do Poder Judiciário, ficando para fase contenciosa quando inexitosa a solução consensual. Existem tentativas, em tal sentido, e daí, também a proposta desse trabalho na criação de Centros voltados para esse objetivo.

---

[210] Ellen Gracie Northfleet. Novas fórmulas para solução de conflitos. *O Judiciário e a Constituição*, Rio de Janeiro, Saraiva, 1994, p. 325.

[211] Ada Pellegrini Grinover. O novo processo do consumidor. *Revista de Processo*, São Paulo, v. 62, p. 141/152, abr./jun. 1991.

[212] Mauro Cappelleti. Os Métodos Alternativos de solução de conflitos no quadro do movimento universal de acesso à Justiça. *Revista Forense*, v. 326, p. 121/130, abr./jun. 1994.

Igualmente o Canadá busca a implementação de soluções alternativas com a chamada "mediação judicial", que é uma forma de audiência preliminar – *pre-trial conference* –, realizada por um juiz diverso daquele que julgará o processo, tendo como finalidade o acordo.[213]

A Itália é um outro país que procura idéias alternativas, num trabalho objetivando a conciliação, a mediação e o sistema de arbitragem. Entretanto, embora refira a influência americana e faça destaque às formas alternativas realizadas entre os contratantes, num procedimento consensual visando a resolver conflitos fora do âmbito da Justiça tradicional, apresenta um outro enfoque para esses modelos alternativos, priorizando e desenvolvendo uma ação com esses instrumentos e utilizando pessoas com a finalidade de resolver os problemas através de meios conciliatórios, sob o controle do Poder Público.[214] É uma forma em que os profissionais, conciliadores, mediadores e árbitros atuam sob a supervisão do Estado, numa efetiva função delegada, inserida no sistema de distribuição de Justiça. É como uma ADR endoprocessual, diferente, portanto, de uma Justiça com característica essencialmente privada, apresentando-se como uma alternativa ao juízo ordinário, no sentido de ampliar o acesso à Justiça.[215]

Na França, a mediação extrajudicial, embora não prevista legalmente, é apresentada através de organizações comunitárias, evoluindo, como em outros países, para uma estrutura legal e com funcionamento junto ao Poder Judiciário.[216] Nesse país, é importante referir os *conciliateurs*, uma instituição revigorada, constituída por particulares, designados pelo Judiciário, com a obrigação de aproximar as partes e obter um acordo. Uma outra instituição é a dos *médiateur*, considerado um colaborador do magistrado,

---

[213] Mauro Cappelletti. Os Métodos Alternativos de solução de conflitos no quadro do movimento universal de acesso à Justiça. *Revista Forense*, v. 326, p. 121/130, abr./jun. 1994.

[214] "Ecco la summa divisio che può tracciarsi all'interno dell'unitario panorama della ADR negli Stati Uniti. Da um lato, il ri corso alla 'giustizia alternativa' è, e rimane facoltà contrattuale dei litiganti; di questa forma di ADR, che si potrebbe chiamare ADR 'privata', il presente lavoro non si occupa. Dall'atro, il previo esperimento di soluzioni della controversia diverse dal giudizio ordinario diventa sempre più frequentemente una condizione di procedibilità dell'azione civile. L'attenzione di questo lavoro è rivolta a tale seconda forma di ADR deta indifferentemente, negli Stati Uniti, court-annexed, court-ordered, court sponsored od anche court-managed ADR, e che in Italia potremmo per simmetria definire – oltre ad ADR endoprocessuale – ADR 'pública'." Giuseppe de Palo e Guido Guidi. *Risoluzione Alternativa delle Controversie ADR nelle Corti Federali Degli Stati Unit*. Milano: Guiffrè, 1999, p. 6/7.

[215] "11. La conciliazone, la figura del terzo investito dal relativo potere e il tentativo di conciliazione come filtro per l'accesso allá giustizia.
L'elemento caratterizzante l'istituto della conciliazione e la qualità del terzo, che non è un mero 'amicus communis' delle parti – semplice catalizzatore di un accordo transattivo – ma un soggetto espressamente investito di potere conciliativo in sede non contenziosa, o talora, il giudice stesso del processo. La conciliazione si pone cosi, in varie guise, in coordinazione con altri mezzi di definizone delle controversie." Luigi Rovelli. L'arbitrato e il tentativo abbligatorio di conciliazione come modelli alternativi al processo civile. *Revista Documenti Giustizia*, v.º 4-5, 1998, p. 744/788.

[216] Schmitt J, p. Bonafé. *La médiation: une autr justice*. Paris: Syros-Alternatives, 1992.

tendo a missão de mediador. Por sinal, essa técnica também é praticada na Alemanha e na Itália.[217]

Na Inglaterra, igualmente, há uma preocupação em resolver os litígios sem perder de vista a paz entre as partes. Assim, os *Advisory Conciliation and Arbitration Service* e os *Office of Fair Trading* foram criados para resolver, dentre outros, os problemas na área de vizinhança e consumidores, à semelhança do conhecido *Neighbourdhood Justice Center*, dos EUA. Essa idéia que também se propaga na Suécia, na França e em outros países, é no sentido de resolver os problemas junto às comunidades, com aproximação das partes envolvidas e interessadas na solução dos casos propostos.[218] Nesse país também há de se destacar a linha precursora quanto a sistemas especializados no julgamento de pequenas causas, que vem evoluindo até no sentido de aumento de valor na apreciação das controvérsias.[219]

Essa filosofia de alternatividade na aplicação do Direito também tem base, e é preciso citar, não só na *Small Claims Court*[220] – como Justiça informal em Estados norte-americanos, valendo referir Nova Iorque, em que se tem por meta oferecer procedimentos simplificados para causas menos complexas que envolvam menores quantias, apresentando-se como garantias imediatas do cidadão e que, de certa forma, influenciaram a implantação dos Juizados de Pequenas Causas no Brasil,[221] mas também nas *County Courts* inglesas. Estas cortes tinham por objetivo uma Justiça não dispendiosa e rápida, com juízes itinerantes, para as causas de menor valor econômico, com a idéia de atendimento local, numa idéia de valorização do princípio da justiça natural.[222] Na verdade, essa idéia de Justiça descentralizada para a solução dos problemas de forma pronta enseja o encaminhamento das partes, sendo o caso, para uma arbitragem ou outra forma de solução.

No Japão, todas as propostas e idéias convenientes e modernas na solução dos problemas são bem acolhidas. Está inserida na cultura oriental a busca de mediadores para resolver amigavelmente os conflitos, antes de levá-los à apreciação formal do Judiciário e, mesmo perante o juiz, há um esforço no sentido da transação.[223]

---

[217] Mauro Cappelletti. Os Métodos Alternativos de solução de conflitos no quadro do movimento universal de acesso à Justiça. *Revista Forense*, v. 326, p. 121/130, abr./jun. 1994.

[218] J. E.Carreira Alvim. Alternativas para uma maior eficácia na prestação jurisdicional. *Revista da Escola Superior da Magistratura*, Brasília, n. 2, p. 117/147, mai./ago. 1996.

[219] Cristipher J. Whelan. Small Claims in England and Wales: Redefining Justice. *In* CRISTIPHER, J. Whelan (org). *Small Claims Cort: A comparative Study*. Oxford: Clarendon Press Oxford, 1990.

[220] Ada Pellegrini Grinover. Conciliação e Juizados de Pequenas Causas. *In,* GRINOVER, Ada Pellegrini. *Novas Tendências do Direito Processual*. Rio de Janeiro: Forense Universitária, 1999, p. 205/215.

[221] Galeno Lacerda. Dos Juizados de Pequenas Causas. *Revista da AJURIS*, Porto Alegre, n. 27, p. 9, mar. 1983.

[222] W. F. Frank. *The General Principles of English Law*. 6º ed. Harrap London, 1979, p. 56/57.

[223] René David. *Os Grandes Sistemas do Direito Contemporâneo*. Trad. Hermínio A. Carvalho. São Paulo: Martins Fontes, 1998, p. 493/495. Trad. de: Les grands systèmes du droit contemporains.

Em Portugal, a arbitragem, principalmente na área de consumo, constitui-se num dos principais meios alternativos para buscar a solução de conflitos.[224]

Igualmente, na China Continental, a busca de uma Justiça conciliatória tem um excelente desenvolvimento, sendo uma fonte consagrada para resolver consensualmente os conflitos, somente na impossibilidade dessa via alternativa é que se procura a jurisdicional.

No continente sul-americano, a Argentina,[225] para compor conflitos, busca formas alternativas, antes que qualquer demanda ingresse na via judicial. A mediação passa a ser vista com importância institucional, como movimento do próprio Poder Judiciário em consonância com o Poder Executivo, através do Ministério da Justiça, num projeto em que se estabelecem programas para atender a diversos segmentos da sociedade, de forma centralizada e integrada com as comunidades que serão beneficiadas. O sistema na Argentina está bem avançado com obrigatoriedade de uma fase inicial pela mediação e conciliação na solução das controvérsias, para uma gama de causas, antes, portanto, da instauração do processo formal.[226]

No Uruguai, a comprovação de que a pendência de processo judicial ou a falta de condições de acesso à solução de um problema evolui para males psicossomáticos fez com que a Suprema Corte de Justiça firmasse

---

[224] Carlos Alberto Carmona. A Arbitragem nos Juizados Especiais Cíveis. *Repertório IOB de Jurisprudência*, n. 24/96 p. 434/429, dez. 1996.

[225] "Realizou-se, em Buenos Aires, entre 7 e 10 de novembro deste ano, o I Encontro Interamericano Sobre Resolução Alternativa de Conflitos, encontro esse patrocinado pelo National Center of State Courts, pela fundación Libra e pala USAID – Agência Norte-Americana para o Desenvolvimento Internacional. (...) Mas na realidade, pelo que foi possível depreender-se do conclave, o sistema está em pleno funcionamento em uma instituição privada, a fundação Libra, que mantém um centro de conciliação, uma escola para formação de conciliadores e mediadores e possui uma publicação mensal, a Revista Libra. Essa fundação, auto-definida como 'instituição destinada a promover a modernização da Justiça da Argentina e a aplicação privada e institucional de técnicas alternativas para resolução de conflitos sociais", está vinculado com o Ministério da Justiça e conta com uma Juíza da Câmara civil como Presidente de seu 'Consejo Asesor', e dois Juízes civis como Primeiro e Segundo Vice-Presidentes desse mesmo conselho. De salientar-se que a vinculação com o Ministério da Justiça pode ser presumida pelo fato de esses mesmos juízes constarem como membros da comissão criada pelo Decreto antes referido para a formulação do Plano Nacional de Mediação." Ana Lúcia Albuquerque Paiva. Resolução Alternativas de Conflitos. *Boletim da AJURIS*, dezembro de 1993, p. 06.

[226] "A Nova Lei de Mediação e Conciliação Argentina instituiu *em caráter obrigatório a mediação prévia a todos os Juízos*, promovendo a comunicação direta entre as partes *para a solução extrajudicial* da controvérsia. As partes estão isentas do cumprimento deste trâmite se aprovem que, antes do início da causa, existiu mediação perante os mediadores registrados pelo *Mistério da Justiça*.
O procedimento de *mediação* obrigatória não é aplicado em causas penais, ações de separação e divórcio, nulidade e matrimônio, filiação e pátrio poder, com exceção das questões patrimoniais derivadas destas. O Juiz deverá dividir os processos, encaminhando a parte patrimonial ao mediador. Ademais, não se aplica aos processos de declaração de incapacidade e de reabilitação, causas em que o estado *habeas corpus* e interditos; medidas cautelares até que sejam decididas, esgotando a respeito delas nas instâncias recursais ordinárias, continuando logo o trâmite da mediação; diligências preliminares e prova antecipada, juízos sucessórios e voluntários, concursos preventivos e falências; e, finalmente, causas que tramitem perante a Justiça Nacional do Trabalho." J. S. Fagundes Cunha e José Jairo Baluta. *Questões Controvertidas nos Juizados Especiais*. Curitiba: Juruá, 1997, p. 25-26.

Convênio de Cooperação Interinstitucional com o Ministério da Saúde Pública, para instalar, nas dependências de hospitais, centros de atendimento de problemas jurídicos. Tais centros propiciam a solução de problemas jurídicos, enquanto as pessoas aguardam a resolução de seus problemas médicos.[227] A idéia pode representar um trabalho descentralizado em grandes hospitais, assim como também é possível Juizados itinerantes atendendo grandes condomínios, sob uma agenda organizada em que se preveja a recepção de pedidos e a presença de conciliadores e mediadores em dias adrede determinados com a finalidade de solucionar os conflitos.

Essas experiências que acontecem próximas do Brasil, em países latino-americanos, são referenciais da importância de alternativas para a busca de uma solução mais imediata dos conflitos, chegando em todos os segmentos sociais, no sentido do amplo acesso à Justiça. A forma como essas medidas são adotadas e a extensão de seu cabimento é que precisam de um estudo mais apropriado para a situação brasileira.

Temos a convicção de que o Judiciário deve manter sob sua responsabilidade essa Justiça consensual, coordenando, dirigindo e disciplinando a aproximação das partes para resolver o conflito pela autocomposição, seja com característica extrajudicial, antes do início de um processo contencioso, ou no decorrer deste, propiciando a solução do litígio. Daí, a proposta de centros e locais aglutinadores para ensejar a conciliação, a mediação e mesmo, o Sistema de Arbitramento, idéia dos Juizados Especiais, com utilização da experiência de Juízes leigos para a efetivação de laudos arbitrais, como já referimos.

O Brasil vai assimilando paulatinamente esses modelos alternativos de justiça informal e adotando instrumentos viabilizadores à solução dos conflitos. É preciso acreditar em idéias que projetem um futuro melhor, mais equânime e mais justo.[228] O Brasil não pode descartar o valor da aproximação das partes e solução das causas através de escritórios e agências, para viabilizar um acordo. Num segundo momento é que poderá ocorrer a homologação da autoridade judiciária, se houver interesse na obtenção de

---

[227] Fátima Nancy Andrighi. A Democratização da Justiça. *Revista dos Tribunais*, vol. 748, p. 68/73, fev. 1998.

[228] "A ausência de uma norma 'estatalmente disciplinadora' terá forçosamente de ser suprida por um acordo de vontades do segmento societário diretamente interessado. Deverá decorrer de uma espécie de *covenant* celebrado entre as instituições de mediação e arbitragem existentes no país, objetivando primordialmente o estabelecimento de normas que sejam seguidas por todos aqueles que se envolverem nos processos de ADR's no Brasil. (...)

O desafio fundamental – o estabelecimento de uma 'cultura das ADR's' no Brasil – permanece incólume. Provera Deus que não se repita, no liminar do séc. XXI, em relação às Formas Alternativas de Resolução de Disputas o dito em 1843 pelo Senador do Império Bernardo Pereira de Vasconcelos com relação às ferrovias: 'É coisa de americano. Nosso negócio é outro'." Ângela Oliveira. A Mediação e a Arbitragem no Brasil: Uma abordagem prospectiva. *In*, OLIVEIRA, Ângela (Coord.). *Mediação Métodos de Resolução de Controvérsias*. São Paulo: LTr, 1999 p. 41/42.

um título executivo judicial. Caso contrário, a validade é de natureza extrajudicial. Tem justificação, assim, a idéia de utilizar pessoas para resolver conflitos, devidamente integradas ao Poder Judiciário. Para tanto, contar-se-ia com o apoio da comunidade e do Estado na implementação dos Centros de Conciliação e Mediação, mesmo de cunho arbitral, como descentralização de uma Justiça devidamente supervisionada pelo Poder Judiciário.

Ao ser simplesmente distribuída a petição inicial, nasce a possibilidade de atuação imediata da transação. Como se vê, quando ainda está no plano das pessoas a idéia de reclamar um direito contra um vizinho, contra uma empresa, com relação a conflitos familiares, surge uma oportunidade de extinguir a controvérsia no nascedouro. Com o processo em andamento, também a viabilidade de encaminhar para uma via de conciliação/mediação.

Diante dessas realidades, pretende-se um outro enfoque para a solução dos conflitos, a partir de uma política de justiça informal, efetivada sob a orientação e controle da Instituição do Poder Judiciário e, dessa forma, com maior proximidade do cidadão, fazendo com que a sociedade crie confiança na prática da Justiça, que é um anseio de todos os povos, sem fronteiras.

5.1.1. O Direito como instrumento de justiça e paz na humanidade

O mundo assistiu, em 10 de dezembro de 1948, a adoção e proclamação da Declaração dos Direitos Humanos pela Assembléia Geral das Nações Unidas, numa afirmação e num reconhecimento de todas as pessoas integrantes de uma família universal, numa mensagem aos povos de que a liberdade e a paz caminham juntas com o sentimento de Justiça na vida de todo ser humano.[229] O acesso à Justiça é um direito inalienável do cidadão, não só para que tenha um julgamento justo, conforme proclamou a Carta da Humanidade, mas também para que possa reclamar um direito em todos os quadrantes do mundo e encontrar ressonância para a verdade pretendida.

O tema "acesso à Justiça", portanto, tem uma constatação global, a exigir dos povos instrumentos que efetivamente atendam aos direitos dos

---

[229] Judiciosas e contundentes as palavras de Dalmo de Abreu Dallari, ao referir o cinqüentenário da Declaração Universal dos Direitos Humanos:
"Um ponto fundamental, que deve ser sempre ressaltado, é a afirmação contida no artigo primeiro da Declaração: *'Todos os seres humanos nascem livres e iguais em dignidade e direitos'*. Se em algum lugar do mundo, em algum momento, houver uma regra jurídica que não dê a todos, sem qualquer exceção,a mesma liberdade e que não assegure a todos, de modo igual, a mesma proteção à dignidade e aos direitos, essa regra deverá ser repudiada por contrariar as exigências éticas e jurídicas dos direitos humanos." Dalmo de Abreu Dallari. Humanismo Jurídico. *Juízes para a Democracia*, São Paulo, n. 05, ano 5, out./dez. 1998, p. 1.

cidadãos. Os Estados precisam ter a atenção voltada para mecanismos alternativos de solução dos conflitos. É sabido que esse direito fundamental apresenta-se como uma idéia ampla, e o Judiciário é um dos meios para esse desiderato.

Sabemos que os países reúnem-se para, em bloco,[230] fortalecerem-se, geralmente no campo econômico, ficando o aspecto social, muitas vezes, num segundo plano, esquecendo que o sujeito de direito precisa ser respeitado, visto que a solução das controvérsias nas relações, sejam nacionais ou internacionais, atinge a todos. Por isso, a conjugação de esforços deve ser dirigida para uma maior valorização do trabalho, sem deixar de dar importância ao capital, pois juntos caminham para o desenvolvimento. Compreensível a preocupação no sentido de que a ânsia incessante de globalização não resulte em maior exclusão social, crítica que se faz ao chamado neoliberalismo, por não ter uma visão humanista, com o devido valor do papel do homem na sociedade. A visão de um Estado Democrático de Direito preocupa-se com atitudes de tolerância para agregar aqueles que estão excluídos de participação.[231] Não se desconhece a avanço tecnológico no mundo moderno e que as Nações vão se inserindo, gradativamente, nessa forma universal de organização, mas o crescimento e a procura selvagem do lucro não podem sacrificar o homem e seus direitos primaciais. Dessa forma, é que se compreende a caminhada pela criação de uma Corte Internacional para analisar e dar efetividade aos direitos do cidadão.[232]

O Estado moderno, contemporâneo, não pode estar isolado do pensamento de um estado de bem-estar social e, para tanto, precisam ser garantidos os direitos reivindicados pelas pessoas e, surgindo os conflitos, haja meios suficientes e em condições de uma solução plausível. Também é necessário que o Estado procure orientar os seus cidadãos para evitar o litígio, pois somente assim é que se efetiva um Estado Democrático de

---

[230] Mercado Comum do Sul – Mercosul, o Tratado da União Européia, o Acordo de Livre Comércio da América do Norte – Nafta, Grupo dos Tigres Asiáticos.

[231] Concomitantemente à realização do Fórum Econômico Mundial, realizado em Davos, na Suíça, em janeiro de 2003, realizou-se, em Porto Alegre, Brasil, o III Fórum Social Mundial; ambos mostraram, ao mundo, realidades distintas, mas que será pela complementação e equilíbrio que se afirmarão os Direitos Humanos.

[232] Por ocasião do 3º Fórum Social Mundial, na programação do 2º Fórum Mundial de Juízes, como uma das palestrantes, a juíza francesa da Corte Européia dos direitos Humanos, Mireille Delmas-Marty, ao responder sobre a proposta de um direito planetário, assim referiu:
"Trata-se de uma internacionalização do direito por setores. Há muitos anos existem instrumentos os direitos do homem, como a Declaração Universal dos Direitos do Homem. Há pedaços de direito mundial não-conectados. A falta de uma corte internacional para aplicar os direitos do homem é uma fragilidade. As únicas cortes mundiais existentes são as penais, como o Tribunal Penal Intenacional para a Iugoslávia e Ruanda e a Corte Penal Internacional, que acabou de ser criada em Roma." Rodimar Oliveira. A falta de uma corte de direitos humanos é uma fragilidade, *Zero Hora*, Porto Alegre, 21 jan. 2003.

Direito.[233] O propósito de assinatura de protocolos de intenções, em razão de tratados, deve ter o objetivo de encontrar soluções de controvérsias, fortalecendo o ambiente interno de cada país, melhorando as relações internacionais, com o intuito de valorizar o ser humano, para obter a integração sem ferir os avanços sociais[234] e, nesse sentido, está a intenção para solucionar os conflitos de forma satisfatória e eficiente.[235]

A globalização no mundo político-econômico é uma realidade, mas a consciência da humanidade deve caminhar igualmente para encontrar a integração cultural e social. Nessa seara é que os Direitos Humanos impõem uma necessidade de um tratamento protetivo, para que o desnivelamento e as grandes diferenças sejam amenizados, para que tenha o homem uma vida condigna.[236] O caminhar das nações para uma interação comunitária mundial não pode ser só no sentido de uma idéia de organização político-econômico-administrativa, mas que também se eleja um sistema jurídico eficiente, para que impere a Justiça Social.

Tanto na esfera nacional quanto na internacional, o Estado deve ter uma atuação voltada para concretizar os direitos básicos dos cidadãos, para que o tão apregoado estado de bem-estar social se efetive com mecanismos de proteção judicial. A afirmação dos diretos no *Welfare State* deve contemplar desde as pequenas causas até as discussões mais portentosas, pois todas refletirão no cidadão comum de todas as partes do mundo, como consumidores, como usufruidores do meio ambiente, como crianças, velhos, enfim, como seres humanos.[237] Para esse objetivo é preciso que o mundo revise comportamentos e atitudes, de respeito e consideração ao direito do seu semelhante. Assim, a busca de meios para, dentro do possível, resolver, de forma consensual os problemas das pessoas.

---

[233] Ignacy Sachs. Desenvolvimento, direitos humanos e cidadania. *Revista da Associação dos Magistrados Brasileiros Cidadania e Justiça*, Rio de Janeiro, nº 05, ano 02, p. 51/58, 2º semestre de 1998.

[234] Cláudia de Lima Marques. O Código de Defesa do Consumidor e o Mercosul. *Revista do Direito do Consumidor*, n. 8, p. 40 e ss, out./dez., 1993.

[235] O Protocolo de Brasília para a solução das controvérsias dá cumprimento ao art. 3º, número 2, do Anexo III, do Tratado de Assunção, e determina etapas para resolver questões dentre os Estados que integram o Mercosul e, dentre estas prevê, no caso de não ocorrer um acordo para o litígio, que se busque um procedimento arbitral, através de um Tribunal *ad hoc*, cuja decisão tem característica de irrecorribilidade. Por outro lado, discute-se também a criação de um Tribunal de Justiça do Mercosul, com característica supranacional, sem que não atinja a soberania dos Estados, e a exclusividade da jurisdição.
Caetano Lagrasta Neto. Mercosul e a integração legislativa: O papel da magistratura perante a justiça social. Revista *Tribuna de Magistratura Caderno de Doutrina*, p. 129/133, mar., 1997.

[236] A guerra que se efetiva no Iraque, nesse ano de 2003, surpreende o mundo pelas imagens de crueldade que o poderio da nação americana coadjuvada pela inglesa, usando um aparato bélico extraordinariamente moderno e potente, sob o argumento de uma suposta libertação do povo iraquiano, visa a impor regras e comportamentos, desconhecendo, porém, a orientação do Conselho de Segurança da Organização das Nações Unidas, numa demonstração de desrespeito ao Direito dos cidadãos de todo Universo, marcando indelevelmente a humanidade, que tanto sonha com a Paz e a Justiça.

[237] Nigro Mazzilli. *A Defesa dos Interesses Difusos em Juízo*. 9.ed. São Paulo: Saraiva, 1997.

5.2. A solução de controvérsias por vias não-tradicionais

O número incomensurável de ações que chega aos fóruns e tribunais a cada dia faz com que se pense em novos modelos de distribuição de Justiça. Resolver os conflitos é encontrar diretrizes na área judicial como na extrajudicial,[238] dentro ou fora do processo, incrementando propostas na seara da transação, concretizando a conciliação e a mediação, assim como o arbitramento, previsto no Sistema dos Juizados. A arbitragem, como similar do arbitramento, tem objetivo semelhante. Ora, todos esses mecanismos podem ser colocados à disposição das pessoas, com incentivo e apoio da Instituição do Poder Judiciário, para que possam realizar seus desideratos.

Antes de ingressar o pedido em juízo, podem ser realizadas audiências de conciliação, mesmo de mediação e, neste caso, fazendo com que as partes discordantes façam reflexão sobre o problema existente, inclusive com um estudo dirigido, com a presença de intermediário, efetivando propostas de pacificação. Viável, ainda, através de um árbitro, equacionar o litígio e, como no arbitramento estabelecido no Sistema dos Juizados, encaminhar o parecer para homologação de um representante da Justiça, o mais próximo e acessível, sem discutir aspectos de territorialidade. Com isso, terminariam as discussões sobre competência, validade e outras discussões formais, sobressaindo o acesso à Justiça.

Pensamos numa justiça de consenso, em que o direito seja dirigido para uma solução pacífica do problema existente. Defendemos, pois, que o Poder Judiciário conceba um sistema que propicie a solução de conflitos com instrumentos de atuação tanto na área judicial como na extrajudicial. Para tal consecução, seria o caso de reorganizar e ampliar o Sistema dos Conselhos de Conciliação e Arbitramento já existentes e implantados no Rio Grande do Sul, levando-os para outros lugares, como é o caso de municípios desprovidos de serviços judiciários. Nas comarcas, atendendo um determinado número de varas, poder-se-ia instalar Juizados de Conciliação e Mediação, com o objetivo amplo de realizar acordos, atendendo todas as causas de direitos disponíveis, antes de formar a lide, numa efetiva aproximação das partes, aproveitando o espírito dos arts. 125, IV, e 277, § 1º, da

---

[238] Dentro de uma série de projetos encaminhados ao Congresso Nacional é de ser referido o de nº 4.725/2004, alterando a redação dos artigos 982, 983 da Lei nº 5.869, de 11 de janeiro de 1973, e com acréscimo no Código de Processo Civil dos artigos 982-A e 1.124, possibilitando a realização de inventário e partilha por escritura pública, quando somente existam interessados capazes e que estejam de pleno acordo, assim como a adoção desse procedimento nos casos de separação e divórcio consensual, desde que não haja filhos menores do casal. Há um cuidado especial para a assistência por advogados, que assinarão o ato notarial, servindo este para fins de título perante o registro civil e o registro de imóveis, não dependendo de homologação judicial. Essa inovação tem o objetivo de dar uma oportunidade de solução aos problemas das partes, evitando que se acumulem ainda mais os processos nas repartições forenses, bem como não onerando as partes, valendo dizer que a gratuidade dos atos fica preservada se houver declaração em tal sentido.

reformada lei processual civil, com a utilização de cidadãos dispostos e convidados para atuarem como conciliadores. A essa expansão, somar-se-ia a utilização também do instituto da mediação, com pessoas habilitadas e integradas ao Judiciário, desde que fosse do interesse das partes.

A conciliação contaria com a participação de pessoas da comunidade, inclusive aposentados, que se dispusessem a colaborar para a realização da justiça. Nessa forma de interpretação, seria realizado um trabalho em prol da sociedade, levando a proposta de solução do conflito para homologação do representante do Poder Judiciário e assim, colocando em prática, efetivamente, uma Justiça célere e eficaz. Idealizamos essa forma de acesso à Justiça, respeitando posições que defendem uma lei com força e executividade, independentemente de qualquer homologação do Estado.

A multiplicidade de problemas ocorrentes na sociedade precisa ser enfrentada por uma Justiça presente, patrocinando e orientando no sentido de que possam ser mediados os conflitos por pessoas habilitadas, tendo conciliadores conscientes e responsáveis no sentido de encaminhar acordos, tudo sob a supervisão da instituição do Poder Judiciário e com a possibilidade de imediata homologação da vontade das partes.

A conciliação e a mediação podem ser utilizadas nas mais diversas situações, sejam trabalhistas,[239] familiares, questões de vizinhança, situações comerciais, dentre outras, através da persuasão, buscando concessões que evitem a instauração de um processo, ou, na decorrência deste, uma solução ao impasse.

Tanto na área extrajudicial, ou como forma de resolver o litígio em andamento, pensamos que o procedimento deve ser efetivado sob a instituição do Poder Judiciário. Não se pode desconhecer a preocupação existente de que a solução dos conflitos fora do pálio do Poder Judiciário poderia ensejar um sistema exclusivista e que não teria o necessário con-

---

[239] A Justiça do Trabalho sempre teve na conciliação um caminho extremamente valorizado para a solução dos litígios, exemplo disso e de preocupação com o acesso à Justiça é a parte poder apresentar o seu pedido diretamente, e mesmo quando ainda atuavam os denominados "Juízes Classistas" tinham a preocupação de buscar a via conciliatória, juntamente com o Juiz togado para a solução dos conflitos. A instituição das Comissões de Conciliação Prévia, pela Lei nº 9.958/00, veio introduzir uma modificação nas relações trabalhistas, possibilitando solucionar as causas pelo acordo, antes de ingressar em juízo com uma ação própria. É uma forma alternativa de solução de conflitos, que dependerá da conscientização não só dos empregados e empregadores, mas também de uma nova mentalidade e de modificação no comportamento social. As audiências nas Comissões de Conciliação Prévia objetivam aproximar patrões e empregados e, com isso, resolver os problemas, com menor desgaste pessoal e perda de tempo, porque pode ser obtido um título extrajudicial, onde há o reconhecimento de dívidas ou valores, sob a fiscalização de representantes patronais e laborais. O documento obtido, com a simplicidade dos atos realizados, enseja uma sadia convivência entre o capital e o trabalho. É uma alternativa que não exclui o acesso à Justiça Trabalhista, mas que pode ser buscado se necessário, mas de qualquer forma, cooperam para desafogar o grande número de processos nessa Justiça. Para exemplificar, conforme divulgado no jornal Estado de São Paulo, de 21 de maio de 2002, mais de 75% de quase 80 mil casos trabalhistas foram resolvidos diretamente entre as partes.

trole estatal.[240] De qualquer forma, a arbitragem se mostra como meio viabilizador na solução de controvérsias.

5.2.1. A arbitragem e a ineficiência estatal

O Poder Judiciário, não ocupando todos os espaços possíveis na solução de conflitos, não desempenhando o amplo papel que constitucionalmente lhe é assegurado, não estará cumprindo efetivamente sua missão diante da realidade e, então, outros segmentos do Estado e da sociedade, como um todo, se encarregarão de fazê-lo. A Lei nº 9.037/96 é exemplo de uma iniciativa para implantar um sistema de Justiça Privada, em que as partes podem livremente escolher quem vai resolver uma questão e de que forma será feito.[241]

Diante das reclamações dos cidadãos para encontrar meios de solução de litígios, a arbitragem é um instituto que tem a pretensão de atuar em diversos campos de atividade privada e de direitos disponíveis,[242] com um

---

[240] "Métodos alternativos para decidir causas; cada vez mais se utilizam outros instrumentos/mecanismos para a solução dos litígios fora dos tribunais. A relativa informalidade, o fato de se resolver o conflito muitas vezes sem julgamento, de permitir a continuação de um relacionamento prolongado, entre outras são vantagens características destes meios de solução de conflitos.
Entretanto, tais métodos também apresentam problemas, como: de que maneira propiciar os meios de modo a assegurar o direito a novo julgamento o recurso, ou o alto preço a ser pago aos operadores destes novos mecanismos, sem falar no risco de constituição de uma elite burocrática corporativa (os árbitros, mediadores, conciliadores, etc...), entre outros tantos." José Luiz Bolzan de Morais. O direito da cidadania à composição de conflitos. O acesso à justiça como direito a uma resposta satisfatória e a atuação da advocacia pública. *Revista da Ajuris*, Porto Alegre, vol. 77, p. 183/218, mar. 2000.

[241] "No âmbito da Justiça, em dimensões mundiais, a realidade está a demonstrar a insatisfação generalizada com a ineficiência da solução jurisdicional estatal, o que tem levado estudiosos e organizações, oficiais ou não, a buscar soluções, instituindo órgãos de planejamento permanente, criando escolas de formação e aperfeiçoamento, promovendo seminários locais e internacionais, investindo em pesquisas e em meios alternativos de resolução de conflitos.
Nenhum desses mecanismos alternativos, entretanto, têm a eficácia, a aceitação e a tradição da arbitragem, destinadas às grandes causas e às causas de grande complexidade, que têm como virtudes a informalidade, o sigilo, a celeridade, a possibilidade do julgamento por equidade e a especialização dos árbitros." Sávio de Figueiredo. A Arbitragem no Sistema Jurídico Brasileiro. *Revista Jurídica Consulex*, n. 1, p 26/31. jan. 1997.

[242] "Arbitragem
O neutro, na arbitragem, também é consensualmente escolhido pelas partes. Qualquer pessoa capaz e que tenha a confiança das partes poderá ser árbitro. O conflito será resolvido por uma sentença do árbitro (juiz de fato e de direito) que não fica sujeito a recurso ou a homologação pelo Poder Judiciário. O que é arbitragem?
Arbitragem é uma técnica extrajudicial de solução de controvérsias, através da intervenção de uma ou mais pessoas que recebe(m) poderes de uma convenção privada (cláusula ou compromisso arbitral), para proferir uma decisão definitiva e obrigatória para os desavindos.
Trata-se de um mecanismo alternativo para coadjuvar a missão do Estado de distribuição da justiça. Constitui uma via parajurisdicional de solução de desavenças que permite às partes elegerem cidadãos com elas identificados, de livre escolha dentro de seu meio social ou profissional, proporcionando que sejam julgados de acordo com seus próprios princípios e valores. Através da função eminentemente conciliadora, procura-se uma redução de atritos e desgastes, através de uma solução flexível e rápida, visando, acima de tudo, preservar o relacionamento comercial dentre os desavindos." Mediação e Arbitragem Estratégia de Desenvolvimento, 2.ed. Instituto Nacional de Mediação e Arbitragem (INAMA), p. 13-14.

procedimento diverso do sistema anterior estabelecido no Código de Processo Civil, desobrigando a homologação do laudo arbitral. A exigência de homologação recebia inúmeras restrições, porque retirava a celeridade no uso desse instrumento. A crítica tornava-se mais contundente, quando se tratava de um laudo declaratório da vontade das partes e, mesmo assim, era exigida a homologação para ter efeito de sentença, contrariamente de outros países, como a Itália, por exemplo, cuja situação foi superada, com dispensa desse ato homologatório, dando agilidade ao sistema utilizado.[243] Esse requisito permanece no que se refere aos Juizados Especiais, mas no sistema da nova lei de arbitragem não é preciso a intervenção de ato homologatório através do Poder Judiciário, e a própria lei inova e afirma força de sentença, no seu art. 31 para a decisão prolatada pelo árbitro, além de constituir título executivo.

As disposições arbitrais têm causado muito debate na seara jurídica, com discussão sobre validade e repercussões no campo constitucional. São compreensíveis as resistências e objeções ao juízo arbitral instituído, diante do princípio do juízo natural, porque uma regra consagrada de que nenhuma lesão ao direito pode ser excluída da apreciação do Poder Judiciário, conduziria ao raciocínio da inconstitucionalidade pelo afastamento do Judiciário na apreciação da controvérsia. As posições são divergentes a respeito do tema e da argumentação de defesa.

Mesmo respeitando todos os pontos de vista e afirmações sobre tão importante matéria e não querendo aprofundar a discussão, não se pode deixar de referir que são valiosos os objetivos da arbitragem, porque visam a resolver litígios, mormente no campo dos direitos patrimoniais disponíveis. Por outro lado, respeita-se a afirmação de inconstitucionalidade porque a norma do art. 18 da referida lei diz que o árbitro é juiz de fato e de direito e que a sentença independe de recurso ou homologação pelo Poder Judiciário, ferindo o duplo grau de jurisdição.[244] Por sinal, nessa mesma linha de raciocínio há afirmação de que a arbitragem subtrai do Poder Judiciário o controle sobre a aplicação da lei em matéria que envolve o próprio interesse público,[245] constituindo-se num preço muito alto a ser pago pela sociedade em razão da celeridade na solução dos conflitos, com sacrifício

---

[243] Carlos Alberto Carmona. A Crise do Processo e Os Meios Alternativos Para a Solução de Controvérsias. *Revista de Doutrina e Jurisprudência – Tribunal de Justiça do Distrito Federal e dos Territórios*, Brasília, vol.39, p. 70/81, – mai./ago. 1992.

[244] "O Poder Judiciário não aceita e nem precisa partilhar a jurisdição". Antônio Raphael Silva Salvador, *Revista Tribuna da Magistratura*, out. 1996, p. 81-82-e Idem. Lei de Arbitragem: Injustiça e Ofensa à Constituição. *Revista da Tribuna da Magistratura*-Ano 2, n. 4- p. 25/32.

[245] Márcio Oliveira Puggina. Arbitragem ou Jurisdição Privada? *Revista da Ajuris*, Porto Alegre, vol. 69, p. 359-368, mar. 1997.

do princípio da inafastabilidade do controle jurisdicional, com assento no art. 5°, inc. XXV, da Constituição Federal.[246]

De outra banda, há inúmeras manifestações no sentido de não ser menos verdade que a arbitragem é um procedimento onde os litigantes estabelecem um contrato com quem atua como juiz privado, atendendo aos interesses das partes, sobressaindo o compromisso arbitral. Assim, não oferece problemas de validade pela não-homologação judicial, sendo fruto da vontade emanada do Estado, estando colocada à disposição do cidadão e ensejando uma forma alternativa de resolver conflitos.[247]

Esse sistema, por sua vez, tem as características de neutralidade e imparcialidade para decidir um problema, a decisão leva em conta também a eqüidade, diante da análise probatória, conduzindo para uma aceitabilidade e cumprimento do que ficou determinado, como ocorre em outros países.[248] Soma-se a essa argumentação o fato de que há um juízo de conveniência na escolha de um procedimento rápido, com a presença de técnicos no exame do problema, cabendo lembrar que o acesso ao Poder Judiciário sempre estará aberto quando existir nulidade no compromisso firmado ou no laudo arbitral. Assim não há impedimento de acessar o Judiciário, através de ação declaratória, conforme dispõe o art. 33 da lei, ou de embargos à execução, quando necessário, desde que demonstrado ter sido uma decisão que não respeitou a igualdade das partes, ou não seguiu os ditames da Lei de Arbitragem.[249] Essa escolha visa a vencer o crescimento das demandas de causas na Justiça Estatal.

5.2.2. A visão do Judiciário sobre a arbitragem

A opção pela arbitragem não pode ser simplesmente descartada, mormente num país em que tanto se reclama da morosidade da Justiça. É preciso entender as reclamações sobre a essência de uma lei, suas finalidades e a forma como pode ser utilizada. Ninguém desconhece a necessidade de corrigir, quem sabe, alguns pontos, pois é normal esse procedimento, como

---

[246] Carlos Alberto Etcheverry. A Nova Lei de Arbitragem e os Contratos de Adesão Algumas Considerações. *Revista da Ajuris*, Porto Alegre, vol. 69, p. 347/358, mar. 1997.

[247] Luiz Melíbio Uiraçaba Machado. Juízo Arbitral Comentário sobre a Lei n° 9.307/96. *Revista da Ajuris*, Porto Alegre, vol. 69, p. 341/346, mar. 1997.

[248] "Informalidade é a marca oficial do procedimento arbitral. Arbitragens deveriam ocorrer rapidamente e evitar as formalidades das provas. Quase toda a prova é admitida ou considerada pelo árbitro, até mesmo a de testemunho indireto. Geralmente, não são usadas regras de provas. As arbitragens não se realizam no tribunal, os árbitros não vestem togas e não é necessário haver opinião escrita formal contendo razões. O tipo de justiça adquirida através de arbitragem é 'rudimentar e simples' e contrasta muito com um julgamento de litígio no tribunal." Edward Brunet. Solução alternativa de litígios na América no ano 2000. *Revista do Tribunal Regional Federal 4ª Região*, Porto Alegre, n. 34, ano 10, p. 79-96, 1999.

[249] Welber Barral. Arbitragem e seus mitos. *Revista Escola Paulista da Magistratura*, São Paulo, n. 5, ano 2, p. 155, jul./dez. 1998.

ocorre com inúmeros diplomas legais. Justifica-se, pois, o chamamento a todos os operadores do direito para repensar muitos conceitos, revisá-los, objetivando atender a conflitos. Realmente a finalidade da lei são os contratos privados, trazendo benefícios para a sociedade, porque pode ser utilizada para causas complexas e de grande vulto, inclusive contratos internacionais, onde o sigilo é imprescindível. Não significa, todavia, que essa lei não possa também ser usada entre os cidadãos, nas suas causas particulares e desde que haja interesse nesse tipo de solução.[250]

O caminho é de discussão, construindo acertos e corrigindo erros, para que haja aceitabilidade, eficácia nas decisões e aproveitamento das decisões desse sistema. O valor está na simplificação dos procedimentos e na abertura de mais um canal de acesso à Justiça, fugindo da complexidade que dificultava o processamento do instituto Juízo Arbitral no Sistema Processual Civil brasileiro. Hoje, felizmente, já há uma disposição para uma nova cultura na solução rápida dos litígios, e todas as propostas novas, é consabido, tendem a reações até a assimilação pela comunidade jurídica e pela sociedade.[251]

Há uma preocupação muito grande, sem dúvida, com a solução dos conflitos na sociedade, não só relativamente àqueles que ingressam no Poder Judiciário, mas igualmente no que respeita àqueles que podem não chegar ao Judiciário se ocorrerem outras formas alternativas de respostas para as situações que angustiam os cidadãos.

Embora pensemos o Poder Judiciário, no acompanhamento e na solução dos litígios, e propugnemos a idéia de implantar Centros de Conciliação e Mediação, no mesmo espírito dos antigos e pioneiros Conselhos de Conciliação e Arbitramento criados pela AJURIS,[252] já referidos, não afastamos a importância da arbitragem, até entendemos a validade dessa motivação na apreciação de casos envolvendo os direitos disponíveis, no campo do direito contratual, porque facilita a solução de conflitos por instrumentos já utilizados em outros países.[253]

---

250 Eduardo Grebles. Arbitragem nos Contratos Privados. *Revista dos Tribunais*, n. 745, p. 59/66, nov.1997.

251 "Entretanto, os embaraços maiores ao emprego dessa forma alternativa de dirimir conflitos não se prendem às limitações ou inconveniências de ordem legal, em boa parte afastadas pela nova lei. O óbice mais séria- repita-se – é cultural, ligado à ausência de tradição e histórica ao escasso conhecimento do instituto e ao reduzido emprego que se tem feito dele. Faz-se mister um esforço de divulgação e conscientização, sobre tudo nas classes empresariais – usuárias preferenciais da arbitragem, segundo a experiência no Direito Comparado". Adroaldo Furtado Fabrício. O Novo Juízo Arbitral. *Revista dos Juizados*, Porto Alegre, n. 18, p. 24/25.

252 Apody dos Reis. O Processo Das Pequenas Causas – História da Primeira Experiência. *Revista da Ajuris*, Porto Alegre, n. 26, p. 28/35, nov. 1982.

253 Vera Maria Jacob de Fradera. Arbitragem: Justiça Privada de Tipo Liberal e Adequada ao Pós-Modernismo. *Revista dos Juizados Especiais – Doutrina – Jurisprudência*, Porto Alegre, n. 18, dez. 1996.

Não se nega a importância desse instituto, que dá especial conotação à vontade das partes. Em que pesem as dificuldades de aceitação por muitos setores da sociedade jurídica brasileira, como é o caso da discussão em torno do valor da cláusula compromissória estabelecida, a ser usada na ocorrência de um litígio e ainda o compromisso arbitral, como sendo uma convenção autônoma, dentro da técnica de solução de conflitos e presente nessa lei, influi decisivamente no mundo privado dos negócios. A nova idéia de juízo arbitral efetivamente destaca a cláusula compromissória, pois ela mesma tem a condição de afastar a competência do juiz togado e coloca o laudo arbitral no mesmo nível da sentença emanada do Estado.[254]

Um outro ponto a destacar é que na solução dos problemas, a Lei de Arbitragem enseja contar com pareceres de profissionais especializados, em cada matéria discutida e com a possibilidade de dirimir dúvidas perante Tribunais Arbitrais, uma idéia que vem evoluindo no Brasil.[255] É uma lei que pretende se inserir nas grandes discussões do campo comercial e empresarial, inclusive no âmbito internacional, que pelo dinamismo das relações empreendidas, exige rapidez na solução das controvérsias. Essa evolução na cultura jurídica brasileira tem na iniciativa da Fundação Getúlio Vargas, que acrescentou aos seus serviços uma Câmara de Conciliação e Arbitragem, uma forma alternativa na solução de conflitos.

O Poder Judiciário, entretanto, quando solicitado, tem o dever de contribuir para uma maior abrangência do acesso à Justiça, enfrentando e resolvendo algumas dificuldades advindas de procedimentos arbitrais adotados, porque todos os instrumentos que objetivam a ampliação dos canais para o reconhecimento dos direitos dos cidadãos devem ser valorizados.

Essa possibilidade de solução de litígios não significa diminuir as atribuições do Poder Judiciário, que mantém sua área de competência constitucional. Por sinal, quando a arbitragem diz respeito a organismos estran-

---

[254] Carlos Alberto Carmona. A Nova Lei de Arbitragem No Brasil, Mediação e Arbitragem Estratégia e Desenvolvimento. *Revista do Instituto Nacional de Mediação e Arbitragem* (INAMA), 2.ed., p. 126-127.

[255] "Corte de Conciliação e Arbitragem – CCA –, com base na Lei n.º 9.307, de 23 de setembro de 1996, foi criada com o objetivo de garantir a aplicação da Justiça, de forma descentralizada e alternativa, por meio de convênios de cooperação técnica e jurídico-administrativa firmados ente o tribunal de Justiça de Goiás e um órgão classista, sindicato ou associação que ofereça o espaço físico para a Corte. Integra ainda o convênio a Ordem dos Advogados do Brasil, por intermédio de sua seção local. A CCA é dirigida, indistintamente, a pessoas físicas ou jurídicas, seja na capital ou em comarca do interior do Estado.
Constitui objetivo geral das Cortes de Conciliação e Arbitragem a solução de quaisquer pendências judiciais passíveis de transação, sem limite de alçada, via mediação, conciliação e arbitragem, nas dependências da entidade conveniada, sem necessidade de protocolização da controvérsia no fórum local.
A arbitragem na CCA é adotada como uma alternativa para a solução simplificada dos conflitos, de maneira célere, quase informal, discreta, de baixo custo, sigilosa, com grande flexibilidade de forma de procedimento, retirando muitas contendas da Justiça Comum." Vítor Barbosa Lenza. Cortes Arbitrais. *Revista Centro de Estudos Judiciários do Conselho da Justiça Federal*, Brasília, n. 17, p. 58/68, abr./jun. 2002.

geiros, a sentença arbitral, para ter validade no Brasil, sujeita-se à apreciação pelo Supremo Tribunal Federal, com aplicação do que estabelecem os arts. 483 e 484 do CPC, segundo a orientação dos arts. 34, 35 e 36 da Lei nº 9.307/96.

Recentemente, dentro desse enfoque, o Supremo Tribunal Federal, depois de vários anos, apreciou a constitucionalidade da Lei nº 9.307/96,[256] no decorrer de um recurso em que se apreciava o pedido de homologação de um laudo de sentença arbitral proferido na Espanha, visando a repercutir seus afeitos aqui no Brasil.

Embora a concordância em dispensar a homologação do laudo arbitral no país de origem, houve divergência quanto à inconstitucionalidade de alguns dispositivos da Lei nº 9.307/96, posição de um dos integrantes da Suprema Corte, o Ministro Sepúlveda Pertence, no sentido de que o parágrafo único do art. 6º, assim como o art. 7º da referida lei, feriam a Constituição por dificultar o acesso ao Judiciário. Ainda, no entendimento de que a negativa de firmar o compromisso arbitral ensejaria recorrer ao Poder Judiciário para buscar o direito em litígio, e não para que fosse firmado tal compromisso, trazendo, para tanto, a orientação do art. 639 do CPC,[257] salientando a impossibilidade de substituição da vontade da parte numa situação de característica preliminar.

Num outro sentido, a corrente vencedora, no voto do Ministro Carlos Velloso, entendeu que não se constatava nenhuma ofensa à Constituição, porque em se tratando de direitos patrimoniais disponíveis as partes detêm a faculdade de renunciar a seu direito de recorrer à Justiça. Isso significa que a parte interessada pode requerer a proteção de seu direito, para que seja instaurado o compromisso, com o objetivo de ser efetivado o sistema de arbitragem escolhido. Concluiu-se, por maioria de votos, que o inciso XXXV do art. 5º da Constituição Federal representa um direito à ação, e não um dever, então por que as partes renunciarem seu direito de recorrer à Justiça, reafirmando a desnecessidade de homologação do laudo arbitral, pelo Poder Judiciário, em face de disposição expressa na Lei de Arbitragem, rompendo com a tradição do direito brasileiro?[258]

---

[256] No julgamento do Agravo Regimental nº 5.206-8/246, referente à homologação de Sentença Arbitral Estrangeira, oriunda do Reinado da Espanha, caso que chegou no STF em 1995 e tratava de um negócio em que uma empresa estrangeira buscava a homologação de um laudo de sentença arbitral. Com a promulgação da Lei nº 9.307/96, dispensada essa homologação pelo Judiciário, é que, no cerne dessa questão, foi levantada a inconstitucionalidade dos arts. 6º e 7º, sendo afastada, por seis votos a quatro. Essa decisão tem sido considerada como um grande impulso para uma maior efetividade da Arbitragem no Brasil.

[257] "Art. 639. Se aquele que se comprometeu a concluir um contrato não cumprir a obrigação, a outra parte, sendo isso possível e não excluído pelo título, poderá obter uma sentença que produza o mesmo efeito do contrato a ser firmado". BRASIL. Lei nº 5.869, de 11 de janeiro de 1973. Institui o Código de Processo Civil.

[258] Alexandre Freitas Câmara. *Arbitragem. Lei nº 9.307/96*. Rio de Janeiro: Lúmen Juris, 1997, p. 103/106.

O ACESSO À JUSTIÇA E SOLUÇÕES ALTERNATIVAS

Essa decisão representa um voto de confiança nesse novo instituto que objetiva solucionar conflitos jurídicos através de meios que aproximam pessoas com interesses divergentes, tendo um terceiro encarregado de apreciar a causa e decidir, mantendo o equilíbrio das partes na discussão da matéria. O posicionamento da Suprema Corte brasileira veio confirmar que não está afastado o direito de ação de os participantes escolherem um árbitro para resolver uma questão.[259] É um avanço importante essa interpretação quanto à necessidade de homologação de sentença arbitral estrangeira para ser reconhecida no Brasil. É uma valorização do instituto da arbitragem nas relações exteriores, significando admissão de validade da sentença arbitral estrangeira, independentemente de ter havido a homologação judicial no país de origem. Por isso, a decisão do Supremo Tribunal Federal tem um incontestável mérito e coloca o Brasil num patamar de igualdade com outros países, no campo da arbitragem internacional.[260]

Igualmente o Superior Tribunal de Justiça, em decisão proferida pela Terceira Turma, entendeu que se as partes firmaram um contrato com o compromisso de que a resolução das controvérsias seria através do Instituto da Arbitragem, deveria obedecer a essa diretriz. Essa decisão afirmou que, havendo base em cláusula compromissória para conduzir e efetivar o compromisso arbitral, com a recusa, o Judiciário pode determinar a convocação da parte recusante para atender ao compromisso previsto no contrato, conforme dispõe o art. 6º da Lei de Arbitragem, o qual refere o art. 7º da mesma lei, não sendo considerados com respingos inconstitucionais.[261]

Mais uma vez, reafirma-se que a Arbitragem não exclui o exercício do direito de ação, mas se constitui em mais um meio a viabilizar a resolução de controvérsias, sem a necessidade de atuação direta do Poder Judiciário, numa demonstração de que o acesso à Justiça é mais amplo, podendo ser alcançado também por outros caminhos.

Em qualquer transação ou acordo, em que se constate a existência de vício a macular o ato efetivado, o Judiciário pode ser chamado a intervir;

---

[259] José Frederico Marques. *Instituições de Direito Processual Civil*. 3.ed. Rio de Janeiro: Forense, 1971, p. 278, nº 1330. vol. V.

[260] Por ocasião do Seminário sobre Métodos Alternativos de Solução de Conflitos, no Rio de Janeiro, de 10 e 11 de agosto de 2000, conforme se vê nos Anais desse encontro, sob a organização da Confederação Nacional do Comércio, amplamente foram discutidos esses temas de formas alternativas para resolver litígios, e havia, na oportunidade, uma grande expectativa em torno decisão a ser adota pelo STF, conforme se vê da palestra proferida pelo Carlos Maximiliano Mafra de Laet, sobre a Arbitragem internacional e a Lei nº 9.307/96, p. 21/25.

[261] A Compushopping Informática Ltda. e outras microempresas ingressaram com uma ação contra a Americel S.A., porque esta se recusou a aceitar a nomeação de árbitros, conforme cláusula compromissória estabelecida em contrato firmado pelas partes. Tanto no primeiro grau quanto na Terceira Turma Cível do Tribunal de Justiça do Distrito Federal e, por fim, na Terceira Turma do Superior Tribunal de Justiça, no julgamento do Recurso Especial nº 450881, em 14 de abril de 2003, foi entendida a validade do contrato.

assim também, com relação a decisões tomadas no sistema arbitral. Escolher um árbitro para resolver um problema particular representa um ato voluntário das partes para pôr fim a um litígio sobre direitos disponíveis, dentro do princípio da autonomia de não provocar a Jurisdição Estatal, mas de opção por um intermediário. Um destaque, porém, tem sido feito, e é necessário lembrar, quanto à inclusão de cláusula compromissória nos contratos de adesão, diante da restrição prevista no Código de Defesa do Consumidor, art. 51, VII, que poderá ser motivo de alegação de nulidade quando essa disposição, principalmente, se constatada a condição técnico-profissional de um aderente, ou de outro lado, hipossuficiente, caso em que pode ser reconhecido o desequilíbrio no contrato e o conseqüente vício de vontade. Em tal situação, poderá dar ensanchas a afirmativa de nulidade porque imposta e utilizada compulsoriamente a arbitragem.[262]

O Código do Consumidor, como já referimos, é protetivo e estabelece a possibilidade de revisão judicial, tendo no seu bojo a disposição do princípio sobre a boa-fé, não admitindo, portanto, qualquer desigualdade de tratamento. A nova lei de arbitragem não faz referência revogatória da cláusula compromissória, que é considerada abusiva pela lei consumerista. Por isso, continua proibida e pode ser declarada nula.[263] Situações como esta que, por si só, não afastaria a validade do instituto, nem mesmo ensejaria a rediscutir o mérito diante do vício e porque com previsão no sistema legal, para declará-lo nulo de pronto.

Em que pese o valor da arbitragem, como uma forma privada de solução de conflito, há posições contrárias no sentido de que a tendência é fortalecer a Justiça pública, considerando a Justiça privada um retrocesso. É de referir, por outro lado, que há críticas severas a esse sistema privado de justiça, porque ele poder ser usado por pessoas inescrupulosas, com planos e projetos para resolver questões particulares, usando incorretamente esse instrumento alternativo para a solução de conflitos. Essas atitudes são nefastas e criam uma imagem negativa para uma salutar idéia de resolução de conflitos.[264] Esses problemas, porém, não são apanágios só desse

---

[262] Demócrito Ramos Reinaldo Filho. Aspectos do Instituto da Arbitragem. *Revista dos Tribunais*, São Paulo, n. 743, p. 64/73, set. 1997.

[263] Antonio Junqueira de Azevedo. A Arbitragem e o Direito do Consumidor. *Revista In Verbis do Instituto dos Magistrados do Brasil,* n. 10, ano 02, p. 18/20, nov./dez. 1997.

[264] "Tribunal de Justiça do Rio de Janeiro apreende carteira falsa de juiz arbitral". A Corregedoria-Geral de TJRJ encaminhou à Procuradoria-Geral do Estado uma carteira falsa de Juiz emitida por um Tribunal Arbitral. Essa carteira foi apreendida com um advogado que pretendia retirar autos de um processo em carga. A carteira emitida pelo denominado Tribunal de Justiça Arbitral continha o brasão da República e cores da bandeira do Brasil, muito semelhante à utilizada pelos juízes estaduais concursados. Na mesma notícia a referencia de que numa outra ocorrência o órgão especial do TJRS apurou que esse tipo de documento tem sido objeto de negócio por até R$ 10 mil reais, nos Estados de Minas Gerais e Espírito Santo". Karina Hermesindo, TJRJ apreende carteira de juiz arbitral. *Valor Econômico.* São Paulo, 21/fev. 2002.

sistema, pois aqui e acolá surgem fatos negativos que deslustram segmentos do Poder Judiciário e nem com isso se afasta o respeito e a credibilidade da instituição. Os casos precisam ser analisados e não se pode concluir, por situações isoladas, que um órgão ou uma organização esteja desacreditada.

Assim como a arbitragem não impede o acesso ao Poder Judiciário, este também tem meios para dirimir conflitos com maior celeridade e presteza, como é o caso dos Juizados Especiais, que, por sinal, também contemplam um sistema de arbitramento.

5.2.3. Sistema de arbitramento nos Juizados Especiais

O objetivo do trabalho é no sentido de afirmar uma posição de defesa sobre a importância do diálogo, da conversação, da troca de idéias, na proposta de Centros de Conciliação e Mediação, constituindo-se como postos avançados da Justiça, contando com a participação efetiva de integrantes das comunidades em todos os lugares possíveis. Também pensamos na implantação desses Juizados com o mesmo objetivo, junto às comarcas e varas, em salas próprias e visando a uma Justiça consensual.

O arbitramento, que tem base no princípio da eqüidade, no julgamento de alguém especializado, visa a atender os fins sociais da lei e os interesses voltados ao bem comum. Essa forma alternativa de resolver conflitos tem a diretriz inspiradora dos Juizados de Pequenas Causas, sendo incrementada e coordenada pelo Poder Judiciário.

O Sistema Arbitral é uma instituição antiga e que fora inserida na ordem jurídico processual brasileira há muito tempo, sem uma atuação mais efetiva no campo jurisdicional. Uma série de razões, principalmente a falta de costume e uma rotina de atos procedimentais com relativa complexidade, desde o compromisso arbitral até a posterior homologação do laudo realizado, sem falar nas despesas com o trabalho técnico, contribuíram para o seu esquecimento e exclusão.

A Lei nº 9.307, de 23.09.96, trouxe uma nova fisionomia sobre a história da arbitragem no Brasil, substituindo conceitos e estabelecendo novos parâmetros de uma convenção de arbitragem. Deu-se, é verdade, destaque e respeito à vontade das partes, com intuito de viabilizar um maior acesso à Justiça. Com o novo diploma legal, acirraram-se as discussões em torno do valor dessa novidade, até porque o Brasil sempre teve resistências a essa forma de solução de conflitos, quem sabe fruto da cultura herdada do Direito lusitano, e o arraigado apego ao excessivo formalismo da legislação.

A dificuldade em aceitar inovações no campo da informalidade e objetividade dos procedimentos tem fortes justificativas. A realidade social afasta o individualismo e exige um Judiciário mais ativo e participante, não podendo, assim, sem maiores considerações, simplesmente se opor a meios alternativos para a solução dos conflitos. Nesse sentido, a arbitragem precisa ser avaliada e valorizada.[265]

A morosidade da Justiça e a discussão sobre a facilidade de acesso aos serviços judiciários, conduz a formas alternativas na solução de conflitos; justificadamente, a discussão sobre a presença de uma Justiça privada, no objetivo de resolver conflitos, tem despertado a atenção de juristas e aplicadores da lei, como é o caso da primeira mulher que assumiu como Ministra no Superior Tribunal de Justiça[266] ao ser questionada sobre o Judiciário brasileiro e alternativas para agilizar a Justiça, respondeu:

> Acho muito benéfico. Tenho a convicção de que o mundo está caminhando no sentido de ter um Poder Judiciário minimizado. Tenho essa opinião a partir da observação que faço de países da *common low*, de origem inglesa. As partes em conflito podem eleger um árbitro de confiança, que solucione o impasse. Se, por acaso, não houver satisfação quanto à solução, aí sim, recorre-se ao Estado. Isto está sendo muito comum, as chamadas soluções alternativas de conflito. Há diversos mecanismos, como o Juízo Arbitral, que você citou, a Mediação e a Conciliação. É o que há de mais moderno em termos de Direito. O Juízo Arbitral é uma parte dessas soluções dadas a grandes conflitos na área econômica. A mobilidade do capital cresceu, graças à agilidade dos meios de comunicação. Como pode este capital ficar atrelado a um Poder Judiciário demorado, paquidérmico e ultrapassado? Nos Estados Unidos, por exemplo, em grande parte dos casos os conflitos são solucionados fora do Judiciário, mas este fica na retaguarda, pois, se não houver solução, as pessoas podem recorrer a ele. Em quase todos os estados dos EUA estão sendo imputadas pesadas multas àqueles que tiverem recorrido ao Judiciário e este tiver apresentado a mesma decisão que o juiz arbitral, mediador ou conciliador. Na visão deles, significa que a Justiça foi acionada desnecessariamente. Eu acho que no Brasil deveríamos proceder assim, mas agimos exatamente ao contrário.

O Poder Judiciário precisa permanentemente estar atento para o desenvolvimento da sociedade e dos anseios do povo e, sem dúvida a lei das pequenas causas de 1984 inovou profundamente o campo processual civil, ensejando maior acesso à Justiça. Esse inovador sistema deu mais confiança ao Judiciário, porque começou a ser organizado para encontrar soluções para os litígios, fortalecendo a idéia de uma Justiça consensual. Criou-se a possibilidade de ser apresentado o pedido da parte de forma simplificada e informal e, na audiência, com oportunidade do acordo; e, num segundo momento, a efetivação de um arbitramento. O sistema realmente avançou em matéria de resolução dos problemas, como nova forma de enfrentar as questões, prestigiando a pessoa e respeitando o princípio da oralidade, com a prevalência da comunicação entre as partes.[267]

---

[265] Sálvio de Figueiredo Teixeira. Arbitragem como meio de Solução de Conflitos no Âmbito do Mercosul a Imprescindibilidade da Corte Comunitária. *Revista Jurídica,* Editora Síntese, p. 15/29.

[266] A posse da Ministra Eliana Calmon Alves, como primeira mulher no Superior Tribunal de Justiça, ocorreu em 30 de junho de 1999. Entrevista concedida à *Revista Consulex,* Ano III, n. 32, ago. 1999, p. 7.

[267] Moacyr Amaral dos Santos. *Primeiras Linhas de Direito Processual Civil.* 17.ed. São Paulo: Saraiva, 1995. 2º vol, p. 87-88.

Essa nova visão de julgamento de uma causa, com um procedimento diferenciado, destacando a informalidade, não representava ofender o devido processo legal e nem ferir a imparcialidade do juiz, conquista de um processo democrático, mas sim, de dinamizar a prestação jurisdicional, agilizar o processo, apresentar uma Justiça tão séria quanto rápida.[268] Na verdade, um novo enfoque para o acesso ao Judiciário, porque estava dispensando a exigência de petição inicial formalizada, proporcionando economia de tempo, com a possibilidade de um árbitro colocado à disposição pelo Judiciário para a composição do conflito. Justiça direta e democrática.[269]

O arbitramento estabelecido no Sistema dos Juizados Especiais e de Pequenas Causas é uma linha alternativa, para o caso de resultar frustrada a conciliação, tornar possível a escolha de uma terceira pessoa que, através de um laudo arbitral devidamente homologado,[270] irá solucionar a questão existente. Essa forma de arbitramento surgiu no mundo jurídico em 1984, significando um avanço e um aviso na área processual, diante da dificuldade dos operadores do direito em colocar em prática o sistema de arbitragem vigente e previsto no Código de Processo Civil. O sistema de arbitramento também não foi devidamente utilizado e do que se colhe da experiência nos Juizados, mesmo depois da previsão nos arts. 24, 25 e 26 da nova Lei dos Juizados Especiais. Pode-se afirmar sobre a resistência para a aceitação desse regime arbitral, pelo número inexpressivo de laudos, não só aqui no Rio Grande do Sul, mas também em outros Estados. Essa dificuldade é fruto da falta de uma cultura, na vida forense, de aceitação de um sistema arbitral judicializado, tanto que o anterior Código de Processo Civil de 1939 já contemplava o juízo arbitral e o de 1973, reafirmou o mesmo instituto, cujas disposições foram revogadas pela denominada Lei de Arbitragem.

Em que pese a superveniência da Lei nº 9.037/96, é de ser entendido que esta não aboliu o arbitramento previsto no Sistema dos Juizados, mas é do conhecimento a dificuldade de convencer sobre sua prática, quem sabe, até, porque inviável eventual recurso e, por isso, a opção, desde logo, pela

---

[268] Cândido R. Dinamarco. Princípios e Critérios no Processo das Pequenas Causas. *In*, WATANABE, Kazuo [*et al.*] (Coord.). *Juizado Especial de Pequenas Causas*. São Paulo: Revista dos Tribunais, 1985, p. 103.

[269] "O juiz de nossa época já não opera maquinalmente silogismos sentenciais, os entinemas da antiga retórica, como no início do século; já não se perde na pura preocupação das disquisições teóricas e dos ornamentos culturais em seus trabalhos, como na geração precedente, pois, embora domine a doutrina e jurisprudência sabe do seu objetivo principal de realizar justiça eficiente.
O Juiz já não vê a lei como regra quase divina, carregada de impessoalidade, tem, sim, na leia garantia do cidadão e, por isso mesmo, busca a referência constitucional adapta-a ao seu tempo e às condições humanas dos conflitos interpessoais, faz respeitar os verdadeiros valores sociais." Milton dos Santos Martins. Judiciário Hoje. *Revista da AJURIS*, Porto Alegre, vol., n. 69, p. 12/15, mar. 1997.

[270] Cândido R. Dinamarco.. Princípios e Critérios no Processo das Pequenas Causas. *In*, WATANABE, Kazuo [et al.] (Coord.). *Juizado Especial de Pequenas Causas*. São Paulo: Revista dos Tribunais, 1985. p. 113.

audiência de instrução e julgamento. Essa posição tem razoabilidade, porque o arbitramento dos Juizados Especiais estabelece um limite para causas que se enquadrem no parâmetro dos princípios estabelecidos nesse sistema, enquanto a nova lei de arbitragem tem a pretensão, e é o seu objetivo, alcançar também interesses maiores, em todos os campos, encontrando árbitros,[271] técnicos e profissionais especializados escolhidos pelas partes, que possam colocar fim ao litígio.

5.2.4. Vantagens e desvantagens do juízo arbitral

Um dos pontos que se destaca no sistema de arbitragem é de se constituir numa ligação entre as partes, quando mesmo não tendo sido possível uma conciliação, restaram referências e pontos de vista que podem se entrelaçar e contribuir para a solução do litígio. A presença de uma terceira pessoa, escolhida pelos envolvidos, representa a conexão necessária para encontrar o caminho da ordem e da paz, porque entra em cena o princípio da confiança, imprescindível para a segurança de uma futura decisão.[272]

Toda alternativa que seja válida e siga o caminho da mais rápida solução de conflitos entre os cidadãos é de ser respeitada e devidamente valorizada.[273] A arbitragem é uma dessas viabilidades, porque atingirá determinados segmentos da sociedade, com seus problemas e situações peculiares, dando uma solução a litígios, que, normalmente, não baterão às portas do Judiciário. Assim, não será afetada a prestação jurisdicional tradicional, mas, pelo contrário, essa prática estará ajudando evitar um maior acúmulo de processos, e o crescimento da insatisfação pela ausência de distribuição da Justiça.

---

[271] Joel Dias Figueira Júnior e outro. *Comentários À Lei dos Juizados Especiais Cíveis e Criminais.* 3.ed. São Paulo: Revista dos Tribunais, 2000.

[272] "Aliás, a jurisdição arbitral é um foro privilegiado e propício para a composição amigável ou para a convergência dos esforços dos litigantes no sentido de alcançarem rapidamente – sem descurar dos valores maiores que são a segurança e a justiça da decisão – a solução final da lide, tendo em vista que, quase sempre, ambos têm interesse na resolução do conflito que, não raras vezes, envolve quantias vultosas de dinheiro, com inúmeros efeitos diretos e reflexos.
Assim, desde que feita a opção adequada pela jurisdição arbitral, não vislumbramos propriamente nenhuma desvantagem que possa advir desta escolha. Em outros termos, por exemplo, não se pode falar em desvantagem ou prejuízo decorrente da irrecorribilidade das decisões arbitrais, quando foram as partes, previamente e em comum acordo, que excluíram do Poder Judiciário o conhecimento do conflito, justamente, e dentre outras razões, porque não desejavam ver a pendenga eternizando-se com a prodigalidade dos recursos colocados à disposição dos jurisdicionados no sistema processual tradicional." Joel Dias Figueira Júnior. *Arbitragem, Jurisdição e Execução.* São Paulo: Revista dos Tribunais, 1999, p. 103-104.

[273] Na recente discussão de Reforma do Poder Judiciário, um dos textos constituiu a Emenda Constitucional nº 45/2004, já promulgada, e um outro texto teve de retornar à Câmara dos Deputados para apreciação, e nele está inserida que o Juízo Arbitral poderá ser utilizado na solução dos conflitos entre órgãos públicos ou deles com empresas, na forma da lei, sem a interferência da Justiça, o que demonstra a importância desse instituto como alternativa na resolução dos conflitos.

É uma forma de ajudar na distribuição da Justiça. O Poder Judiciário deve modernizar-se, adaptar-se aos novos tempos, precisa rever seus métodos de administração da justiça, buscando novos meios, encontrando outros instrumentos que viabilizem chegar próximo do cidadão e resolver os problemas que o afligem. Por isso, a arbitragem deve ser valorizada como instrumento extrajudicial de valor na área privada, para enfrentar os litígios sem ingerência do Poder estatal. Não há dúvida, pelo público que atinge, e pela discussão dos direitos que irá efetivar, que tem um grande papel dentro da sociedade e na administração de um maior acesso à Justiça. A mudança de mentalidade fará repensar o direito, e acreditar que é preciso investir em outras formas de distribuir a justiça e se a arbitragem está hoje revestida de um conceito novo e com novos propósitos, é importante que se aposte nessa idéia como alternativa válida a cooperar na solução de conflitos. Igual raciocínio deve ser feito com relação ao arbitramento presente no Sistema dos Juizados Especiais, em que as partes têm à disposição, naquelas causas de direito disponível.

É uma possibilidade concreta, para resolver litígios, porque há aproximação na audiência conciliatória, e conhecendo os pontos divergentes, o árbitro escolhido, dentre os juízes leigos colocados pela instituição do Judiciário, buscar uma forma rápida, econômica, simples e com objetividade, para uma solução de problema que atenda aos interesses das partes.

Essa escolha, além da indicação de permitir a um profissional habilitado,[274] deve estar integrada no espírito dos Juizados Especiais, para poder conduzir a instrução e dirigir uma solução que atenda aos fins sociais da lei e ao interesse comum das partes. Significa dizer, fará uma interpretação aberta e sistêmica de tudo que envolva a questão a ser decidida pela opção arbitral, ciente de que o princípio da eqüidade é guia para a justiça da decisão. Essa fase de arbitramento na condução do processo no campo dos Juizados torna mais democrático o Poder Judiciário, porque continua num ambiente de diálogo com as partes, colhendo as provas e ensejando que, a qualquer momento, possa resultar em conciliação.[275] Por isso, a defesa que fazemos, de que o permanente diálogo, e a presença da Instituição do Judiciário é de uma importância extraordinária na solução dos litígios. Não pode

---

[274] Para ser juiz leigo, segundo o art. 7º da Lei 9.099/95, é preciso ser advogado com cinco anos de experiência, e atuam como auxiliares da Justiça.

[275] Temos a experiência pessoal, pois quando na jurisdição do 2º Juizado Especial e das Pequenas Causas em Porto Alegre, sempre incentivávamos o arbitramento, quando a conciliação se apresentava um pouco difícil; e, muitas vezes, já instaurado o arbitramento, as partes, em contado com o árbitro, tomando conhecimento de alguns pontos que estavam obscuros, inclusive informados da inexistência de recurso sobre a decisão homologatória do laudo, e a explicação de que o acordo, mesmo cedendo alguma coisa, depois de outros dados informativos colhidos, era mais vantajoso para a boa convivência, levava a terminarem a causa pela conciliação.

o condutor de um processo apegar-se ao exagero do formalismo, principalmente quem atua no Sistema dos Juizados Especiais, pois, precisa ter uma mentalidade sempre pronta para inovar na busca de uma solução justa, como diz o respeitado Professor Dalmo de Abreu Dallari:[276]

> É indispensável essa reforma de mentalidade para que o sistema judiciário não seja, como denunciou Marcel Camus, 'uma forma legal de promover injustiças'. O excesso de apego à legalidade formal pretende, consciente ou inconscientemente, que as pessoas sirvam à lei invertendo a proposição razoável e lógica segundo a qual as leis são instrumentos da humanidade e com tais devem basear-se na realidade social e serem conformes a esta. Do mesmo modo, a valorização exagerada de autores e doutrinas, característica de um das expressões do racionalismo do século dezenove, denominada 'dogmatismo', induz a contradição semelhante, pois pretende que a pessoa humana se adapte à racionalidade intelectual, mesmo que isso represente uma agressão às pessoas reais e concretas. Ao contrário dessas distorções, os juízes e todo o aparato judiciário devem atuar visando proteger e beneficiar a pessoa humana, procurando assegurar a justiça nas relações entre as pessoas e os grupos sociais.

Os serviços judiciários devem ser facilitados para o cidadão, e os Juizados Especiais, sabidamente, contribuem para a realização da justiça, atendendo efetivamente o cidadão em todas as causas, milhares delas pequenas economicamente, mas de incomensurável valor na relação de cidadania. Nessa concepção de justiça presente é que sempre defendemos a descentralização dos serviços da Justiça para levá-los mais próximo do cidadão. O Sistema dos Juizados Especiais, instituído na Constituição Federal de 1988, orienta no sentido da simplicidade e desburocratização dos procedimentos, dentro de uma tendência do Direito Processual Contemporâneo, possibilitando melhor compreensão, pelo leigo, com efetiva preocupação com a economia de tempo, dinheiro e com a rapidez da prestação jurisdicional.

Um expressivo percentual de causas cíveis tem sido resolvido no momento da primeira audiência de conciliação, em que as partes, de maneira informal e numa discussão saudável, já se encaminham à solução do problema existente. Por outro lado, a participação da comunidade jurídica, com a presença fundamental de conciliadores e juízes leigos num trabalho honorário e desprendido em favor da Justiça, representa uma elogiosa experiência em que são vivenciadas formas alternativas de prestação jurisdicional e, com sucesso, igualmente, em outros países.[277] A prática, no universo brasileiro, deu vazão a essa característica, fazendo sobressair uma

---

[276] Dalmo de Abreu Dallari. O legalismo expulsou a justiça. *Caderno da Associação dos Juízes para a Democracia*, n. 12, abr. 1998, p. 3.
[277] João Geraldo Piquet Carneiro. Juizado Especial de Pequenas Causas, Análise da Estruturação e do Funcionamento do Juizado de Pequenas Causas da Cidade de Nova Iorque. *In*, WATANABE, Kazuo [*et al.*] (Coord.). *Juizado Especial de Pequenas Causas*. São Paulo: Revista dos Tribunais, 1985, p. 24-36.

política de combate ao formalismo exagerado de ritos e formas, objetivando até a abolição dos autos.[278]

Nos Juizados Especiais, a gratuidade apresenta-se como um benefício para a parte. Primeiramente, é princípio consagrado nesse Sistema e, em segundo lugar, porque o pagamento de um profissional oneraria as partes interessadas. Em razão disso, somente os juízes leigos podem ser árbitros. Essa situação pode ensejar uma solução para um problema que exige determinada condição técnica e que a pessoa escolhida, dentre as indicadas, pode não estar devidamente preparada para o mister de árbitro.

O Poder Judiciário pode, muito bem, disponibilizar meios materiais e pessoais com determinada qualificação para a realização de um trabalho técnico no campo do arbitramento. Pode, também, para amenizar essa desvantagem, formar um grupo de profissionais que se disponham a realizar determinados pareceres, no sentido de solução e litígios nos Juizados. Todos esses fatores, essas idéias, encontram, de certa forma, uma barreira no Sistema que se orienta pela gratuidade, mas desenvolve uma atividade de arbitragem, que se caracteriza, em princípio, por não ser estatal, mas é patrocinada pelo Estado. Ademais, restringe-se a opcionalidade pelo Sistema Arbitral, porque a escolha das partes, para indicar um árbitro, limita-se ao corpo de juízes leigos que integram os Juizados Especiais. Essa circunstância, igualmente, acaba dificultando a escolha do trabalho arbitral. Soma-se, a marca de irrecorribilidade, como mais um obstáculo a ser vencido, uma vez que as partes têm, no próprio Sistema, uma outra etapa, que é a instrução e julgamento, conduzida também por juiz leigo, cuja decisão é recorrível.[279]

Uma outra razão para que as partes não indiquem o Sistema Arbitral dos Juizados é porque há uma falta de cultura quanto a essa forma alternativa de solução de conflitos, assim como pelo desconhecimento do seu real valor e também pela falta de estrutura para sua efetivação.

Relativamente ao Sistema de Arbitragem fora do âmbito do Judiciário, há vantagens que são propagadas e afirmadas pela característica da celeridade, acrescentando-se a natureza reservada desse instituto que, por sinal, se destina à solução de controvérsias de maior complexidade, quer quanto a fatos, quer quanto a aspectos jurídicos. O sentido confidencial do conteúdo da arbitragem circunscreve-se às partes e aos árbitros, esses sob a responsabilidade do sigilo profissional, diferentemente, portanto, do procedimento adotado nos Juizados.[280]

---

[278] Ada Pellegrini Grinover. *Novas Tendências do Direito Processual de Acordo com a Constituição de 1988*. Rio de Janeiro: Forense Universitária, 1990, p. 184 e 187.

[279] Joel Dias Figueira Júnior. *Arbitragem, Jurisdição e Execução*. São Paulo: Revista dos Tribunais, 1999, p. 146/147.

[280] Carlos Alberto Carmona. *Arbitragem e Processo: Um comentário à Lei nº 9.0307/96*. São Paulo: Malheiros, 1998. 361p.

Todo Sistema Arbitral, que é um dos instrumentos juntamente com a conciliação e a mediação de solução de conflitos, prima pela presença de um terceiro imparcial, como já dito, e, daí, a cultura dos árbitros e tribunais em se pautarem para um resultado que apresente a paz e o entendimento entre as partes em litígio.[281]

---

[281] Joel Dias Figueira Júnior. Op, cit., p. 102/014.

6. Formas alternativas à realização do direito diante do quadro atual do modelo tradicional

6.1. A pretensão de substituição do Judiciário

A solução de conflitos pode ter um caminho judicial ou mesmo extra-judicial. O primeiro, como já visto, tem despertado a preocupação quanto ao excessivo número de processos e a morosidade na entrega jurisdicional. Por isso, nesse campo, as reformas processuais com a simplificação dos procedimentos, a reestruturação do Poder Judiciário, visando à aproximação dos cidadãos aos serviços prestados, com intuito de melhorar o acesso à Justiça. Nessa linha de pensamento, está o de propiciar meios para audiências preliminares à composição mais rápida do litígio, assim como a extensão e descentralização dos serviços da Justiça, com efetiva presença em locais determinados por uma pauta de atendimento, seja no âmbito urbano, seja rural.

A segunda possibilidade de resolver os conflitos é na área extrajudicial, com a precípua finalidade de evitar que uma relação conflituosa se torne uma lide discutida em juízo, com todos os problemas dela resultantes na resistência judicializada e que conduz a desgastes e incomodações intermináveis na vida das partes. Nessa via extrajudicial, vai preponderar o interesse dos envolvidos. Nesse terreno é que sentimos a importância de o Poder Judiciário não ficar alheio e nem se tornar estranho ao desfecho do conflito, propiciando uma negociação diretamente pelas partes, contando, para tanto, com a participação de profissionais na área do direito, com a presença de um terceiro com vontade deliberada de resolver o problema.

Foi muito discutida, por ocasião do II Fórum Mundial de Juízes, a idéia de uma solução mais rápida dos conflitos e, nesse sentido o festejado e consagrado sociólogo português, Boaventura de Souza Santos, quando na conferência proferida, fez afirmativas no sentido de que os magistrados poderiam ser substituídos por outros profissionais, como psicólogos, e sociólogos que poderiam, tendo algum conhecimento jurídico, resolver em melhores condições determinados conflitos.[282]

A referência à palavra "substituir" não tem, pensamos, a conotação que num primeiro momento se pretendeu dar, pois, parece-nos, e é dessa forma que queremos entender, de poder contar com certos profissionais, em razão de serem possuidores de especialização e formação técnica, participando como intermediários na solução dos conflitos. Contribuiriam para uma mediação em causas em que fossem chamados a colaborar, normalmente nas mais simples, propiciando uma solução amigável. As causas em que a matéria fosse mais controvertida e na área do direito, ficariam com os magistrados. Ora, a proposta, ou diremos, a idéia lançada precisa ser vista sob a ótica de quem a apresentou e dentro de uma cultura européia onde convive e tem ativa participação no mundo sociojurídico. Podemos concordar com facetas desse ideário, porque o tema, de alguma forma, se insere na pretensão desse trabalho, qual seja, de contar com profissionais de outras áreas para se somarem ao Judiciário, auxiliarem os juízes e os operadores do Direito.

Essa participação, porém, deve ficar sob a coordenação do Poder Judiciário, como instituição organizada e com delegação do Poder Estatal para a distribuição da Justiça. Por outro lado, ninguém coloca em dúvida que há necessidade de remodelar o pensamento, modernizar os Códigos e encontrar alternativas para melhorar o acesso à Justiça. Nesse contexto é que teve impacto positivo a discussão de tão importante matéria, posto que trata de Justiça, e esta interessa a todos.

Não se pode pretender a exclusão do Poder Judiciário, mas sim pensar na colaboração de profissionais habilitados a cooperar, decisivamente, na agilização dos processos. Não é criando uma Justiça privada e substituindo a estatal que se vai encontrar um caminho balizador para os problemas que entravam um melhor atendimento da população. Pensamos na organização de mecanismos de solução rápida dos litígios, com implantação de instrumentos de conciliação e mediação, como alternativas supervisionadas pelo Judiciário, que tem a experiência na realização da Justiça.

É preciso ter a consciência de que o direito pode atuar no sentido mais amplo possível, e que os cidadãos, na medida que vão sendo informados sobre o que é certo e errado, vão buscando o amparo dos seus interesses para restabelecer uma verdade sobre fatos ocorridos e situações que tenham por injustas. Dessa forma, o Poder Judiciário deve abraçar toda a iniciativa que objetive uma solução mais rápida do litígio, atuando de forma efetiva para que o direito seja aplicado, e a paz social, restabelecida. O ideal é ter

---

[282] SOCIÓLOGO sugere substituição de juízes para agilizar processos. *Jornal Zero Hora*, Porto Alegre, 21 jan. 2003, p. 8.

todas as alternativas sob a Instituição do Poder Judiciário, mas não afastar, e sim apoiar os movimentos que visem à solução de conflitos no campo extrajudicial, porque o conceito de acesso à Justiça não é exclusividade do Poder Judiciário.

O Judiciário não pode olvidar essa realidade, precisa se engajar nessa luta. O Sistema dos Juizados Especiais é uma sinalização que visa a abraçar todos os campos de atuação do direito reclamado pelas pessoas. O acesso à Justiça é uma preocupação que está presente em todos os povos mais distantes ou mais próximos de nós. Por isso, os mecanismos que se somam no acolhimento de um direito ferido devem ter apoio e incentivo, porque a via judicial deve ser a última a ser buscada, dando preferência à escolha que propicie maior efetividade no atendimento do direito.[283]

Criar condições para acordos extrajudiciais, com setores e órgãos encarregados de aproximar as pessoas, mas, sob a supervisão do Poder Judiciário, é uma conseqüência natural, porque presente em todas as comarcas, podendo chegar, também, em municípios que não tenham serviços judiciais instalados. Esse poderia evitar que se avolumem os processos judiciais, e que a justiça se efetive de forma mais rápida, simples, sem precisar percorrer os longos, tortuosos, complexos e difíceis caminhos de uma via tradicional do andamento do processo, por sinal, uma tendência moderna do direito.[284]

---

[283] "El auspicio de la implementación de ciertos mecanismos alternativos para la solución de los conflictos, que se sustenta igualmente en razones que hacen al costo del servicio judicial. El desemboque jurisdiccional – que, desde luego, resulta imprescindible – debe pasar a erigirse en la *vía última*, a la que se arriba recién al cabo de la eventual frustración de otras, que se ofrecen a los justiciables con evidentes ventajas para sus intereses (menos o inexistente costo, mayor celeridad, informalidad). Debe preverse, entonces, un escalonamiento de 'instancias', insertas *dentro de la órbita del órgano jurisdiccional*, que garantice los acuerdos a través de su homologación. Una primera *conciliatoria*, obligatoria para todos los conflictos; en subsidio, otra *arbitral* voluntaria; solo el tránsito infructuoso por aquella y la declinatoria de ésta habilitan el conocimiento judicial.
Otra idea no desdeñable consiste en organizar tales modos alternativos con la intervención de las comunas y las asociaciones de abogados y de magistrados. Para éstos implicaría asumir roles diversos de los tradicionales, que constituyen un significativo aporte al bien común a través del perfeccionamiento de la justicia, en una vía participativa en general inédita." Roberto O. Berizonce. Algunos Obstáculos Al Acceso A La Justicia, *Revista dos Tribunais*, São Paulo, v. 68, p. 67/85, out./dez 1992.
[284] "O conjunto dos modernos estudos sobre a conciliação prévia extrajudicial evidencia claramente sua função, que se desdobra em diversos aspectos, dentre os quais os mais relevantes são: a) *a recuperação de controvérsias*, que permaneceriam sem solução na sociedade contemporânea, sobretudo no campo da denominada 'justiça menor', em matéria de tutela do consumidor, de acidentes de trânsito, de questões de vizinhança e de família, das ligadas ao crédito etc.; b) *a racionalização da distribuição da justiça*, com a conseqüente *desobstrução dos tribunais*, pela atribuição da solução de certas controvérsias a instrumentos de mediação, ainda que facultativos; c) o reativar-se *de formas de participação* do corpo social na administração da justiça; d) a mais adequada informação do cidadão sobre os próprios direitos e sua *orientação jurídica*, elementos políticos de particular importância na conscientização das pessoas carentes. Tudo, aliado à convicção de que o método contencioso de solução das controvérsias não é o mais apropriado para certos tipos de conflitos, indicando a necessidade de atentar para os problemas sociais que estão à base da litigiosidade, mais do que aos meros sintomas que revela a existência desses problemas." Ada Pellegrini Grinover. *Novas tendências do direito processual*. Rio de Janeiro: Forense Universitária, 1990, p. 191.

A conciliação, assim como a mediação, são meios eficazes que objetivam a transação, porque a mediação promove a aproximação das partes e propicia que elas mesmas consigam interagir, e a conciliação conduz a uma conversação. Sublinha-se, nas duas propostas, o cuidado de uma linha imparcial, eliminando dificuldades, propondo saídas, buscando, enfim, aparar arestas e chegar a um denominador comum, tornar satisfeitas e felizes as partes envolvidas.

A participação de juízes leigos, conciliadores, mediadores, juízes de paz e de colaboradores espontâneos representa o desejo de paz.[285] Uma nova realidade é o que se constata num mundo permanentemente em transformação, com problemas crescendo desmedidamente, e as dificuldades se apresentando cada vez mais complexas a exigir soluções através de novas alternativas na aplicação imediata do direito, procedimentos simplificados, com custo compatível ao acesso pleno a uma Justiça eficaz, atendendo, enfim, aos interesses e às expectativas da sociedade.[286] Uma nova concepção de justiça, realmente, marca uma linha divisória na afirmação e no desenvolvimento do princípio constitucional do mais amplo acesso à Justiça.

Os critérios de informalidade e oralidade, que sempre orientaram o Sistema dos Juizados de Pequenas Causas, continuam sendo uma diretriz fundamental de atuação. No julgamento das causas, quer em nosso Estado, em nosso País e, como se sabe, em outras partes do mundo, esse ideal de Justiça rápida tem sido eficazmente utilizado,[287] sendo a conciliação, com certeza, mola propulsora e referencial de alto valor para fazer frente à crise

---

[285] "A principal missão do Poder Judiciário na área cível é pacificar as pessoas assim tornar suas vidas mais felizes. Esta pacificação não é realizada apenas pelos juízes, mas também pelo cidadão comum exercendo funções de conciliador.
Espera-se do juiz e do conciliador que eles tenham consciência da sua nobre função de pacificadores e a exerçam com bom-senso e respeito à Constituição e às leis constitucionais". Eurípedes Gomes Faim Filho. Manual do Conciliador do Juizado Especial Cível. *Tribuna de Magistratura*, Caderno de Doutrina, n. 265, p. 1, nov./dez. 1997.

[286] "A resposta do processualismo brasileiro ao desafio criado pela crise da Justiça civil desenvolveu-se em duas vertentes: a jurisdicional e a extrajudicial.
Utilizando terminologia que, embora qualificada como 'não entusiasmante', é hoje tranqüilamente aceita por sociólogos e antropólogos e adotada pelos juristas, pode-se falar em 'deformalização' das controvérsias.
Todavia, o termo há de ser utilizado em duas distintas acepções: de um lado, a deformalização do próprio processo, utilizando-se a técnica processual em busca de um processo mais simples, rápido, econômico, de acesso fácil e direto, apto a solucionar com eficiência tipos particulares de conflitos de interesses. De outro lado, a deformalização das controvérsias, buscando para elas, de acordo com sua natureza, equivalentes jurisdicionais, como vias alternativas ao processo, capazes de evitá-lo, para solucioná-lo mediante instrumentos institucionalizados de mediação. A deformalização do processo insere-se, portanto, no filão jurisdicional, enquanto a deformalização das controvérsias utiliza-se de meios extrajudiciais." Ada Pellegrini Grinover. *Novas Tendências do Direito Processual*. Op. cit., p. 179.

[287] Esse Sistema de Juizados de Pequenas Causas, hoje denominado no Brasil de Juizados Especiais, é uma forma utilizada em muitos países com o objetivo de resolver conflitos que ocorrem na sociedade considerados com condição de pequenas demandas, mas que se não atendidas podem resultar em situações conflituosas maiores e mais complexas para o seio social, como várias vezes já referimos.

da morosidade que tem afetado o sistema comum de aplicação do direito e de distribuição da justiça.

A mediação e a conciliação podem ser desenvolvidas e colocadas em efetiva atuação, sob a coordenação do Poder Judiciário. Não se desconhecem os movimentos existentes e nem se coloca em dúvida a validade dos acordos que possam ser obtidos fora do Poder Judiciário, pois buscam a pacificação social.[288] Defendemos, porém, que essa amplitude e alternatividade na solução de conflitos deva ser realizada sob a coordenação e orientação do Poder Judiciário, que tem estrutura e confiabilidade. Basta uma tomada de consciência, uma nova mentalidade, uma forma diferenciada e corajosa de enfrentar os problemas, com mecanismos e métodos simplificados, visando à objetividade na ação. Essa forma pragmática de aplicar o direito para as partes envolvidas no conflito já tem sido assumida por inúmeros magistrados, que dão destaque à conciliação e, através dela, procuram, nos casos concretos, a realização da justiça.[289]

A conciliação significa discussão franca e aberta, podendo acontecer antes de ser instaurado um processo litigioso, como política judiciária, como alternativa viabilizadora de aproximação das partes. A força e o poder da conciliação são muito grandes, porque estabelecem um relacionamento harmonioso entre as partes em conflito, influindo decisivamente para criar a paz social. Evita-se, através desse procedimento, que surjam novas desavenças, aumentem os problemas e situações incontornáveis, gravíssimas, para a sociedade.

Por sinal, na área penal também está sendo desenvolvida essa idéia de transação, só que ela ocorre através dos órgãos estatais, mas tem o objetivo de uma resposta rápida quanto à pena relativa aos delitos, encontrando

---

[288] As soluções não jurisdicionais de conflitos, como "meios alternativos de pacificação social", repontam, segundo Antônio Carlos de Araújo Cintra, Ada Pellegrini Grinover e Cândido Rangel Dinamarco, da "consciência de que, se o que importa é a pacificar, torna-se irrelevante que a pacificação venha por obra do Estado ou por outros meios, desde que eficientes. Por outro lado, cresce também a percepção de que o Estado tem falhado muito na sua missão pacificadora, que ele tenta realizar mediante o exercício da jurisdição e através de formas do processo covil, penal ou trabalhista" Antonio Carlos de Araújo Cintra, Ada Pellegrini Grinover e Cândido R. Dinamarco. *Teoria Geral do Processo*. 7.ed. São Paulo: Revista dos Tribunais, 1990, p. 30-31.

[289] "A conciliação proporcionará uma solução breve da causa, cuja conseqüência mais evidente será a satisfação das partes. O breve encerramento do processo implicará reduzir a sobrecarga de processos perante o primeiro grau de jurisdição e proporcionará um decréscimo no número de recursos. Haverá um maior tempo disponível ao magistrado para dedicar-se ao intelectual e humanista, bem como aos casos onde o grau de litigiosidade seja mais elevado e complexo. Estes processos terão, assim, um tempo inferior de duração na medida em que ao magistrados e aos servidores restará maior tempo, na produção do êxito nas condições. Por outro lado, uma sentença judicial, pelo caráter heterônomo, tende a ser descumprida mais facilmente do que um acordo onde as partes são sujeitos essenciais na construção da decisão." Clademir Missaggia. Audiência Preliminar: Indicativos de um Itinerário para uma Jurisdição Cível Justa e Efetiva. *Revista da Ajuris*, Porto Alegre, n. 78, p. 107/108, jun. 2000.

formas de reparação de danos sofridos pela vítima.[290] Acordar sobre problemas é saber aparar arestas e construir um mundo melhor, a partir da consciência do próprio valor do diálogo e da afirmação da cidadania.

6.2. A idéia de conciliação como oportunidade de pacificação social

Um dos instrumentos alternativos na solução dos conflitos é a conciliação.O povo não quer decisões eruditas, recheadas de citações doutrinárias e jurisprudenciais, mas soluções objetivas, simples e, acima de tudo, que resolva o caso concreto de forma descomplicada, atendendo às expectativas de uma Justiça rápida e eficaz.[291] Realmente, facilitar o acesso do cidadão à Justiça e que possa apresentar a reclamação de um direito, tendo resposta imediata do Estado, representa um anseio da sociedade.

É de ser lembradas aqui palavras de Francisco Campos, em discurso no Supremo Tribunal Federal, já nos idos de 1941, quanto ao papel reservado à Justiça:

> Nós temos uma tarefa de renovação e de criação a realizar. Sente-se que se aproxima, por entre a tormenta, um novo mundo.

---

[290] "Uma das soluções alternativas, tanto em relação à pena privativa de liberdade, como à pronta resposta do Estado ao fenômeno da criminalidade pode ser dada pelo consenso, nos moldes da *plea bargaining* do sistema anglosaxão, da aceitação ou da negociação da pena do Direito Espanhol, do arquivamento do processo, com ou sem condições, existente no direito Alemão e no Direito Português. Sublinha-se que na Itália, o consenso pode ser utilizado para aplicação de uma pena criminal e também para viabilizar qual o procedimento a ser utilizado para alcançar-se a solução final.
A nossa constituição Federal admite expressamente a possibilidade de utilização do consenso no processo penal. Hoje é possível aplicar-se uma sanção criminal alternativa, sem as conseqüências típicas de uma pena oriunda de uma sentença condenatória, mediante consenso, nas infrações criminais e menor potencial lesivo." Nereu José Giacomolli. O consenso no processo penal. *Jornal do Comércio.* Porto Alegre, 10 jul. 2001.

[291] A seguinte passagem da Exposição de Motivos mostra bem a visão global com que foi elaborada a proposta de criação do JEPC:
"Os problemas mais presentes, que prejudicam o desempenho do Poder Judiciário, no campo civil, podem ser analisados sob, pelo menos, três enfoques distintos, a saber: a) inadequação da atual estrutura do Judiciário para a solução dos litígios individuais; b) tratamento legislativo insuficiente, tanto no plano material como no processual, dos conflitos coletivos ou difusos que, por enquanto, não dispõem de tutela jurisdicional específica; c) tratamento processual inadequado das causas de reduzido valor econômico e conseqüente inaptidão do Judiciário atual para a solução barata e rápida desta espécie de controvérsia."
E acrescenta logo em seguida: "A ausência de tratamento judicial adequado para a as pequenas causas – o terceiro problema acima enfocado – afeta, em regra, gente humilde, desprovida de capacidade econômica para enfrentar os custos e a demora de uma demanda judicial. A garantia meramente formal de acesso ao Judiciário, sem que se criem as condições básicas para o efetivo exercício do direito de postular em juízo, não atende a um dos princípios basilares da democracia, que é o da proteção judiciária dos direitos individuais." Kazuo Watanabe. Filosofia e Características Básicas do Juizado Especial de Pequenas Causas. *In* WATANABE, Kazuo [*et al.*] (Coord.). *Juizado Especial de Pequenas Causas.* São Paulo: Revista dos Tribunais, 1985 p. 3.

Na sua configuração, a justiça tem a sua parte. Nem só o passado influi sobre o presente; o futuro que se aproxima já é um presente virtual. À justiça não podem ser indiferentes as novas formas com que o presente procura configurar o futuro. A obra de construção foi sempre um dos apanágios das grandes jurisprudências. Elas, em muitos casos, se antecipam ao futuro.[292]

Estas afirmações ainda hoje constituem-se num chamamento à realidade. O direito, como se sabe, não é somente a lei, está integrado também por fatos e valores que nascem do meio social e, por isso, a missão do magistrado é criadora, construtora e precisa ser efetivamente realizadora de justiça.

A multiplicação de processos é um reflexo dos números estatísticos que anunciam o crescimento dos problemas resultantes das dificuldades socioeconômicas por que passa a população brasileira. O aumento dos conflitos no campo pessoal e patrimonial é uma conseqüência. As partes desesperançadas procuram um último socorro, o Poder Judiciário, o qual deve estar preparado para atuar na solução dos conflitos.

O Poder Judiciário não pode ser inacessível, elitista, ficando distante do povo, não cumprindo com seu principal papel de distribuidor de justiça, sob pena de as angústias e emoções reprimidas crescerem, o descrédito se instalar, gerando revoltas e insatisfações. A todo o momento, principalmente quem integra o Poder Judiciário, sente na pele as críticas que são realizadas sobre a ineficiência do aparelho judiciário e, muitas vezes, são apresentados exemplos próximos e de pessoas conhecidas que se mostram frustradas. As reclamações e afirmações são no sentido de que é melhor obter um acordo mesmo sem atendimento da totalidade das pretensões, do que aguardar por um resultado final que pode demorar e chegar em época não mais propícia para o atendimento do direito reclamado. O rumo da conciliação deve ser valorizado, porque busca a solução amigável do problema existente entre as partes.

É compreensível, pois, que um número elevado de pessoas procure resolver seus problemas longe da presença do Judiciário, aconselhando-se com conhecidos, com quem tem influência na comunidade ou com alguém que exerça algum tipo de liderança no meio em que vive. As pessoas procuram quem pode ajudar, como algum sindicato, alguma entidade, alguma associação de cunho comunitário, religioso, beneficente, sócio-desportivo, no bairro, na vila, mesmo nos distritos rurais e locais mais distanciados dos centros urbanos.

Para lutar por um direito e obter resposta, partes interessadas precisam ter o Poder Judiciário mais próximo e coordenando essas discussões, criando meios, abrindo espaços, numa comunhão de idéias com essas organiza-

---

[292] Francisco Campos. *Direito Constitucional II*. Rio de Janeiro: Freitas Bastos, 1956, p. 405.

ções, com os entes comunitários, para tanto, podendo utilizar seus próprios espaços físicos ou construindo, com apoio dos outros Poderes públicos, centros integrados de conciliação e mediação, para onde convirjam as partes e possam sentir, nesses locais, pontos de encontros para resolver litígios e obter informações no encaminhamento e na solução de problemas.

A proposta é de criar um sistema de atendimento mais direto da população, com a descentralização dos serviços judiciários, tanto para o Sistema dos Juizados Especiais, como para o juízo comum, um atendimento direcionado para levar a Justiça para todos. Nesse sentido, a idéia é aproveitar aposentados, contando com magistrados, membros do Ministério Público, advogados, professores, funcionários de órgãos públicos, autarquias, sociedades de economia mista, e mesmo, de setores da atividade privada.

O aproveitamento dessa gama de voluntários representará uma doação de parte de tempo disponível, em determinado dia, no sentido de servirem como conciliadores e mediadores. Será uma atuação, para exemplificar, para determinados casos entre vizinhos e participantes da vida local, que, por alguma razão, estejam discutindo algum tipo de direito. Pensamos que se pode cogitar até em algum tipo de retribuição pelo Estado, como forma de incentivo. Esse reconhecimento poderia ser sob a forma de fornecimento de livros atinentes ao trabalho desenvolvido, algum percentual de isenção sobre impostos e taxas, dentre outras maneiras de apoio e entusiasmo a tão importante objetivo de acesso à Justiça.

A democratização que se pensa do Poder Judiciário é também na descentralização dos seus serviços, abrindo espaços para o amplo acesso à Justiça.[293] O mundo jurídico e os mais diversos segmentos da sociedade não podem ignorar os bolsões de miséria que rondam as cidades e os campos, vergonhosos cenários de injustiça social. Essa negação e desrespeito aos comezinhos princípios de cidadania é que enseja a eclosão de novos problemas. Por isso que repensar o acesso à Justiça sempre tem lugar na socie-

---

[293] "Mas é importante que se diga que a própria idéia de acesso à Justiça não só não é incompatível, como não pode desvincular-se das garantias do 'devido processo legal'. Isto porque 'acesso à Justiça', longe de confundir-se com o 'acesso ao Judiciário' significa algo mais profundo, pois importa no acesso ao 'justo processo', como conjunto de garantias capaz de transformar o mero procedimento em um processo tal, que viabilize, concreta e efetivamente, a tutela jurisdicional. Não é por outra razão que o acesso à Justiça foi considerado como o mais importante dos direitos, na medida em que dele dependem todos os demais.
Por isso, o acesso à Justiça demanda, na precisa lição de Cappelletti, um programa de reforma e um método de pensamento. Como programa de reforma, é preciso buscar os meios efetivos de as partes utilizarem o Estado na solução de seus conflitos, e de todos os conflitos. Até daqueles que até agora, devido ao funcionamento defeituoso do aparelho jurisdicional, escapavam de sua apreciação. É nesta vertente que se insere a lei brasileira que institui os Juizados de Pequenas Causas." Ada Pellegrini Grinover. Aspectos Constitucionais dos Juizados de Pequenas Causas, *In*, WATANABE, Kazuo [*et al.*] (Coord.). *Juizado Especial de Pequenas Causas*. São Paulo: Revista dos Tribunais, 1985, p. 9.

162

Jasson Ayres Torres

dade, porque não se pode descartar outras formas e alternativas de buscar uma conciliação, uma solução para seus conflitos.

Há cultura jurídica de que o juiz só age quando provocado. Isso não pode ser visto como um dogma e nem pode engessar o pensamento e a liberdade de ação, dirigidos para a resolução de conflitos. Hoje a palavra de ordem é de participação, daí por que do Poder Judiciário não ficar alheio aos reclamos e às exigências da dinâmica social, porque independe do número de pessoas que exigem seus direitos, importando, isto sim, que se encontrem mecanismos para resolver com rapidez e eficiência essas situações emergenciais e que podem evoluir para problemas ainda maiores. O espírito para conciliar constitui-se numa luz que precisa ser convenientemente contemplada.

Como já dissemos, o sistema processual sempre estabeleceu um momento próprio para a conciliação, como se vislumbra no artigo 448 do CPC, mas que complicava o interesse das partes, pois, procedimento por si mesmo já formal e moroso, teria o momento conciliatório só por ocasião da audiência de instrução e julgamento. Hoje, felizmente e, por influência da experiência da dinâmica do procedimento nas pequenas causas, têm havido mudanças substanciais e, no caso, podendo ser destacada, dentre tantas reformas no direito processual civil, a ocorrida através das Leis nºs 8.952/94, 9.245/95 e 10.444/02, respectivamente, acrescentando e dando nova redação aos artigos 125, 277 e 331 do Código de Processo Civil, sempre com o objetivo de ressaltar a conciliação em qualquer fase do processo.

A conciliação deve ser incentivada e igualmente colocada em prática também no juízo comum, primeiramente porque há previsão legal e, em segundo lugar, porque se constitui num grande aliado da Justiça. A recente Lei nº 10.444/02, é bom referir, mais uma vez, possibilita a transação, indicando o caminho da audiência preliminar, visando, na fase do art. 331 do CPC, à resolução do conflito, inclusive com a presença de procuradores e prepostos. É a idéia de solução pacífica dos conflitos, missão que o Poder Judiciário não pode abdicar.

Para atender ao objetivo de solução de conflitos através de uma concordância das partes, é necessário que se conte com pessoas dispostas, preparadas e entusiasmadas pelo ideal de Justiça efetiva e imediata. Para essa caminhada, pode-se contar com a participação de alunos que estão se preparando para concursos públicos na área do direito. Com treinamento específico e um trabalho a ser desenvolvido, cooperarão, por certo, para a solução dos conflitos. O Rio Grande do Sul tem procurado ser um exemplo nesse sentido, onde os alunos da Escola Superior da Magistratura da Ajuris são chamados a conviver com a experiência dos Juizados na prática da conciliação.[294] Iniciativas como essa representam descortino, coragem e vontade para essa nova realidade da Justiça, servindo de exemplo para tantas outras providências à efetiva realização do direito.[295]

Pensamos que a idéia de participação de estudantes de direto possibilita uma atuação na prática conciliatória. Essa filosofia proporciona que os alunos, ao terminarem seus cursos, tenham alguma experiência e conhecimento ao desempenho de atividades tão importantes na vida judiciária. Serão, por certo, instrumentos valiosos para a consecução de um trabalho no que denominamos de Centros Integrados e Descentralizados de Conciliação e Mediação.

A experiência de conciliação com o objetivo de resolver situações de caráter patrimonial disponível, no campo extrajudicial, tem como idéia a supervisão do Poder Judiciário, contando com a presença e a iniciativa de magistrados, assim como, engajamento de órgãos públicos e entidades particulares para efetivar a solução dos conflitos, numa demonstração inequívoca de buscar o mais amplo acesso à Justiça.

Pensando nas incontáveis pessoas que ficam à margem da Justiça, porque não têm condições econômicas e até se sentem constrangidas em entrar numa sala do Fórum, pela imponência dos prédios, pela formalidade e distanciamento, desde a linguagem até o desenrolar dos atos processuais, é que a idéia de uma Justiça simples, informal, imediata, cria força e receptividade.[296] A

---

[294] O Sistema dos Juizados Especiais, no Rio Grande do Sul, tem postos descentralizados em estabelecimentos de ensino superior. Na Escola Superior da Magistratura, distribuídos os pedidos, as audiências de conciliação são realizadas, tendo como conciliadores alunos do segundo semestre do curso Preparatório de Magistratura. Esses alunos são supervisionados por monitores (Juízes Leigos integrantes do sistema) e orientados pelo magistrado titular do respectivo Juizado. Nessa mesma orientação, contando com professores (como Juízes Leigos e Conciliadores) e estudantes de direito, auxiliando no desenvolvimento das audiências, e nas conciliações, estão tendo uma atuação importante outros postos descentralizados, em Porto Alegre, na Universidade Federal do Rio Grande do Sul e na Pontifícia Universidade Católica. Outras instituições de ensino superior também desenvolvem trabalho semelhante, como é o caso da Universidade Ritter dos Reis, Universidade Católica de Pelotas, Universidade de Passo Fundo, Universidade Luterana do Brasil – ULBRA –, Universidade de Caxias do Sul, Universidade de Santo Ângelo, assim como a Universidade do Vale do Rio dos Sinos – UNISINOS. Essa, como experiência, funciona na antiga sede da Universidade. Trata-se do Juizado Especial Adjunto da sede da comarca de São Leopoldo, que foi deslocado, com toda sua estrutura, buscando o atendimento da comunidade.

[295] Fátima Nancy Andrighi. Uma Experiência nas Varas Cíveis da Justiça do Distrito Federal e dos Territórios. *Revista dos Juizados Especiais*, Porto Alegre, n. 25, p. 44, abr. 1999: "Hoje, os Conciliadores Judiciais estão desenvolvendo seu trabalho, em caráter experimental, em oito Varas Cíveis no plano-piloto, com excelentes resultados, onde o sucesso obtido nas conciliações aproxima-se dos setenta pontos percentuais, mas que certamente serão ampliados, pois a determinação dos valorosos Juízes em se submeterem a essa experiência pioneira demonstra a angústia de seus corações por uma Justiça melhor, evidenciando a visão contemporânea de seus papéis, que não mais se restringem à prolação de sentenças, mas alçados à missão de devolver à sociedade a paz."

[296] Athos Gusmão Carneiro. Da Audiência de Conciliação, Instrução e Julgamento Perante os Juizados de Pequenas Causas. *Revista da AJURIS*, Porto Alegre, n. 40, p. 17, jul. 1987: "Destas iniciativas oficiosas disse Galeno Lacerda, Desembargador do TJRGS e processualista de alto renome, que os Conselhos de Conciliação e Arbitramento da AJURIS 'nada ofendem à ordem legal,

idéia de criar e implantar Centros Integrados de Conciliação e Mediação, por certo, não representará a solução para todos os problemas, nem irá combater e vencer totalmente a batalha que envolve a morosidade do Poder Judiciário, e nem afastará totalmente as críticas contra essa instituição.

Não se pode negar, porém, que são iniciativas como essas que, tomadas, representam alto significado de democratização da Justiça, tornando o Judiciário mais próximo do cidadão, com participação mais efetiva da vida em sociedade e ensejando uma melhor distribuição de Justiça, porque se alcançarão as pessoas menos favorecidas e com menos oportunidade de reclamar um direito.

É esse o pensamento de Justiça para todos, desde o consumidor de um serviço ou adquirente de um produto, por mais simples que seja, para que não se sinta olvidado pelo Poder Judiciário, pois aquilo que parece representar ser o menos, para muitos, tem o valor de mais para quem isso tudo representa.

A motivação de um maior número de juizados tem o objetivo de uma Justiça presente em todos os lugares, em todos os momentos da vida dos cidadãos, com uma diretriz de conciliação e mediação. O Judiciário deve rever seus conceitos, dirigindo sua filosofia de trabalho para quem está distanciado e em silêncio, com suas emoções reprimidas, com seu grito de revolta e desesperança trancado na garganta, sem poder expressar e nem ser ouvido, sem vez e voz, porque os obstáculos são muitos e falta oportunidade para discutir o direito ferido. Ecoa forte a feliz afirmativa "litigiosidade contida" de um jurista dedicado às pequenas causas, o desembargador do Tribunal de Justiça de São Paulo Kazuo Watanabe.[297]

Esta nova linha de pensamento no mundo jurídico, e do qual modestamente nos incluímos, visa a encontrar no Poder Judiciário outras formas e procedimentos para resolver os conflitos surgidos nas relações entre as pessoas. Pretende encontrar outros caminhos para que o cidadão possa chegar e apresentar o seu problema, possibilitando vê-lo equacionado. Ora, os Juizados Informais representados pelos Conselhos de Conciliação e Arbitramento assinalam o caminho para a implantação, em todos os municípios, tendo um trabalho itinerante nos distritos com a criação de casas em que se

---

pois atuam sobre direitos disponíveis com o concurso da vontade das partes'. E prossegue: 'A instituição, na verdade, não é nova, antes muito antiga, muito anterior à própria criação do Poder Judiciário, haurida nas fontes milenares do juízo arbitral dos 'Conselhos de homens bons'. Quando as coisas instituídas falham, por culpa de fatores estranhos à nossa vontade, convém abrir os olhos às lições do passado para verificar se, acaso, com mais humildade, dentro de nossas forças e limites, não podem elas nos ensinar a vencer desafios do presente. Do passado longínquo, então, se ressuscitam e recriam, com novas roupagens, adaptadas ao tempo novo, instituições sepultas, capazes de reflorescer com surpreendente vitalidade e eficiência" (discurso proferido em 7.2.83).

[297] Kazuo Watanabe. Filosofia e Características Básicas do Juizado Especial de Pequenas Causas. *In*, WATANABE, Kazuo [*et al.*] (Coord.). *Juizado Especial de Pequenas Causas*. São Paulo: Revista dos Tribunais, 1985, p. 1-7.

centralizem os juizados de conciliação e mediação, visando à solução pacífica dos conflitos.

Esses juizados descentralizados nos municípios, quem sabe, não tenham aumentado seu número, como esperado, em virtude de não ter havido o necessário incentivo e apoio do Estado representado pelo Poder Judiciário, pecando pela falta de estrutura, de diálogo com a sociedade, com uma diminuta divulgação e sem o entusiasmo desejado para implantação desse sistema. Soma-se a esses fatores negativos a carência de uma cultura, nos operadores do direito, para a aceitação desses revolucionários instrumentos de aproximação das pessoas, em se quer a solução dos conflitos baseados na informalidade. O desinteresse dos responsáveis pelos municípios é conseqüência do desinteresse dos responsáveis pelo Judiciário, fruto, como se disse, da falta de conhecimento do valor de tais modelos de Justiça e da forma de implantação.

Os instrumentos viabilizadores de solução de conflitos não podem ser dispensados ou excluídos, precisam ser devidamente analisados, porque mesmo sendo sistemas não institucionalizados, são de real importância. Visam ao acesso à Justiça, são formas que também cumprem, seu papel na sociedade e são práticas que, embora fora do mundo judicial, formal, discutidos quanto aos aspectos da legalidade, existem para resolver conflitos, solucionam problemas e, por isso, devem ser devidamente valorizados[298] e revistos, porque são básicos no sentido de que haja uma efetiva receptividade e atuação na sociedade.

Pensando num sistema de defesa ao menos favorecido, é preciso destacar a idéia de descentralização dos serviços judiciários, e a aproximação do cidadão à Justiça, colocando meios que possibilitem a conciliação e a solução dos litígios de maneira informalizada em vilas, bairros e distritos, atendendo assim às áreas urbanas e rurais, inclusive com característica itinerante. Nesse sentido, a previsão legal na Lei nº 9.099/95, que praticamente repete dispositivo na Lei Estadual nº 9.446, de 06.12.91, editada, anteriormente, no Rio Grande do Sul, após a Constituição Federal de 1988, e quando ainda não existente a legislação federal sobre a matéria.

Num Brasil Continental, com gritantes diferenças regionais, é compreensível que se possa pensar em procedimentos e formas de administração da Justiça que atenda às peculiaridades de cada unidade federativa. Não se pode fechar os olhos ao que está ocorrendo no mundo. O juiz, como cidadão que é, deve estar atento aos acontecimentos e à evolução do direito,

---

[298] "'novos' direitos passam por 'novas modalidades não-institucionais de negociação e mediação, juízos arbitrais e Júri popular; formas ampliadas e socializadas de juizados especiais; extensão e fragmentação de comitês ou conselhos populares de Justiça; criação de tribunais de bairros e de vizinhança; Justiça distrital, Juizados e Juntas itinerantes." Antônio Carlos Wolkmer. *Pluralismo Jurídico-Fundamentos de Uma Nova Cultura no Direito*. 3.ed. São Paulo: Alfa-Omega, 2001, p. 309.

lutando para extirpar conceitos arcaicos, ultrapassados e inadequados à vida hodierna. A implantação de medidas racionalizadoras na vida forense e na vida do cidadão é uma conseqüência do acompanhamento das transformações sociais para afirmação do tão desejado acesso à Justiça, compreendendo na amplitude desta expressão, também a efetividade da jurisdição.

É necessário, portanto, que voltemos o olhar para importantes temas e é imprescindível que o mundo jurídico nacional tenha consciência do valor desses problemas e se mobilize para viabilizar alternativas satisfatórias na solução de conflitos.

Pretende-se, hoje, mais do que nunca, um Poder Judiciário mais próximo e mais entendido pelo povo. Ao lado de medidas alternativas na solução de conflitos em que se afirmem os direitos do cidadão, é preciso encontrar caminhos para garanti-los, com um Estado presente, sem excluir ninguém, tendo o Judiciário como um dos esteios a dignificar e valorizar o ser humano.

6.3. A mediação como alternativa ao processo tradicional

A evolução social e o crescimento dos problemas, frutos de relações multifacetárias e do complicado relacionamento humano, leva à discussão de valores e ideais e a um juízo crítico, porque a maioria da população não tem um necessário poder aquisitivo, há um percentual muito alto de pobreza e um distanciamento dos centros decisórios do Poder. Os conflitos emergem a todo o momento e, se não houver uma presença da Justiça, é certo que eclodirão insatisfações e movimentos reivindicatórios para que um direito de viver condignamente seja assegurado.

Muitos interessados na desordem e no caos aproveitam-se dessas fragilidades humanas e estruturais para exercerem negativas influências, desestruturando as famílias, como é o caso da atuação do tráfico de drogas, com a idéia de melhoria social e econômica. Ora, a Instituição do Poder Judiciário não pode ficar distante da realidade e deve apoiar toda a iniciativa que vise ao acesso à Justiça, abraçando procedimentos que são saídas inteligentes e paralelas ou mesmo complementares ao processo tradicional.[299]

Por isso, a diferença que se procura estabelecer ente a deformalização do processo, que tem nos Juizados Especiais e na forma de julgamento antecipado da lide, técnicas processuais para uma solução mais rápida dos conflitos; ou então quando se fala em deformalização de controvérsias, que

---

[299] Oswaldo Gozaini. *Formas alternativas para la resolución de conflictos: arbitraje, mediación, conciliación, ombudsman y procesos alternativos*. Buenos Aires: Depalma, 1995.

é um caminho de característica extrajudicial e que pode ter a idéia de auto-composição ou heterocomposição, mas cuja finalidade é evitar o litígio.[300] Também a doutrina italiana ressalta a modalidade alternativa da composição do conflito.[301] Importa é o resultado final, a pacificação das partes no conflito, inobstante as ressalvas que se possam fazer aos instrumentos alternativos serem assemelhados ao da jurisdição normal ou suplementar.

É indiscutível a importância da mediação como modelo que se expande no seio da sociedade, como mecanismo válido na solução dos conflitos.[302] Por isso, a confiança gradativamente vem aumentando nos instrumentos menos formais, diretos e rápidos no atendimento do direito reclamado pelo cidadão. Dessa forma, acreditamos num programa que pode ser desenvolvido e colocado em prática junto à organização do Poder Judiciário, como importante auxiliar dos órgãos encarregados da solução dos conflitos e preocupados com o mais amplo acesso à Justiça.

O Instituto da Mediação é um caminho possível que se disponibiliza às partes envolvidas num litígio, contando para isso com um terceiro estranho, atuando para facilitar uma compreensão do problema, sem interferir diretamente, mas conduzindo os participantes para um ponto de equilíbrio. Em que pese não esteja inserido como texto legal, é um instrumento jurídico colocado à disposição da sociedade e do Poder Judiciário para viabilizar um paradigma de Justiça.

Há entendimentos de que só através de uma lei se pode dar viabilidade a esse procedimento.[303] De qualquer forma, é uma experiência que se efetiva em vários países, principalmente, nos Estados Unidos da América, mas não

---

[300] Ada Pellegrini Grinover. *Novas Tendências do Direito Processual*. Op. cit., p. 179.

[301] "7. – Dopo avere presentato questo sommario panorama comparatistico, che intendeva soltanto alcuni esempi della tendenza in atto negli ordinamenti contemporanei, ocorre riprendere l'analisi delle cause che spingono verso forme di conciliazione e mediazione delle controversie. Come hen detto, le linee interpretative del fenomeno prospettato da David Smith sono corrette e possono ridursi a due linee di tendenza che con terminologia non entusiasmante, ma ormai comunemente accettata dalla sociologi ed antropologi, possono definirsi come deformalizzazione e delegalizzazione delle controversie." Vittorio Denti. I procedimenti non giudizali do conciliazioni come instituzioni alternative. *Rivista di Diritto Processuale*, n. 35, 1980, p. 421/ 422.

[302] "A palavra mediação vem do latim 'mediare' e quer dizer dividir ao meio, repartir em duas partes iguais. Ficar no meio de dois pontos. Mediar como ação, como verbo, sempre deu a idéia de que quem o fazia dividia em partes iguais ganhos e perdas. Muitas pessoas, países ou instituições – como a ONU, por exemplo – têm se colocado como mediadores de conflitos, ajudando as partes a achar um ponto de encontro entre suas demandas. Pretende-se que as partes cheguem ao acordo quando existem divergências de interesses e desencontro de desejos." Ângela Oliveira. Mediação – Uma Nova Mentalidade. *In*, OLIVEIRA, Ângela (Coord.). *Mediação Métodos de Resolução de Controvérsias*. São Paulo: LTr, 1999, p. 102.

[303] "Segundo alguns, a existência de texto legal é desnecessária: a mediação existe independentemente de criação por lei e a previsão legal poderia prejudicar suas características marcantes. No entanto, esta não é a melhor posição. A mediação só terá a sua existência e utilidade consagradas quando legitimada por lei. É preciso que se dê um fundamento jurídico à mediação para, assim, incentivar a sua prática e facilitar a sua execução." Luiz Guilherme de A. V. Loureiro. A Mediação como forma alternativa de solução de conflitos. *Revista dos Tribunais*, vol. 751, p. 94/101, mai. 1998.

deixa de ser um mecanismo de solução de conflitos e que pode ser utilizado, desde que supervisionado pelo poder Judiciário, com estrutura suficiente para acatamento da sociedade.

Contudo, esse instrumento tem demonstrado tanta importância, que já existem projetos tramitando, no sentido de sua judicialização. A mediação visa a encontrar interesses comuns e, com as ferramentas do profissionalismo, a aproximação e o diálogo, mostrar as vantagens de um acordo e os desgastes que se podem evitar na discussão dentro de um processo judicial, cujo caminho poderá ser longo e penoso, desde o 1º grau de jurisdição até os recursos possíveis perante os Tribunais.

Essa diretriz de mediação não está devidamente expressa na Lei nº 9.307, de 23.09.96, mas subentendida como uma técnica procedimental que pode ser utilizada no seio do Poder Judiciário, visando a uma maior rapidez na solução das causas, cuja análise ocorre através de uma intermediação, tem base na formulação de propostas, na indicação de sugestões e juízo de conveniência para reflexão das pessoas participantes do litígio. A presença de profissionais habilitados é no interesse de localizar alternativas para solução do impasse diante de um direito controvertido.

O instrumento de mediação adapta-se muito bem e tem surtido bons efeitos em problemas e conflitos na área do direito de família. Esse procedimento pode ser iniciado em momento anterior à proposição formal de qualquer ação em juízo, no decorrer do andamento do processo, ou em qualquer fase em que haja discordância sobre algum ponto que seja considerado essencial e não esteja sendo devidamente cumprido,[304] assim como inúmeros outros casos, envolvendo direito de vizinhança. Na mediação, as partes é que buscam uma decisão, o intermediário como próprio nome diz, propicia condições para que haja uma interação e uma compreensão sobre o litígio e se encontre um caminho satisfatório para os envolvidos.[305]

A história é rica de informações até chegar ao Estado organizado, sobre situações em que o mais forte prevalecia no seu interesse, submetia o mais fraco para impor a vontade, fazendo com que até houvesse desistência de requerer qualquer direito, uma verdadeira "justiça privada". Depois, com o surgimento de um conceito de Estado, já entre os romanos, os conflitos passam a uma decisão do órgão público para restabelecer a paz em sociedade.

---

304 Ângela Oliveira. Mediação Familiar: Método para reorganização e humanização de vínculos da família na separação /divórcio. OLIVEIRA, Ângela (Coord.). *Mediação Métodos de Resolução de Controvérsias*. Op. cit., p. 135-143.

305 John M. Haynes e Marilene Marodin. *Fundamentos da Mediação Familiar*. Porto Alegre: Artes Médicas, 1996, p. 11 e 21.

O dinamismo dos fatos históricos e os anseios do homem por Justiça conduzem a uma esperança de que a humanidade caminhe sempre para melhorar o entendimento, a vida e a boa convivência.[306]

Encontrar meios e rumos que resolvam mais rapidamente os conflitos que vão acontecendo é uma exigência da Justiça, sob pena de prevalecer a ausência de reclamação de um direito, até mesmo, uma renúncia tácita, pela falta de alternativa para resolver um litígio. Essa injustiça é que precisa ser evitada e, portanto, as formas alternativas de solução de conflitos, como é o caso da mediação, precisam ser prestigiadas pelo Judiciário, como já ocorre com certa ênfase com a conciliação, sendo acompanhada, colocada como auxiliar e até inserida no contexto da distribuição efetiva de justiça.[307]

A mediação, como um sistema que objetiva a transação, o mesmo ocorrendo com a conciliação, quer um acordo entre as partes. Num processo judicial, como se sabe, uma das partes na decisão final sai vencedora ou vencida e, às vezes, como já dissemos, mesmo ganhando, fica com a sensação de que não houve uma vitória. O conflito solucionado pela maneira

---

[306] "Por ora, limito-me a registrar que a história do direito processual não é senão a síntese dos métodos de resolução dos conflitos, que têm constituído uma constante preocupação da humanidade desde o mais primitivos agrupamento sociais até as mais evoluídas sociedades dos tempos modernos.

Na antiguidade, os litígios eram resolvidos pela própria sociedade, através de alguns de seus membros (os anciãos) ou grupo deles (os religiosos) e, depois do surgimento do Estado como poder político concentrado, de início através de uma parceria entre ele e o indivíduo, como sucedeu em Roma, ao tempo das *legie actiones* e *per formulas* – quando atividade jurisdicional se bipartia entre o pretor e o *arbiter* ou *iudex* – e, depois, de forma excludente dessa atividade – como ao tempo da *cognitio* extraordinária – firmando-se na pessoa do Estado e monopólio da jurisdição, salvo raros casos de autodefesa (...).

A sociedade, no entanto, jamais deixou de preservar seus métodos de resolução dos conflitos sem a interferência estatal – como a mediação e a arbitragem consciente das limitações do Estado para compor todos os conflitos submetidos à sua apreciação. Em todos os tempos, a Justiça pública sempre se revelou incapaz de atender aos reclamos de uma sociedade em constante evolução.

Assim, ao lado da jurisdição, enquanto poder 'e atividade' estatal, de compor os litígios (jurisdição contenciosa) ou de jurisdição sobre interesses não litigiosos (jurisdição voluntária), vicejaram verdadeiros equivalentes jurisdicionais (Carnelutti), que tiveram na autodefesa e na autocomposição suas mais expressivas manifestações." J. E.Carreira Alvim. Alternativas para uma maior eficácia na prestação jurisdicional. *Revista da Escola Superior da Magistratura*, Brasília, n. 2, p. 117/147, mai./ago. 1996.

[307] "A prestação jurisdicional nunca foi único meio de compor litígios. Sempre se conheceram outras formas alternativas ao lado do processo judicial, como a autocomposição, autotutela e o recurso à intermediação de terceiro, o que nos permite visualizar pelo menos três modalidades principais de composição de litígios.

a) a mediação, em que pese se usa a intermediação de um agente não para ditar e impor a solução autoritária do conflito, mas para conduzir negocialmente os litigantes a reduzirem suas divergências e a encontrarem, por eles mesmos, um ponto de entendimento (uma autocomposição, portanto);

b) a sentença judicial, prolatada por magistrado integrante dos organismos especializados da Justiça estatal (forma de hetero-composição jurisdicional ou oficial); e

c) a arbitragem, que proporciona a sentença arbitral oriunda de órgão particular, mas que, por convenção das partes, atua com imparcialidade e com observância de um procedimento equivalente ao da Justiça oficial". Humberto Theodoro Júnior. A arbitragem como meio de solução de controvérsias. *Revista Forense*, vol. 353, p. 109.

tradicional, formal, sempre deixa uma indagação sobre a pacificação das partes envolvidas no litígio.

Ora, o fim da mediação é exatamente encontrar, pela interferência de algum intermediador, uma garantia de sucesso, aparando as arestas e divergências, compreendendo as emoções reprimidas e encontrando uma solução que atenda aos interesses das partes e conduza à paz social.[308] Por isso, o Poder Judiciário tem a obrigação de apoiar essas alternativas que procuram resolver conflitos e propiciar o reconhecimento do direito e a aplicação da justiça. A tendência no mundo é resolver litígios com técnicas que aproximem as partes envolvidas e restabeleçam a ordem e a boa convivência entre elas.[309]

O essencial na mediação é que seja assegurado às partes o caminho da solução pacífica Para tanto, é necessário que o mediador possua condições profissionais suficientes, para, conhecendo a matéria em discussão, ter sensibilidade de saber ouvir, destacar com clareza e precisão os pontos divergentes ou comuns e, com isso, apresentar questionamentos e ponderações possíveis, propiciando uma conversação com habilidade para gerar confiança e disposição de resolver o conflito por consenso, sabidamente, onde a Justiça atua, marcando o direito, conseguindo a paz.[310]

---

[308] "É um processo informal, voluntário, onde um terceiro interventor, neutro, assiste aos disputantes na solução de questões. O papel do interventor é ajudar na comunicação através de neutralização de emoções, formação de opções e negociação de acordos. Como agente fora do contexto conflituosos, funciona como catalisador de disputas, ao conduzir as partes às soluções, sem propriamente interferir na substância destas". Paulo César Santos Bezerra. *Acesso à Justiça: um problema ético-social no plano da realização do direito.* Rio de Janeiro: Renovar, 2001, p. 79.

[309] "Há, porém, outro obstáculo, a que propus chamar *processual.* Por 'obstáculo processual' entendo o ato de que, em certas áreas ou espécies de litígios, a solução norma – o tradicional processo litigioso em juízo – pode não ser o melhor caminho para ensejar a vindicação efetiva de direitos. Aqui, a busca há de visar reais alternativas (*stricto sensu*) aos juízos ordinários e aos procedimentos usuais.

Essa idéia não é nova: a conciliação, a arbitragem, a mediação foram sempre elementos importantes em matéria de solução de conflitos. Entretanto, há um novo *elemento* consistente em que as sociedades modernas descobriram novas razões para preferir tais alternativas. É importante acentuar que essas novas razões incluem a própria essência do movimento de acesso à Justiça, a saber, o fato de que o processo judicial agora é, ou deveria ser, acessível a segmentos cada vez maiores da população, aliás, ao menos teoricamente, a toda a população. Esse é sem dúvida o preço do acesso à Justiça, o qual é o preço da própria democracia: um preço que as sociedades avançadas devem sentir-se dispostas a (e felizes em) pagar.

Os métodos alternativos de solução de conflitos constituem uma área na qual a fundação Ford já em 1978 promovia programa pioneiro, que desencadeou ampla procura daquilo a que se chamou 'novos enfoques da solução de conflitos', com particular atenção para 'conflitos, complexos sobre políticas públicas', 'conflitos regulatórios', 'conflitos oriundos de programas de bem-estar', tudo coma finalidade de 'encontrar caminhos pata tratar de conflitos fora do sistema formal'." Mauro Cappelletti. Os Métodos Alternativos de solução de conflitos no quadro do movimento universal de acesso à justiça. *Revista Forense*, v. 326, p. 121/130, abr. /jun. 1994.

[310] "O homem, pelo seu senso natural de auto-preservação, há tempos, procura outros meios de resolução de conflitos como a transação – em que há concessões recíprocas – e a mediação, na qual se usa a intermediação de um agente, não para impor solução autoritária, mas para conduzir negocialmente os litigantes á redução das divergências e a um consenso. Como essas medidas, destituídas de coação, tornaram-se inócuas, o Estado monopolizou a função de declarar e de impor o direito: somente seus

Não se pode hoje pensar na exclusividade para a solução dos litígios. É preciso admitir que a sociedade reclama por uma ordem jurídica que seja justa e atenda, efetivamente, a seus interesses. Nesse sentido, é preciso incentivar todas as iniciativas que se disponham a colaborar com a distribuição de justiça, pois de nada vale para o cidadão um Judiciário que apresenta soluções tardias e que, por isso, podem se tornar inócuas.

Adotar, patrocinar e inserir o sistema de mediação como auxiliar direto e efetivo nos quadros do Judiciário é uma necessidade, não só de atualização, mas de modernização e democratização da própria Justiça. É preciso criar uma nova mentalidade de que uma nova Justiça de um novo milênio está chegando, através de critérios e procedimentos com mais objetividade e praticidade, com medidas alternativas de solução de conflitos, como é o caso da mediação e da conciliação, que representam esse novo horizonte.

Ora, se o objetivo primacial do direito é caminhar em direção à solução de conflitos buscando a paz social, é dentro dessa ótica de visão da ciência do direito que se buscam formas especiais com soluções próprias e procedimentos menos formais para a solução dos problemas da sociedade.

A vivência maravilhosa no mundo dos juizados de pequenas causas, com os Conselhos de Conciliação e Arbitramento, permite essa afirmação de que os sistemas judiciais precisam buscar uma melhor qualidade de serviço no atendimento ao cidadão. Para tanto, a presença do mediador, não impondo sua vontade, mas ajudando as partes a encontrar uma solução para as controvérsias.[311] Por isso é que pensamos na implementação de Centros Integrados de Conciliação e Mediação em todos os lugares possíveis e para todos, com esse mesmo objetivo, realizando audiências preliminares junto às varas e comarcas, implantando salas de mediação e conciliação, com isso, quebrando barreiras, obstáculos, cooperando decisivamente para o descongestionamento e a acumulação de processos no Judiciário, possibilitando ao cidadão a tutela do direito, através de meios factíveis.

órgãos direitos passaram a julgar. Houve exceções, como a jurisdição feudal e eclesiástica, vigente no Brasil monárquico. Mas o mundo se globalizou e a organização estatal evoluiu. Para cumprir suas precípuas funções, o Estado separou os poderes, segundo Montesquieu, distinguindo três funções estatais: legislação, administração e jurisdição, atribuídas a três órgão autônomos entre si.
Nossa Constituição atribui, sem exclusividade absoluta, a jurisdição ao Poder Judiciário. E, em seu preâmbulo, afirma que a sociedade brasileira está comprometida 'interna e internacionalmente com a solução pacífica das controvérsias'." Ana Cândida Echevenguá e Luiz Noralino Moraes. Lei de Arbitragem – uma solução pacífica de controvérsias. *Jornal do Comércio*. Porto Alegre, 1 mar. 2001.
[311] "Los sistemas judiciales están interesados en buscar modos de brindar una mejor calidad de justicia para diversos tipos de litigios, mejorar el aceso de los ciudadanos a los tribunales, disminuir las costas y gastos, y reducir la demora judicial en la terminación de los procesos. (...)
El mediador no actua como juez, pues no puede una decisión, sino que ayuda a los contrarios a los puntos de la controversia, a explorar las posibles bases de un pacto y las vías de solución, puntualizando las consecuencias de no arribar a un acuerdo. Por esos medios, facilita la discusión e insta a las partes a conciliar sus intereses." Elena Highton e Gladys Álvarez. *Mediación para Resolver conflictos*. Buenos Aires: Ad-Hoc. 1995, p. 119/123.

É possível efetivar um trabalho agregado e auxiliar à Instituição do Poder Judiciário, com profissionais atuando no sistema, integrados na política do mais amplo acesso à Justiça. Nesse sentido, deve haver um estudo de viabilidade e formas de recrutamento e distribuição de profissionais que atuarão com a meta de justiça consensual.

A mediação é um instrumento que vem sendo usado cada vez mais, e esse crescimento de aceitabilidade tem base em experiências alienígenas,[312] e que entusiasmam a concepção de um processo de mediação.[313] Uma das idéias é contar com a participação de profissionais habilitados e adrede indicados, à realização de uma forma de justiça consensual onde as partes são levadas a acordarem determinados pontos.

Num sentido geral, o que se pretende é um procedimento de conciliação. Tanto isso é possível que a magistratura está se apercebendo dessa oportunidade de resolver os litígios, encontrando caminhos apropriados e tentando mudar a mentalidade para vias consensuais, as quais são mais interessantes que a de caráter litigioso.

Enfim, a finalidade da mediação é encontrar uma solução alternativa no conflito. Evitar o processo é um objetivo válido, porque com o aumento do número de causas no Poder Judiciário, o atuar no momento em que ingressa o pedido, através de um trabalho prévio de mediação, buscando o acordo, ou, ainda, quando já estiver em andamento o processo,[314] significa resolver o problema satisfatoriamente, sem prejuízo, sem criar dificuldades e com plena aprovação das partes envolvidas.

---

[312] Está sendo encaminhado o anteprojeto de lei que regula a mais nova alternativa para a solução de conflitos no Brasil através da mediação. A exposição de motivos refere esse mecanismo extrajudicial de solução de controvérsias a partir da experiência consagrada dos Juizados Informais de Conciliação, enfatizando o caminho da mediação no curso do Processo Civil, tendo por base a orientação dos arts. 125 e 331 do Código de Processo Civil. É uma forma de minimizar as pautas dos juízes. Uma das motivações também é a filosofia da Lei nº 9.307/96, que entusiasmou a idéia de mediação. O projeto fala numa mediação paraprocessual, em que o mediador procura, no processo, encontrar uma solução para o conflito. Há também uma idéia de mediação prévia, e nesse sentido facultativo, em que o trabalho do mediador ocorre antes do ajuizamento da demanda.

[313] "O anteprojeto que estabelece a mediação paraprocessual é uma das poucas iniciativas que visam agilizar a Justiça e que tem apoio de diversas frentes. Esta era a opinião partilhada ontem, durante o encontro organizado pela seccional paulista da Ordem dos Advogados do Brasil (AOB/SP) para debater o projeto.
Com o objetivo de criar um mecanismo de rápida solução de conflitos, a mediação para processual é prevista em duas etapas: prévia ou incidental, ou seja, antes ou durante processo judiciais." Henrique Gomes Baptista. Mediação tem apoio de advogados e juízes. *Valor Econômico*. São Paulo, 18 set. 2001.

[314] Art. 1º A mediação paraprocessual é um mecanismo complementar e consensual de solução de controvérsias, que tem como objetivo pacificar conflitos e buscar o acordo. por meio de atuação do mediador.
§ 1º A mediação poderá ser prévia ou incidental.
Projeto de lei que institui e disciplina a mediação paraprocessual como mecanismo complementar de solução de conflitos no processo civil.
Projeto de lei com exposição de motivos, disponibilizados pela Escola Nacional de Magistratura, que propõe a instituição e disciplina a mediação paraprocessual como mecanismo complementar de solução de conflitos no processo civil.

Pensamos, que, independentemente de uma lei específica, conforme projeto já em discussão, se pode efetivar um trabalho de mediação, tendo o apoio e o respaldo do Poder Judiciário, utilizando convênios com Universidades e órgãos especializados, para atingir essa meta.[315] Talvez não haja necessidade de uma lei específica para implantar a mediação, pois esse sistema já pode, desde logo, ser colocado em prática sob a supervisão do Poder Judiciário. Entretanto, há uma idéia para, através de uma lei, implantar a mediação e que prevê profissionais com algum tipo de remuneração, ressalvando a situação de quem tem o benefício da gratuidade da Justiça.[316]

O trabalho dos mediadores e mesmo dos conciliadores, oriundos de órgãos públicos ou organizações particulares, poderia ter alguma forma de contribuição ou algum tipo de incentivo pelo Estado, como já referimos, sem ferir o princípio da gratuidade que consagra o Sistema dos Juizados Informais de Conciliação, por sinal, destacado na exposição de motivos do anteprojeto da mediação no processo civil. De qualquer forma, a idéia é proporcionar a resolução dos conflitos também por vias extrajudiciais.

Como já vimos, a solução de conflitos pode ocorrer sem atuação direta do Judiciário. É o que se vê na regra do art. 57, parágrafo único, da Lei nº 9.099/95, que enseja a realização de acordos na esfera extrajudicial, sem homologação da autoridade judiciária, com a participação unicamente do Órgão do Ministério Público, tendo força de título executivo judicial. Nessa diretriz e com amplitude de conceito, o art. 585, II, do Código de Processo Civil, fortalecendo as iniciativas para a realização de acordos estende, também, a condição de título extrajudicial quando um documento de natureza particular é assinado pelo devedor e com duas testemunhas e que essa transação seja referendada, não só pelo Ministério Público, mas também pela Defensoria Pública ou pelos advogados das partes que transacionaram.

Por outro lado, a orientação do artigo 57, *caput*, do Sistema dos Juizados Especiais destaca e valoriza o acordo extrajudicial, que pode ser

---

[315] Na comarca de Gravataí, a Magistrada Rosana Broglio Garbin, da Primeira Vara Cível, desenvolveu um projeto, a título de experiência, adotando a mediação em processo de direito de família. Atendimento realizado com a participação de professores da ULBRA – Universidade Luterana do Brasil –, com atuação como mediadores, com profissionais na área de direito e psicologia, quer com processos em andamento, quer com processos novos. Um efetivo auxílio à prestação jurisdicional e que pode ser multiplicado.

[316] Art. 20. Nas hipóteses em que for concedido o benefício de gratuidade (Lei 1.060/50) estará o litigante dispensado do recolhimento dos honorários no caso de ser obtida a transação.
§ 1º Havendo pedido e concessão do benefício de gratuidade, o distribuidor remeterá os autos ao juiz competente para decisão.
§ 2º Enquanto não for promulgada lei local sobre a matéria, atuarão como mediadores os defensores públicos ou quem exerça suas obrigações, devidamente capacitados nos termos d art. 10 § 1º, sem prejuízo de convênios com a Ordem dos Advogados do Brasil.
Projeto de lei com exposição de motivos, disponibilizados pela Escola Nacional de Magistratura, que propõe a instituição e disciplina a mediação paraprocessual como mecanismo complementar de solução de conflitos no processo civil.

encaminhado para a homologação do representante do Poder Judiciário, valendo, então, como título judicial. Ratifica essa posição o art. 584, III, do Código de Processo Civil. Assim está aberto o caminho para a aproximação das partes visando a uma solução consensual, a ser efetivada por escritórios de advocacia. Igualmente, entidades associativas, outros profissionais e interessados podem realizar um importante trabalho de participação na solução das controvérsias. É uma demonstração viva de que a discussão do direito das pessoas,[317] independentemente do valor e natureza da causa, precisa ser valorizado.

É de ressaltar, contudo, que o anteprojeto que trata de oficializar a mediação no processo civil[318] segue a linha do art. 57 e seu parágrafo único, já referidos, idéia matriz a indicar a constituição de título executivo extrajudicial, conforme o ato homologatório da transação.

Não há dúvida, portanto, que a mediação não só vai influir, decisivamente, para diminuir no número de processos nas instâncias ordinárias e nos tribunais, como se constituirá num campo fértil de solução alternativa de conflitos, mas, voltamos a repetir, tendo o Poder Judiciário o controle desse sistema. Assim, junto com a prática da conciliação, de forma prévia sempre que possível, ou no decorrer da instrução, e contando com uma nova mentalidade na administração da justiça, a mediação será mais um poderoso e revolucionário instrumento de aplicação do direito, de solução dos conflitos e condutor efetivo da paz social.

Constata-se, pois, que há uma idéia voltada para formas alternativas de solução de conflitos, dentro de uma nova política a influir o sistema processual civil moderno. Há uma linha jurídica de visão arejada, com a finalidade de alcançar a composição amigável. São iniciativas no sentido de intermediação da vontade das partes e que estão a exigir dos advogados, membros do Ministério Público, dos magistrados e de todos os operadores do direito, uma tomada de posição, com mentalidade aberta e receptiva,

---

317 "A popularização dos Juizados e o amplo acesso à justiça integram o direito do cidadão. Cidadão com causa pequena não é cidadão menor, nem tem direito menor é cidadão integral". Afirmativa das Conclusões do Congresso dos Juizados, em Curitiba, do qual participamos como um dos representantes do Rio Grande do Sul e na relatoria das conclusões.

318 Art. 1º A mediação paraprocessual é um mecanismo complementar e consensual de solução de controvérsias, que tem como objetivo pacificar conflitos e buscar o acordo. por meio de atuação do mediador.
(...)
§ 2º A transação, subscrita pelo mediador, pelos transatores e advogados, constitui título executivo extrajudicial.
§ 3º A pedido dos litigantes, a transação poderá ser homologada pelo juiz, caso em que terá eficácia de título executivo judicial.
Projeto de lei com exposição de motivos, disponibilizados pela Escola Nacional de Magistratura, que propõe a instituição e disciplina a mediação paraprocessual como mecanismo complementar de solução de conflitos no processo civil.

voltada para uma Justiça Consensual, resolvendo conflitos e, com isso, diminuindo o número de processos contenciosos no Judiciário.[319]

Por isso, é que entendemos realizável a idéia de Centros Avançados de Conciliação e Mediação, com atuação descentralizada, que viabilizará uma Justiça próxima do cidadão. Mesmo não tendo uma disciplina legal, na área da mediação, pode ser implantada tendo em vista os princípios dos Juizados Especiais, face às normas revitalizadoras já existentes do direito processual civil e a própria Lei n° 9.307/96, que disciplina uma forma de arbitragem, tudo conduzindo para soluções negociadas e consensuais. Assim, através de intermediadores, é possível contar na organização do Poder Judiciário com profissionais das mais diversas áreas, tendo o apoio e a participação dos entes públicos e das comunidades, para realizar um trabalho, no sentido de que o Direito seja para todos.

6.4. Centros integrados de conciliação e mediação

Propugnamos pela criação e instalação de Centros Integrados de Conciliação e Mediação nas sedes dos municípios que não tenham serviços judiciários instalados, numa forma de descentralização da Justiça e extensão de atendimento a ser levado, inclusive de forma itinerante, para as vilas e distritos rurais. Este procedimento pode ser também adotado nos bairros de determinadas cidades, de acordo com planejamentos e planos de execução. Por sinal, o artigo 94 da Lei n° 9.099/95 aponta para esse objetivo de levar os serviços da Justiça para fora da sede das comarcas, usando a estru-

---

[319] Exemplo de intermediação na busca de solução consensual, amigável ou mediante a mediação dos conflitos de interesse, e atendendo o espírito de, a qualquer tempo conciliar as partes, e tendo inspiração na idéia de mediação familiar, o escritório de advocacia do Desembargador aposentado Aldo Ayres Torres realizou reuniões e encaminhou para homologação do juízo competente a manifestação de vontade de uma situação interessante.

Um casal, após a separação, em 1988, e entre esta e a conversão em divórcio, em 1996, mantiveram algumas relações sexuais, enquanto a mulher, durante este tempo, relacionava-se também com outro homem, por sua vez, casado, o que resultou no nascimento de uma criança. A gravidez fora atribuída ao seu ex-marido, o qual assumiu a filha, registrando-a e pagando-lhe, voluntariamente, pensão alimentícia. Com o passar dos anos, em razão dos traços fisionômicos da menina e do outro homem, a mãe passou a ter convicção de que a menor não seria filha de quem constava no registro, mas sim da outra pessoa com quem se relacionara na época, de forma concomitante; essa situação foi comprovada pelo teste de DNA, realizado de comum acordo. O ex-marido, então, conforme acordado, deixou de pagar a pensão, e o verdadeiro pai assumiu a paternidade. Devidamente instruídas, as partes requereram a homologação do acordo, a fim de que se retificasse a certidão de nascimento da menor, para que fosse inserido o nome de pai biológico e retirado o nome do pai registral, bem como a correção quanto aos avós paternos. Referido acordo foi homologado pela Juíza de Direito Maria Inês Claraz de Souza Linck, da 1ª Vara de Família e Sucessões do Foro Central de Porto Alegre, reconhecendo o vínculo de paternidade e filiação e determinado todas as providências retificativas no registro civil competente. Dados da petição distribuída demonstra a importância da mediação e da conciliação no ramo do direito de família e, de resto, com plena aplicabilidade na solução imediata e de forma descomplicada na dos conflitos.

tura de prédios públicos. Essa diretriz teve inspiração na Lei nº 9.442/91-RS, que destacava a importância da participação da comunidade e do Juiz de Paz, tendo este o auxílio de outras pessoas, inclusive servidores, na recepção de pedidos e nos atos necessários à conciliação. Essa idéia de aproximar os interessados constitui-se numa atitude positiva do Poder Judiciário, na interiorização e descentralização dos serviços judiciários.[320]

Como toda a experiência,[321] a continuidade é importante, e é em razão disso que urge avançar com a idéia de Justiça próxima do cidadão, um desejo que sempre existiu nas comunidades, uma necessidade constante na vida dos povos[322] de ter uma Justiça a seu lado, realmente efetiva. Como se vê, o pensamento de levar a Justiça para bairros e vilas, como praticado na Vila Restinga, em Porto Alegre, num sistema itinerante e descentralizado, utilizando ora uma escola, ora um outro local cedido pelo município ou pela comunidade, é resultado de uma idéia de Justiça junto ao povo, que vem desde os primórdios da civilização brasileira.

Esse ideal de descentralização dos juizados, já presente no interior, materializou-se com a implantação do primeiro Conselho de Conciliação no município de Progresso, comarca de Lajeado, como já referido e, até hoje atuante, com a presença de um juiz de paz realizando conciliações. Essa vivência vem acontecendo em muitos lugares, numa demonstração de

---

[320] "A Egrégia Corregedoria–Geral da Justiça do Rio Grande do Sul lançou, em 24 de junho de 1999, um projeto chamado *Judiciário Cidadão, Nenhum Município sem Justiça*, consistindo na instituição de conselhos de conciliação nos 267 municípios ainda sem esse atendimento.na oportunidade, foi destacada a importância do projeto, visto que dos 467 municípios gaúchos, somente 200 dispunham de serviços judiciários, através de 160 comarcas e 40 conselhos. Pelo convênio, as prefeituras cederiam o local e um funcionário municipal para receber as causas. O conciliador, escolhido na comunidade, ficaria encarregado de conduzir a audiência conciliatória. Todo acordo realizado teria encaminhamento para homologação. Para eventual audiência, as partes ficavam cientes". JUSTIÇA em todos os 467 municípios. *Jornal Zero Hora*. Porto Alegre, 25 jun. 1999, p. 8.

[321] Destacando o valor dos Juizados assim refere José Murilo de Carvalho:
"Um dos poucos esforços para tornar a Justiça acessível aos pobres foi a criação dos Juizados de Pequenas Causas." José Murilo de Carvalho. *A Construção da Cidadania do Brasil*. México: Fundo de Cultura 1993, p. 220/221.

[322] "Os juízes das vintenas.
Cumpria aos Juízes ordinários, com os Vereadores e o Procurador do Conselho, escolherem em cada ano – para as aldeias que contassem pelo menos vinte vizinhos, se distassem uma légua ou mais da cidade, ou vila – um homem-bom, que nela servisse de juiz (o qual, por isso mesmo, passou a chamar-se Juiz da Vintena.)
(...) repartindo-se depois esses juízes por lugares de pouca consideração, foram eles apelidados de pedâneos, o que parece confirmar um documento da Câmara de São Paulo, no qual, protestando-se contra o levantamento de pelourinho em Paraíba, reclamou-se do Capitão-Mor que metesse lá juiz espadano (*sic*) e não Juiz Ordinário.
As ordenações Manuelinas já os contemplavam (...).
No Brasil, ao que consta, só muito tarde se conheceu (e com certeza muito raramente) a eleição desses juízes. Em São Paulo, a primeira teria ocorrido em 1719:'Era muito necessário em observância da lei do Reino se fizessem juízes de vintena nos bairros e freguesias que passassem de vinte vizinhos...'." Lenine Nequete. *O Poder Judiciário no Brasil: Crônica dos Tempos Coloniais*. Porto Alegre: Edição da Diretoria da Revista de Jurisprudência e Outros Impressos do Tribunal de Justiça do Estado do Rio Grande do Sul, 1975, p. 351/352, v. II. Coleção Ajuris – I.

que há um sonho e que vai se realizando, no sentido de uma nova Justiça para um novo milênio, possível para o cidadão, por menos aquinhoado que possa ser e por mais distante que esteja.[323]

A presença de Centros Integrados de Conciliação e Mediação, contemplando uma efetiva extensão dos Serviços da Justiça, tem viabilidade junto às Universidades, através de convênios, com a destinação de local próprio, onde se possa, com a descentralização e concentração de serviços judiciários federais e estaduais, em consonância com os Departamentos de Prática Jurídica e Serviços de Assistência Judiciária Gratuita mantidos pelas Faculdades de Direito, realizar uma aproximação com as comunidades.

No Rio Grande do Sul, a maioria das Universidades já possui Postos Descentralizados dos Juizados Especiais, e a organização de Centros Avançados de Conciliação e Mediação, com a integração de todos os serviços possíveis, de orientação e efetiva solução dos conflitos, é um segundo passo, uma idéia a ser implantada. Vale referir que no Estado de São Paulo, na Universidade de Santa Cecília, desenvolve-se essa idéia de integração judiciário-universidade-comunidade, com a valorização do universitário-conciliador na solução dos conflitos.[324] Nesses locais, o trabalho do conciliador ou mediador poder ser efetivado não só com casos que seriam da alçada dos Juizados Especiais, mas também da Justiça Comum, com audiências preliminares sendo desenvolvidas, pois, como locais avançados de Conciliação e Mediação.

Entendemos de fundamental importância, pois, o trabalho a ser desempenhado por escritórios com o objetivo de aproximação das pessoas e de realização de acordos, pelo fato de que os próprios advogados podem referendar uma transação. Para atingir essa meta, é preciso mudar a forma de pensar, mostrando viabilidade na solução dos problemas e, por isso, a importância de informações, cursos dirigidos aos profissionais do direito e de outras áreas, para que se habilitem e tenham condições de trilhar uma solução consensual para as partes. Nesse sentido, a presença do Poder Judiciário supervisionando, valorizando, ajudando na busca da paz social.

A concepção de uma Justiça conciliatória está dentro de um paradigma democrático de levar as partes a encontrar uma solução amigável para o problema apresentado. Para a consecução dessa idéia, pensamos que pode

---

[323] O ideal justiça rápida e gratuita vem de longe e, cada vez, mais se avoluma na consciência popular. A antiga aspiração é que, mesmo os mais pobres, mesmo aqueles que vivem ainda à margem da sociedade, pela ignorância ou pela miséria, possam chegar ao Juiz e pedir amparo ao direito que julgam lhes assistir. Que ninguém, seja por falta de recursos pecuniários, ou por incapacidade de expor suas razões em termos forenses, seja negada justiça, se a merece. Pois já dizia o Padre Antônio Vieira que 'ao próprio demônio se há de fazer justiça, quando ele a tiver.
Artur Ferreira Filho. Uma Longa Demanda. *Livro Comemorativo do Centenário do Tribunal da Relação de Porto Alegre*, Porto Alegre, vol. II, p. 233, Jan. 1974.
[324] Rômulo Russo Júnior. Juizado-Universidade; uma parceria interessante. *Revista Centro de Estudos Judiciários do Conselho da Justiça Federal*, Brasília, n. 17, p. 90/94, abr./jun. 2002.

ter especial desempenho o Juiz de Paz, pois além de efetivo integrante da comunidade onde atua, presidindo os casamentos, pode exercer um papel de conciliador, nesses Centros Integrados de Conciliação e Mediação. Ora, a função de conciliador pode ser exercida, nessa distribuição de Justiça, por cidadãos, independentemente de sua formação escolar, porque o importante é a idoneidade e o respeito na comunidade onde vivem.

Por isso, é preciso pensar na implantação efetiva da Justiça de Paz, porque historicamente os Juízes de Paz desempenharam atribuições conciliatórias, buscando previamente a solução amigável do litígio, como se vê na Constituição de 1824. Com o tempo, a Justiça de Paz foi perdendo essa atribuição conciliatória e, embora colocada em prática em alguns Estados, foi paulatinamente se descaracterizando, ficando somente com a atribuição de presidir casamentos. Hoje novamente está prevista na Constituição brasileira, uma forma eletiva para constituir essa Justiça, com mandato certo e competência, conforme a lei determinar, no sentido não só de apreciar o processo de habilitação e celebrar casamentos, mas também de exercer atribuições conciliatórias, sem caráter jurisdicional, podendo ainda ter atribuição de outras atividades conforme for determinado em legislação própria e de acordo com o art. 98, II, da Constituição brasileira.

Essa Justiça de Paz aguarda, até hoje, uma regulamentação por lei ordinária e, enquanto isso, mantém-se o sistema anterior, limitando-se o Juiz de Paz à celebração dos casamentos. No Rio Grande do Sul, os Juízes de Paz são indicados pelo diretor do Foro e nomeados pela Presidência do Tribunal de Justiça. Em alguns Estados, o Juiz de Direito desempenha essa tarefa. Em outros, foram editadas leis disciplinando a matéria.[325]

A atuação do juiz de paz pode somar-se a outros cidadãos conciliadores, todos trabalhando integrados nesses centros de conciliação e mediação, procurando evitar a via contenciosa. Nesse sentido, diante do art. 125, IV, do CPC, enseja que os juízes de paz e demais pessoas envolvidas nesse mister, possam antecipadamente analisar as situações conflituosas. Essa saída é viável, por ser abrangente, podendo atingir as pessoas em todos os lugares.

Essa função de conciliação prévia é de extremo valor na busca da paz social e assim ocorre em outros países, como no vizinho Uruguai, em que

---

[325] "Passados mais de dez anos da edição da atual Constituição, o Legislativo não regulamentou o art. 98, e os Tribunais não criaram meios para revigorar a Justiça de paz, exceto poucos Estados que anteciparam ao descuido do legislador Federal e ocuparam o espaço, deixado pelo Congresso, regulamentando a matéria. Minas Gerais, Espírito Santo, por exemplo, editaram leis, e a justiça de paz não está esfacelada como ocorre na maioria dos Estados especialmente no Norte, Nordeste, que continuam utilizando o Juiz de Direito para celebrar casamentos. Brasília buscou a continuidade do Juiz de Paz através de ato do Presidente do Tribunal de Justiça. Nesses Estados, o Juiz de Paz ajuda a Juiz togado, celebrando casamentos, permitindo, desta forma, que o tempo do magistrado seja utilizado para andamento das causas emperradas nos Cartórios."Antonio Pessoa Cardoso. Justiça Alternativa: Juiz de Paz. *Revista dos Juizados Especiais*, Porto Alegre, n. 24, p. 09-12. Dez. 1998.

os Juízes de Paz apreciam inicialmente a questão e, só depois, encaminham o caso para o juiz togado que, por sinal, também funciona em grau recursal. Vale registrar que o requisito para Juiz de Paz é ser formado em Direito, mas no meio rural tem sido dispensada essa exigência.[326] Como se vê, é preciso uma tomada de posição pelo Poder Judiciário para encontrar uma forma de implantar o sistema da Justiça de Paz, mas enquanto isso não se viabiliza institucionalmente, esses profissionais, com liderança e respeito na comunidade, podem participar como conciliadores, principalmente no interior, nos municípios e distritos que compõem as comarcas e realizarem um excelente trabalho em prol da distribuição da Justiça. Uma Justiça de Paz, assim, não só realiza um trabalho de auxiliar efetivo do Judiciário, mas de efetiva participação na solução dos conflitos, atuando para evitar um processo contencioso. A Argentina é um dos países que também prioriza esse ideal de Justiça de paz.[327]

Assim, a implementação da Justiça de Paz no Brasil, atendendo a norma constitucional, por certo vai possibilitar que se progrida no caminho da solução dos conflitos pela forma conciliatória, porque serão pessoas da mesma comunidade que estarão encarregadas de realizar um trabalho de Justiça consensual. Reforça-se a idéia com o Poder Judiciário na coordenação e supervisão, no sentido de maior credibilidade e possibilidade de êxito na missão de intermediar e conciliar as partes. Uma Justiça de paz, presente nas cidades e interior, nos bairros, distritos e vilas, resolvendo os mais diversos problemas, entre os integrantes de uma comunidade, será um aval à pacificação social.

Pensamos que enquanto não for regulamentada a Justiça de Paz, conforme a norma constitucional vigente, os atuais Juízes de Paz, realizada uma análise e cursos específicos, podem ter essa missão de conciliar e se integrarem desde logo no Sistema dos Juizados Especiais, nos postos descentralizados já instalados e nos Centros Integrados de Conciliação e Me-

---

[326] Ibidem, n. 17, p. 9-11. ago. 1996.

[327] "La Justicia de Paz Nuestra Justicia de Paz, cuyo origen remonta a 1821, por inspiración del genio creador de Bernardino Rivadavia, nació y se desarrolló – al igual que en otros países de América de realidades similares – bajo la influencia teórica Del modelo francés de la Ley Revolucionaria del 24.8.1790. En la esencia misma del sistema, trasunta la idea de instituir jueces pacificadores que buscaran la solución de los conflictos por el avenimiento y la conciliación de las partes; como reacción contra la ya corriente complejidad y artificiosidad de los pelitos, cargados de argucias leguleusas, se buscada el egreso a la simplicidad formal, que se apoyaba en una fe aotimista en la razón individual, el sentido común y el instinto natural. Al dogma de la infalibilidad de la ley inspirada en la razón, se unía la proverbial desconfianza por los jueces de profesión; de ahí la prédica que la decisión de los hombres de bien, al buen vecino, que habría de prevenirlos por su consejo antes que zanjarlos con sus decisiones. La paz, la concordia y la armonía entre los vecinos sería el valor fundamental a tutelar y entonces se privilegiaría el avenimiento de los litigantes como forma compositiva fundamental, donde la franqueza, la buena fe, el candor, la indulgencia y lo que hoy llamamos solidariedad, resplandecerían para que la justicia, en definitiva, pudiera reinar." Roberto O. Berizonce. Justicia Conciliatória y Justicia de Paz – Tendencias y Perspectivas. *Revista de Processo*, São Paulo, n. 35, ano 09, p. 69-85, jul./set. 1984.

diação, como descentralização dos Juizados Especiais e, também do Sistema do Juízo Comum, possibilitando que todas as comunidades possam ter o Judiciário efetivamente perto e à disposição de todos. Pensamos mais, que mesmo nos Centros urbanos, nas sedes das comarcas, os Juízes de Paz poderão também atuar como conciliadores, junto às varas e comarcas, somando-se os demais conciliadores e mediadores, na tentativa de resolver os conflitos. Pode parecer um sonho, mas acreditamos numa nova Justiça que atenda a todos e possa ser multiplicada.

6.5. A conciliação e a mediação como prévia tentativa de solução amigável

Muitas reformas já foram efetivadas visando à agilização do processo, mas outros projetos existem para encontrar caminhos que facilitem resolver de forma pronta e satisfatória os problemas que surgem na sociedade. A evolução propiciada pela experiência do Sistema dos Juizados Especiais, ensejando propostas de conciliação em vários momentos, é uma realidade a destacar pela importância na aproximação das partes, porque uma vez instaurada a lide, já efetivada a contestação, os ânimos se acirram e se torna mais difícil a solução do conflito.

Na idéia fundamental e norteadora dos Centros Integrados de Conciliação e Mediação, caso não seja possível resolver o conflito pela transação, os pedidos são encaminhados para a instrução, e, mesmo nesse momento, desejando as partes, podem ter a oportunidade de solução do conflito pelo consenso. Essa instrução poderá ser realizada por Juiz Leigo, do Sistema dos Juizados Especiais, ou ainda pelo magistrado titular da vara ou comarca a que esteja sujeita a supervisão e coordenação desses juizados descentralizados.

Uma outra situação é quando ingressa o pedido e é distribuído perante uma comarca ou alguma das varas existentes, quando, então, antes de ser despachada a inicial, dizendo respeito a direito disponível, já se pode viabilizar a conciliação. Para atender a esse objetivo, o cartório responsável e que detém o controle de escala e indicação dos conciliadores e mediadores providencia para chamar as partes, podendo a requerente já tomar conhecimento prévio do dia designado, enquanto a requerida será através de carta simples ou sob aviso de recebimento, pelo correio, ou por outro meio que viabilize, num determinado prazo, a presença em juízo. Poderá também, quem reclama ser chamado pela mesma forma, ou ser avisado de que em determinado dia deverá tomar ciência da audiência designada. Para atender essa importante finalidade de conciliação prévia, poderá ser destinada uma sala específica para a conciliação e mediação, adrede preparada e destinada para essa natureza de audiência. As partes interessadas serão devidamente esclarecidas sobre a finalidade da audiência,[328] podendo estar acompanhadas de advogado, cuja participação será conveniente, porque haverá um melhor esclarecimento e auxílio no direcionamento de um acordo.

Essa audiência conciliatória propiciará várias possibilidades de encaminhamento na solução do conflito. A primeira delas ensejará a constituição de um instrumento do acordo num título executivo judicial, conforme preconizado pelos artigos 57 da Lei nº 9.099/95 e 584, III, do CPC. Uma segunda possibilidade é que as partes podem chegar a um acordo, firmar um recibo ou expressar a vontade por qualquer outra forma, manifestando desinteresse no ato homologatório do Estado-Juiz e, assim, a petição inicial, o requerimento será devolvido, encerrando o conflito, podendo ser firmado um recibo ou documento a ser entregue à parte, se necessário, evitando outros atos de distribuição e anotações cartorárias, totalmente dispensáveis.

Eliminam-se dessa forma as idéias burocratizantes e desnecessárias. Assim, o interesse das partes foi atendido, sendo inútil qualquer ato homologatório. Esse procedimento pode ser colocado em prática nos Centros Integrados de Conciliação e Mediação, que significa mudança da filosofia de atuação do Poder Judiciário, tendo na parceria com as comunidades, fazendo uso de um modelo singelo, numa estrutura compatível e real exigência de uma Justiça imediata.

Uma terceira situação que pode surgir é que, não havendo o acordo, desde logo, mas diante da conversa mantida, do contato direto entre as partes, da troca de informações e de dados mais concretos e da própria boa vontade de todos, se tornar possível a designação de uma data para mais uma vez buscar resolver o problema existente. Ocorre que as partes, na primeira oportunidade, trocam idéias, podem voltar aos seus lares, trabalho, dialogarem e retornarem com uma melhor disposição para uma solução do litígio. O importante é utilizar-se de todos os meios possíveis para alcançar a conciliação, por sinal, um ideal sempre presente desde as mais antigas legislações.[329] A conciliação tem o objetivo de paz e não quer criar adver-

---

[328] Na comunicação para a audiência de conciliação, como pensamos, se pode utilizar em todos os papéis do Judiciário, inserindo no verso, informações sobre o Poder Judiciário, a finalidade da audiência, a importância do comparecimento e o objetivo de solução do problema apresentado. Podem ser inseridos, igualmente, dados e orientações, como endereços, telefones, indicações, tudo no interesse das partes que procuram ou podem eventualmente precisar de atendimento em algum setor ou repartição do Poder Judiciário, ou mesmo fora dele.

[329] "Para avaliarmos o acolhimento que a conciliação sempre mereceu em nosso sistema legal, convém uma ligeira digressão histórica pelas Ordenações Filipinas. A lei de 15-10-1827, com a rubrica de sua majestade Imperial, ao criar os Juízes de Paz, conferiu-lhes, dentre outras, a competência para 'conciliar as partes, que pretendem demandar por todos os meios pacíficos, que estivessem ao seu alcance: mandando lavrar termo do resultado, que significará com as partes e Escrivão' (art. 5º).
Logo depois, em decreto de 20-09-1829, prescreveu o legislador imperial, *verbis*: 'Art. 4º – Os Termos de conciliação, quando esta se verificar, terão força e sentença.'
Esse resultado da conciliação é o que se denominou de 'termo de bem viver' (cfe. Art. 12 da lei de

sários, busca uma Justiça consensual, com a estrutura formal do Judiciário, ou através de formas alternativas e viabilizadoras, mas que sejam coordenadas pelo Poder Judiciário. Não significa, com essa pretensão, dizer que não tenham valor aquelas iniciativas com caráter estritamente extrajudicial e sem a supervisão do Poder Público competente na distribuição da Justiça. Importa é a paz social, é buscar todos os meios possíveis e alternativas num sentido prévio, para evitar uma fase contenciosa na vida das partes.

Não se exclui a possibilidade de tutela da jurisdição; pelo contrário, essa sempre é assegurada, mas antes, previamente, o sistema de conciliação atua para proporcionar que os casos e problemas não cheguem ao ponto contencioso a aumentar ainda mais o número de processo nos Fóruns e Tribunais. Trata-se de assumir uma atitude de responsabilidade diante de problemas do cotidiano, envolvendo causas de direito disponível e mesmo em outros campos, mas solucionáveis pela conciliação e pela mediação, para o reconhecimento de algum direito.

Sendo impossível resolver pela conciliação a divergência existente, é que ocorrerá a formação normal da lide. Todos esses atos são anotados e registrados no setor próprio, de forma simplificada e objetiva, para controle e facilidade de administração do sistema e no interesse e segurança das partes envolvidas. Ainda, depois da tentativa de conciliação, torna-se possível a técnica da mediação, conforme o interesse das partes, porque pode ser instaurada em qualquer fase do processo. Nessa etapa, entram em ação os profissionais especializados em determinadas áreas, disponibilizados e/ou conveniados com o Poder Judiciário e que, utilizando sistemas e técnicas apropriadas de avaliação, darão o encaminhamento de solução mais consentânea e plausível com a realidade vivenciada.

Não havendo uma solução para a composição do problema, porque nenhuma parte quis ou não pretendeu abrir mão de pontos que julgava importantes, é que o Estado Jurisdicional intervirá para compor o litígio, substituindo as partes num trabalho que elas próprias podiam realizar. É nesse campo que entra a função jurisdicional, diante da situação controvertida, para aplicação do direito.

Para alcançar a tão sonhada paz social e no exercício de tão nobre missão, o Poder Judiciário, antes de pronunciar-se definitivamente sobre a lide, deve oportunizar que as partes resolvam de comum acordo o litígio posto em juízo, diretriz, como se viu, nos artigos 125, IV; 277; 331; 447/449

15-10-1827) e que foi largamente usado no Brasil-Colônia e, posteriormente, nas delegacias de polícia. Arraigou-se de tal maneira essa prática nos costumes brasileiros, que sempre que fazíamos, como Juízes pelas comarcas do interior, um acordo em torno de causas menores, ao final, as partes perguntavam: 'Doutor, não vai botar isso no papel?'." Lourival de J. Serejo Sousa.O Acesso à Justiça e aos Juizados Especiais: O Princípio da Conciliação. *Revista dos Juizados Especiais*, Posto Alegre, n. 20, p. 31. ago. 1997.

do Código de Processo Civil. É com essa idéia, também o princípio da audiência preliminar do art. 331 do CPC, objetivando o comparecimento das partes ou seus procuradores com o fito de transação, pois esse dispositivo referia casos de direitos disponíveis, criando algumas polêmicas, caso se tratasse de direitos indisponíveis, pois muitos deles admitem a transação.[330] Essa mudança demonstra a preocupação com a reforma processual da Lei nº 10.444, de 7 de maio de 2002, que expressamente viabiliza a designação de uma audiência preliminar, quando se tratar de direitos que admitam transação.

A audiência preliminar é um momento precioso para as partes transigirem, tomarem conhecimento dos pontos controvertidos e das provas que devam ser produzidas, e também, serem resolvidas as questões importantes e que interessam de perto às partes e à celeridade processual.[331] São avanços no sentido de Justiça mais rápida, são possibilidades a ensejar, a qualquer momento, a transação, não retardando o desfecho dos processos. Mesmo que o acordo não venha a ser efetivado nesses momentos, há uma dinamização do processo, pelo saneamento, pelo destaque dos pontos controvertidos, pelo princípio da instrumentalidade, visando a solução mais rápida da causa.

Por sinal, igualmente a Lei nº 10.406, de 10 de janeiro de 2002, que instituiu o novo Código Civil, valoriza o objetivo de transação para resolver os conflitos, ao expressar, nos arts. 840 e 841, que os interessados podem prevenir ou dar fim ao litígio através de concessões mútuas, quando se tratar

---

[330] "A Nova redação do caput do art. 331 do Código de Processo Civil, incluído no capítulo relativo ao julgamento conforme o estado do processo, na seção II (Saneamento do processo), é a seguinte (...). A primeira delas é no sentido de que apesar da indisponibilidade que caracteriza alguns direitos, sobre eles é perfeitamente possível realizar acordos, mormente quando a pretensão gire em torno de sua mensuração econômica. Exemplo disso são as ações que envolvam prestações de natureza alimentar, evidentemente indisponíveis, mas perfeitamente alcançáveis pela composição de interesses.
Outro aspecto a considerar diz respeito às ações de estado, que apesar de versarem sobre direitos tidos como indisponíveis, podem muito bem ser objeto de acordo, até mesmo em razão do princípio da economia processual.
Veja-se, também, que a transação é instituto que permite ou que talvez até implique alteração do objeto litigioso (da Lide, portanto), sendo que esta alteração (já que ambos 'cedem', tanto autor quanto réu) pode levar à circunstância de que, em ação em que originariamente se formulou pedido em torno do direito disponível. Exemplo evidente está nas ações de anulação de casamento, em que a jurisprudência anota ser possível sua separação consensual." Luiz Rodrigues Wambier. A nova audiência preliminar (art. 331 do CPC). *Revista de Processo*, São Paulo, n. 80, p. 30-36, out./dez. 1995.

[331] Um dos projetos em andamento no Congresso Nacional, trata de colocar a conciliação como meta antes do prosseguimento da disputa judicial, tanto que se pretende destacar ainda mais o valor do art. 331 do Código de Processo Civil, no sentido de uma maior conscientização dos advogados e operadores do direito em geral sobre a importância de comparecimento à audiência preliminar, sob pena de perda da prova que foi requerida, e ressaltando dessa forma a importância desse momento processual para uma conciliação. A idéia é incutir que não se trata simplesmente de uma mera oportunidade para tentativa de conciliação, mas que terá conseqüências para a parte que deixa de comparecer a essa audiência, porque impede uma solução mais rápida do litígio, deixando de aproveitar um momento especial em que são fixados os pontos controvertidos que se constituem em pontos fundamentais e que contribuirão para uma solução mais rápida dos litígios.

de direitos patrimoniais de caráter privado,[332] reconhecendo uma situação de direito material, resolvendo, enfim, de forma consensual, uma controvérsia existente.

A transação também pode ser de forma extrajudicial, como já se viu, e o novo Código Civil também aponta nessa direção quando prevê o instrumento da escritura pública ou a forma particular, dependendo do caso concreto, sem a necessidade da homologação judicial. É uma atitude anterior e preventiva com o objetivo de evitar uma demanda, e que produz o resultado típico de um negócio jurídico, conforme se constata no art. 104 desse mesmo diploma legal. Dentro desse pensamento de respeito à vontade das partes é que se deve vislumbrar a idéia de implantar salas e centros, objetivando a conciliação e a mediação, coordenados pela instituição do Poder Judiciário.

6.6. O consenso como instrumento condutor de justiça

Além dos Centros Integrados de Conciliação e Mediação, pensamos também na implementação de salas com tal finalidade de forma anexa a varas e comarcas. Alcançar-se-á, dessa forma, a realização de um projeto global, pois se sabe da prática de alguns empreendimentos isolados, os quais têm base no esforço de alguns magistrados preocupados com a solução mais rápida dos conflitos. Esses exemplos e outras iniciativas louváveis de órgãos do Poder Judiciário podem servir de parâmetros a corporificar o ideal de Justiça imediata e eficaz.

À realização de um plano de trabalho permanente em tal sentido pode ser viabilizado, tendo por base o sistema jurídico existente, sem deixar de lado a luta por uma legislação cada vez mais atualizada e aperfeiçoada. Para a consecução desse intento, setores e órgãos próprios do Poder Judiciário podem promover campanhas esclarecedoras, efetivando visitas a outros Poderes constituídos, em todas as esferas, dialogando com organizações de ensino, culturais, profissionais, no sentido de poder organizar um sistema integrado de conciliação e mediação Para tanto, poderão contar com efetiva cooperação de profissionais e técnicos habilitados e pessoas que realmente estejam interessadas em participar de tal projeto de Justiça rápida e eficaz, com meios que visem a uma Justiça Consensual, beneficiando a sociedade, principal interessada na resolução rápida dos litígios.

Vislumbra-se, como tivemos oportunidade de tratar neste trabalho, conciliar as partes, em qualquer fase, em qualquer momento, mesmo se já

---

[332] Maria Helena Diniz. *Tratado Teórico e prático dos Contratos.* 4.ed. ampl. e atual. São Paulo: Saraiva, 2002.

constituída a lide. Essa visão conciliatória, diante da viabilidade de ser tomada a iniciativa a qualquer tempo, pode ser destinada também a outros procedimentos especiais e em outros processos, em todas as áreas, como já acontece com os chamados projetos de conciliação nas varas de família,[333] atendendo as ações que já têm a litigiosidade instalada e onde os pontos controvertidos e as arestas estão mais marcantes, exigindo perseverança e redobrada paciência no sentido de encontrar uma solução consensual.

Entendemos, igualmente, que um projeto com de Salas de Conciliação e Mediação junto a comarcas e varas constitui-se numa forma de atendimento e que pode ser ampliado para todos os pedidos que ingressem em juízo, não só na área de família, mas em todos os casos em que se torne possível uma transação. Como dissemos, o encaminhamento seria feito desde logo pelo cartório, contando com conciliadores e mediadores, no sentido mais informal e desburocratizado possível.

Assim, as partes podem ser atendidas mesmo antes de ingressar com algum pedido em juízo, sendo aconselhadas a um acordo. Quem atua ou já trabalhou no Sistema dos Juizados Especiais e de Pequenas Causas sabe que a parte comparece nos balcões de atendimento e pode formular seu pedido diretamente. Muitas vezes, entretanto, pelo esclarecimento obtido, muda de atitude ou toma uma outra providência, dá um novo rumo à sua vida, buscando por si mesmo uma forma de resolver um problema pelo diálogo, que pensava, inicialmente, não ter solução.

A forma tradicional de prestar justiça precisa ser repensada. Deve ser revisto o modelo clássico, de tudo ser encaminhado ao magistrado. Compreensível, pois, o porquê de eleger novos mecanismos alternativos que atendam sob uma ótica mais simples e imediata o interesse das partes. A participação de profissionais habilitados, integrados no Sistema do Poder Judiciário, tornará mais fácil a solução das controvérsias. O mesmo Serviço Social que atua junto às Varas de Família, por exemplo, poderia ter um redimensionamento na atuação que exerce, contando também com profissionais de outras áreas, todos atuando como mediadores, paralela e concomitante no trabalho de conciliadores habilitados e especializados na área jurídica, todos agindo no sentido de resolver pela transação os litígios e as controvérsias. É bom lembrar que no Sistema dos Juizados Especiais há um

---

[333] "O denominado Projeto de Conciliação das Varas de Família do Foro Central de Porto Alegre foi criado em 1994, pela Corregedoria-Geral da Justiça, com o objetivo de desafogar o trabalho das varas de família e sucessões. Há cartório com funcionários designados, para onde são canalizadas as ações, com critérios estabelecidos para o encaminhamento das partes, objetivando a conciliação. Há salas destinadas para a conciliação e a mediação. Nesse trabalho tem havido estudos sobre a situação familiar das partes envolvidas, como uma forma de mediação do Serviço Social existente e disponível no Foro, e que tem o objetivo de apoio à família, e o fornecimento de dados e informações para que o(a) magistrado(a) possa, com a técnica e o conhecimento necessários, viabilizar a composição do conflito". PROJETO Conciliação é modelo de jurisdição moderna. *Diário da Justiça*. Porto Alegre, 19 jul. 2000.

direcionamento de conciliação até na fase do processo de execução, e que tem surtido positivos resultados. Para isso é preciso uma mentalidade aberta para novos rumos de atuação do direito.

Por isso entendemos que podem ser encaminhados os pedidos referentes aos direitos patrimoniais disponíveis no sentido de tentativa de acordo antes de formalizar uma contestação. Igualmente podem outros pedidos, como na área do direito de família e em outras áreas e, mesmo na fase de execução, aproximar as partes e buscar um acordo. Enfim, torna-se possível sempre um passo conciliatório. Para tanto, os Centros Integrados de Conciliação e Mediação, que preconizamos, assim como as salas de conciliação nos Fóruns, constituir-se-ão em verdadeiros locais em que o cidadão tem acesso e pode exercer seu direito. A localização acessível é para que a população possa se informar, buscar orientação, encaminhar seu problema e encontrar uma solução para a dificuldade que está enfrentando no campo do direito.

É preciso ter nesses pontos, seja na cidade ou no interior, uma recepção de pedidos com pessoas das comunidades ligadas, ou não, aos poderes constituídos ou outros órgãos públicos, mas dispostas a cooperar com o acesso à Justiça. Apresentados os pedidos, começa um trabalho para chamar a outra parte, e com a participação e integração de conciliadores e mediadores, por certo, multiplicar-se-ão aos milhares os acordos, colocando fim aos conflitos instalados. Esses mecanismos de Justiça consensual, contando, inclusive pessoas aposentadas, supervisionados e orientados pelo Poder Judiciário,[334] ajudarão, sem dúvida, na construção de uma nova Justiça. As soluções de conflitos na área especificamente extrajudicial, desvinculada do sistema estatal, embora possível e defensável, pensamos essas iniciativas de realização da Justiça, podem ser organizadas, disciplinadas e efetivadas para a plena realização do direito.

Por fim, queremos dizer que os meios conciliatórios, no seu sentido mais amplo, com as diretrizes dos Juizados Especiais, são caminhos condutores de Justiça consensual, imediata e, por isso, mais eficaz. A sociedade assume um papel democrático de propiciar condições de garantir efetiva-

---

334 O Poder Judiciário organizaria uma relação de conciliadores e mediadores com preenchimento de determinados requisitos de qualificação e possibilitaria cursos de atualização e aperfeiçoamento, num convênio com as Escolas Superiores da Magistratura, com outros órgãos e entidades de classe, visando a um melhor preparo possível para quem atuará na solução de problemas. Pensamos que as pessoas indicadas podem ser profissionais já aposentados em suas respectivas áreas e que poderiam receber do Estado, como incentivo, descontos percentuais relativamente ao Imposto de Propriedade de Veículos Automotores, (IPVA), ao Imposto de Propriedade Territorial Urbano (IPTU), ao Imposto Territorial Rural (ITR), contemplar com o recebimento de revistas especializadas e assim por diante, como forma de incentivo, mantendo com isso o espírito de gratuidade e o desprendimento que tanto deu certo no Sistema dos Juizados Especiais e de Pequenas Causas. Com isso conseguir-se-ia manter um quadro de profissionais habilitados, capazes e entusiasmados na participação e cooperação efetiva na distribuição da justiça, com ênfase à mediação e à conciliação, encaminhamento, se fosse o caso, para um arbitramento, mas sempre sob a coordenação e supervisão do Poder Judiciário.

mente os direitos dos cidadãos, e tal condição só se perfectibiliza caso as portas das casas de Justiça estiverem totalmente abertas, sem qualquer restrição, em todos os lugares, sem qualquer tipo de condicionamento. Uma verdadeira Justiça para todos.

Pensamos também que se pode, inclusive, implantar, através de iniciativas de órgão diretivo dos tribunais, um sistema de conciliação, em processos criteriosamente selecionados, contando, para tanto, com a participação de profissionais de todas as carreiras jurídicas, que já estejam aposentados e de outros operadores do direito que reúnam condições de conhecimento e disponibilidade para se integrarem num plano de solução amigável dos conflitos já em grau recursal,[335] norteada pela idéia agilizadora do art. 125, IV, do CPC.

---

[335] Quando na Presidência do Conselho de Racionalização do Poder Judiciário do Rio Grande do Sul, deixamos elaborada uma proposta em tal diretriz, apresentada em março de 2004 à Presidência do Tribunal de Justiça, que se encontra em estudo, no sentido de implantação de um sistema piloto de conciliação no segundo grau de jurisdição, nos moldes daquele em funcionamento no Tribunal de Justiça de São Paulo. Tal projeto foi encaminhado para apreciação à Comissão de Organização Judiciária e poderá ser implantado, pensamos, primeiramente para a área do Direito de Família, mas com reais possibilidades de execução desse plano em todos os campos do direito.

Conclusão

O trabalho buscou enfrentar o tema do acesso à Justiça, identificando dificuldades e encontrando meios para afirmação do direito, tendo na Instituição do Poder Judiciário um abrigo seguro e em condições de utilizar a força de instrumentos modernos, simples e ágeis na solução dos conflitos.

Nessa linha de pensamento, realizamos uma discussão sobre os problemas que afetam a morosidade da Justiça, destacamos alguns aspectos que contribuem para esse problema, discutimos as mudanças na área processual e realizamos uma reflexão sobre atitudes que influenciam para medidas racionalizadoras e condutoras de uma jurisdição mais rápida, contemplando o processo com uma instrução mais simplificada. Igualmente questionamos pontos de vista e afirmações quanto ao acesso à Justiça e acenamos para caminhos alternativos a uma solução mais efetiva das causas, com economia de tempo e dinheiro. Apresentamos muitos exemplos, situações e números, de tal forma, a conduzir o pensamento para algumas propostas, com a idéia de resolver mais rapidamente os conflitos, tendo na diretriz da simplificação dos procedimentos, na desburocratização do Judiciário e na racionalização dos seus serviços, bases inspiradoras de muitas mudanças.

Chegamos a um entendimento de que o Judiciário tem tratado, de certa forma, inadequadamente as causas consideradas de menor valor econômico, de menor complexidade, não tendo atitudes concretas cabíveis e objetivas quanto às demandas de direito disponíveis, envolvendo interesses individuais; e assim também, quanto a outras situações de direitos indisponíveis, que por sua natureza e circunstâncias peculiares, conduzem e ensejam uma solução consensual. Explanamos algumas razões dos conselhos de conciliação, discutindo os problemas existentes para uma melhor efetivação. Mostramos a preocupação do Sistema dos Juizados Especiais, que reclama do Estado uma melhor estrutura para atingir seus objetivos e atender às expectativas da sociedade. Em razão disso, apresentamos propostas para a solução das controvérsias que afetam o homem comum, que convive hodiernamente numa economia de massa e não tem tido a devida atenção dos Poderes constituídos.

O ACESSO À JUSTIÇA E SOLUÇÕES ALTERNATIVAS

Estabelecemos uma crítica ao Poder Judiciário que não se apresenta suficientemente adequado para a realidade às novas exigências de uma sociedade contemporânea, que quer não simplesmente a tramitação de um processo e sua posterior extinção por uma sentença com todas as formalidades e conseqüências, mas aspira, isto sim, a que a controvérsia termine, o litígio se extinga, pela força do consenso, gerando a harmonia e a paz social.

Por outro lado, propugnamos por um Judiciário moderno e atuante com atitudes agilizadoras para o andamento das causas, com medidas urgentes e salutares a serem adotadas, evitando procedimentos desnecessários na tramitação dos processos, diminuindo os fluxos entre a mesa do magistrado, cartório ou secretaria e a manifestação das partes, imprimindo rotinas práticas e racionalizadoras nos serviços judiciários, encurtando caminhos, no sentido de uma solução amigável do litígio.

Verificando um número cada vez mais crescente de processos no primeiro grau de jurisdição e da quantidade elevada de recursos que aportam nos Tribunais Superiores, afirmamos ser urgente encontrar novas alternativas para uma solução mais rápida dos conflitos. O Judiciário, da análise realizada, porque é mantido pelo povo, tem a obrigação de dar uma resposta convincente, mostrando e agindo com novos paradigmas para enfrentar os problemas que diuturnamente se renovam, exigindo uma nova postura, a aplicação de um novo modelo de Justiça.

Dinamismo e pronta ação é o que se exige do judiciário e do mundo jurídico, pois hoje já se raciocina com o processo virtual, deixando de lado o papel, usando a comunicação pela *internet* para encaminhar pedidos e efetivar atos processuais, procurando resolver tudo imediatamente. Para tanto, é preciso valorizar o progresso, tendo no computador um aliado extraordinário, mas que precisa chegar paulatinamente em todos os lugares e com todas as pessoas. É uma realidade que precisa ser enfrentada, é preciso que se utilizem todos os instrumentos que alavanquem o progresso e agilizem a Justiça.

Dentro do espírito que norteia este trabalho, acentuamos que para a consecução de um objetivo de Justiça consensual, a conciliação e a mediação podem ser incentivadas e implementadas, mesmo anteriormente à formação do processo. Esse plano, entretanto, deve funcionar sob a diretriz e a orientação do Poder Judiciário, que é uma instituição historicamente destinada na distribuição da Justiça à população.

Concluímos sobre a necessidade de repensar a atuação do Judiciário, dinamizá-lo, colocá-lo mais próximo do cidadão, ampliando o campo de suas atividades, procurando evitar, assim, o crescimento de processos para serem decididos no sistema comum e tradicional. A análise realizada conduziu a uma constatação de que para atingir esse desiderato é imprescindível a colaboração das partes interessadas numa moderna Justiça, contando com a organização que congrega os profissionais da advocacia, dos integrantes do Ministério Público, da Defensoria Pública, juntamente com a presença marcante dos Tribunais Superiores e decisiva participação da magistratura, servidores e colaboradores em geral da Justiça.

A integração das Universidades e Escolas Superiores de Formação e Aperfeiçoamento de todos os órgãos e entidades vinculadas à área do Direito, ou outras áreas afins, são fundamentais para a consecução de um projeto, em que se possam realizar cursos, preparando pessoas e profissionais para agir no âmbito da conciliação e da mediação.

Todos os profissionais, assim como estagiários, devidamente habilitados e integrados no Sistema de Justiça Consensual, podem atuar no campo dos direitos disponíveis e em outras situações, buscando pela intermediação, pelo diálogo, viabilizar o consenso, evitando a litigiosidade, que indiscutivelmente ocorrerá no processo que chegar à via contenciosa.

Constatamos a importância de uma solução consensual, porque pode ser feita independentemente de qualquer discussão acadêmica sobre pontuais diferenças entre a mediação e a conciliação, pela simples razão de que ambas conduzem à transação. A transação, quer no decorrer do processo, com uma visão de que o mérito está sendo apreciado, ou aquela em que se busca no campo do direito material, onde as partes se dispõem a resolver o conflito, também fazendo concessões ou reconhecendo uma obrigação para com a outra parte, tem um mesmo objetivo, que é a paz social. Terminologias e teorizadas interpretações devem ceder espaços para a praticidade, para o ideal de Justiça descomplicada e fácil de ser realizada.

Nesse diapasão, a proposta para a criação de Juizados de Conciliação e Mediação, junto aos Fóruns, varas e comarcas, com salas próprias e de fácil acesso, assim como a instalação de Centros Integrados de Conciliação e Mediação, descentralizados nas comunidades, seja nos bairros, como nos municípios desprovidos de serviços judiciários permanentes, tendo caráter itinerante de atendimento. A sociedade, afinal, é que lucra, porque os cidadãos diretamente estarão sendo atendidos, inclusive pelo sistema de arbitramento, quando fosse o caso, até porque não se pode falar em democracia sem uma Justiça que seja eficaz, rápida e disponível para todos os cidadãos. Essa forma de distribuição da Justiça constitui-se numa continuidade do ideal praticado historicamente pelos Juizados de Pequenas Causas.

Para a implantação desse sistema, contar-se-á com mediadores e conciliadores, todos com cursos de formação e aperfeiçoamento a serem ministrados pelas Escolas da Magistratura e outras instituições, num acerto de convênios a ser firmado com o Poder Judiciário. A idéia é aproveitar a estrutura já existente dos Juizados Especiais, dos Conselhos de Conciliação e Postos Descentralizados, a experiência dos conciliadores e juízes leigos

O ACESSO À JUSTIÇA E SOLUÇÕES ALTERNATIVAS **191**

que estão em plena atividade, recrutando outros que se disponham a esse trabalho de resolver conflitos.

Na Mediação, participariam profissionais habilitados e pessoas com conhecimento em determinados assuntos que facilitassem a intermediação e negociação entre as partes na solução do problema, integrando, ou não, os quadros do Poder Judiciário. Relativamente à Conciliação, entendemos, que o próprio Juiz de Paz, com atuação nas comunidades, pode atuar também na efetivação de acordos. Além disso, seria organizado um grupo de conciliadores da comunidade e, se necessário, com aproveitamento de conciliadores atuantes nas sedes das comarcas e nos Juizados Especiais, ou deslocados de outros locais.

Estamos propondo que todos os processos envolvendo direito patrimonial disponível sejam encaminhados diretamente para o setor de conciliação e mediação, para a devida apreciação de profissionais ou pessoas designadas com esse objetivo. Essa idéia pretende atingir, ao menos, aqueles em que em razão do valor e complexidade apresentada, assim que ingressarem em juízo, tenham imediato atendimento, assim como acontece no Sistema dos Juizados Especiais. Obtido o acordo, dois caminhos poderiam ser seguidos: um deles, para homologação pelo juízo competente, assim entendido, o disponível no momento. O segundo é que, firmado, ou não, algum documento, entendessem as partes de dispensar qualquer formalidade ou termo e, nesse caso, não ficaria nenhum registro no sistema, porque a pacificação foi obtida. No caso de necessidade de uma nova audiência com as partes, marcar-se-ia nova data, pois o conhecimento entre as elas as levaria a pensar numa possibilidade de acordo.

Nesse andamento de propostas, não ocorrendo a conciliação, a petição terá o encaminhamento necessário, tendo a parte ciência, naquele momento, para efetivar uma resposta, ou ainda, para eventual complementação de dados ou outras providências. Mais tarde, na instrução a ser processada, ainda haveria oportunidade de renovar a conciliação entre as partes. Uma outra proposta factível é no sentido de encaminhamento dos processos em andamento nas comarcas ou varas para os Juizados e Centros Integrados de Conciliação e Mediação, com objetivo de acordo. Essa prática salutar, de alguma forma, já vem ocorrendo, principalmente no âmbito do Direito de Família. Também em outros campos do direito, esse procedimento pode ser adotado com a mesma estrutura.

Entendemos, igualmente, e propomos que, tanto na competência dos Juizados Especiais, quanto no Juízo Comum, poder-se-ia contar com a atuação de pessoas aposentadas, como conciliadores e mediadores. Essas pessoas, assim como os demais participantes do sistema, trabalhariam sem uma remuneração específica, sem um vencimento, sem uma ligação com o Estado para efeito de vínculo empregatício, mas teriam uma compensação, com o recebimento de revistas especializadas, através de convênios a serem firmados e, ainda, recebendo algum tipo de retribuição e incentivo pelo Estado. Quanto a esse aspecto, a matéria a ser devidamente estudada, inclusive no campo da constitucionalidade, diante da cogitação de descontos percentuais, quanto a taxas por utilização de serviços ou mesmo impostos, que não retirariam a característica de desprendimento e gratuidade dos serviços prestados. A sociedade, como um todo, seria a grande beneficiária.

Pode-se avançar a idéia de Centros Integrados de Conciliação e Mediação para junto das Universidades, com a designação de prédio próprio, concentrando os Serviços de Assistência Jurídica aos necessitados, implantando também os Juizados Especiais Federais, a Justiça do Trabalho e outros órgãos, objetivando a orientação e solução dos conflitos. Seria uma forma de dar efetividade, no caso das Faculdades de Direito, a um verdadeiro aprendizado de prática jurídica, utilizando professores e estudantes. Os estudantes, no projeto que pensamos, atuariam também como conciliadores e se constituiriam, no futuro, num contingente valioso, como atores principais na idéia de uma Justiça consensual possível, moderna e democrática.

Pensamos também que se pode implantar, através de iniciativas de órgão diretivo dos tribunais, um sistema de conciliação, em processos criteriosamente selecionados, contando, para tanto, com a participação de profissionais de todas as carreiras jurídicas, que já estejam aposentados e de outros operadores do direito que reúnam condições de conhecimento e disponibilidade para se integrarem num plano de solução amigável dos conflitos já em grau recursal, norteada pela idéia agilizadora do art. 125, IV, do CPC.

Esse despretensioso trabalho teve o objetivo de demonstrar que são possíveis outras formas alternativas de solução dos conflitos e que o acesso à Justiça, como princípio Constitucional, deve ser assegurado amplamente a todos os cidadãos. Também quisemos mostrar que o Judiciário pode assumir essa missão, valorizando uma Justiça que atue de forma preventiva, com mudança de mentalidade, promovendo o consenso, resolvendo os problemas pela aproximação das partes, pelo diálogo, com menos formalidade, com um procedimento simples, informal e compreensível para o homem comum.

Não se pode falar em Estado Democrático de Direito sem uma Justiça que seja eficaz, rápida e disponível para todos, pois é um dos caminhos para a afirmação da cidadania e para a busca da paz social.

Referências bibliográficas

ABEL, Richard L. (org). The Politics of Informal Justice. Los Angeles. *An Overview of Community-oriented Citizen Dispute Resolution Programs in the United States*. vol. 1, Califórnia, p. 75/97.

ALVIM, J. E. Carreira. Alternativas para uma maior eficácia na prestação jurisdicional. *Revista da Escola Superior da Magistratura*, Brasília, n. 2, p. 117/147, mai./ago. 1996.

ANDRIGHI, Fátima Nancy. Uma Experiência nas Varas Cíveis da Justiça do Distrito Federal e dos Territórios. *Revista dos Juizados Especiais*, Porto Alegre, n. 25, p. 44, abr. 1999.

ARAGÃO, E. D. Muniz de. O Processo Civil no limiar do novo século. *Revista Cidadania e Justiça*, Rio de Janeiro n. 8, p. 50/66, 1º semestre de 2000.

ASSIS, Araken de. *Doutrina e Prática do Processo Civil Contemporâneo*. São Paulo: Revista dos Tribunais, 2001.

BARBOSA, Rui. *Oração aos Moços*. Rio de Janeiro: Simões, 1947.

BARROS, Wellington Pacheco. *A interpretação sociológica do direito*. Porto Alegre: Livraria do Advogado, 1995.

BEZERRA, Paulo César Santos. *Acesso à Justiça: um problema ético-social no plano da realização do direito*. Rio de Janeiro: Renovar, 2001.

BERIZONCE, Roberto O. Justicia Conciliatória y Justicia de Paz – Tendencias y Perspectivas. *Revista de Processo*, São Paulo, n. 35, p. 69-85, jul./set. 1984.

——. Algunos Obstáculos al acceso a aa Justicia, *Revista dos Tribunais*, São Paulo, v. 68, p. 67/85, out./dez 1992.

BOBBIO, Norberto. *A Era dos Direitos*. Traduzido por Carlos Nelson Coutinho. 8.ed. Rio de Janeiro: Campus, 1992. Tradução de: L'eta dei diritti.

BONAFÉ, Schmitt J. P. *La médiation: une autr justice*. Paris: Syros-Alternatives, 1992.

BONAVIDES, Paulo. *Curso de Direito Constitucional*. 8.ed. São Paulo: Malheiros, 1999.

BRUNET, Edward. Solução alternativa de litígios na América no ano de 2000. *Revista do Tribunal Regional Federal da 4ª Região*. Porto Alegre, n. 34, p. 79/96, 1999.

CÂMARA, Alexandre Freitas. *Arbitragem. Lei nº 9.307/96*. Rio de Janeiro: Lúmen Juris, 1997.

CAMPOS, Francisco. *Direito Constitucional II*. Rio de Janeiro: Freitas Bastos, 1956.

CAPPELLETTI, Mauro. Acesso à Justiça e a função do jurista. *Revista de Processo*, v. 61, p. 144/160, jan./mar. 1991.

——. Formações sociais e interesses coletivos diante da Justiça Civil. *Revista de Processo*, n. 5, p. 128/159, jan./mar. 1977.

———. Os Métodos Alternativos de solução de conflitos no quadro do movimento universal de acesso à Justiça. *Revista Forense*, v. 326, p. 121/130, abr./jun. 1994.

———; GARTH, Bryant. *Acesso à Justiça*. Trad. e Rev. por Ellen Gracie Northfleet. Porto Alegre: Fabris, 1988. Traduzido de: Access to Justice.

CARDOSO, Antonio Pessoa. Justiça Alternativa: Juiz de Paz. *Revista dos Juizados Especiais*, Porto Alegre, n. 17, p. 9-11. ago. 1996, p. 8-12. dez. 1998.

CARMONA, Carlos Alberto. *Arbitragem e Processo: Um comentário à Lei nº 9.0307/96*. São Paulo: Malheiros, 1998.

———. A Arbitragem nos Juizados Especiais Cíveis. *Repertório IOB de Jurisprudência*, n. 24/96, p. 434/429, dez. de 1996.

CARNEIRO, Athos Gusmão. Da Audiência de Conciliação, Instrução e Julgamento Perante os Juizados de Pequenas Causas. *Revista da AJURIS*, Porto Alegre, n. 40, p. 17, jul. 1987.

CARPENA, Márcio Louzada. *Do Processo Cautelar Moderno*. Rio de Janeiro: Forense, 2003.

CARVALHO, Amilton Bueno de. *Direito Alternativo em Movimento*. Rio de Janeiro: Luam, 1999.

CARVALHO, José Murilo de. *A Construção da Cidadania do Brasil*. México: Fundo de Cultura, 1993.

COMISSÃO INTERESTADUAL DE RACIONALIZAÇÃO. *Racionalização da Justiça*. São Paulo: Imprensa Oficial do Estado S. A. – IMESP, 1986. 304p.

COMISSÃO INTERESTADUAL DE RACIONALIZAÇÃO. *Simplificação, Dinamização e Racionalização dos Serviços Judiciários*. Porto Alegre: Revista de Jurisprudência do Tribunal de Justiça do Rio Grande do Sul, 1983. 18p.

COSTA, Maria Isabel Pereira da. *Constitucionalismo ou Neoliberalismo: o que interessa e a quem?* Porto Alegre: Síntese, 1999.

CUNHA, J. S. Fagundes; BALUTA, José Jairo. *Questões Controvertidas nos Juizados Especiais*. Curitiba: Juruá, 1997.

CRISTIPHER, J. Whelan (org). *Small Claims Court: A comparative Study*. Oxford: Clarendon Press Oxford, 1990.

DAVID, René. *Os Grandes Sistemas do Direito Contemporâneo*. Trad. por Hermínio A. Carvalho. São Paulo: Martins Fontes, 1998. Traduzido de: Les grands systèmes du droit contemporains.

DALLARI, Dalmo de Abreu. *O Poder dos Juízes*. São Paulo: Saraiva, 1996.

———. Humanismo Jurídico. *Juízes para a Democracia*, São Paulo, n. 05, ano 5, out./dez. 1998.

DENTI, Vittorio. I procedimenti non giudizali do conciliazioni come instituzioni alternative. *Revista di Diritto Processuale*, n. 35, p. 410/437, 1980.

DÍAZ, Elías. *Estado de Derecho y sociedad democrática*. 6.ed. Espanha: Taurus Ediciones, 1988.

DINAMARCO, Cândido Rangel. *A Instrumentalidade do Processo*. 3.ed. rev. atual. São Paulo: Malheiros, 1993.

———. *A Reforma do Código de Processo Civil*. 2.ed. rev. ampl. São Paulo: Malheiros, 1995.

FABRÍCIO, Adroaldo Furtado. O novo Juízo Arbitral. *Revista dos Juizados Especiais*. Porto Alegre, n. 18, p. 24/25, dez. 1996.

FAIM FILHO, Eurípedes Gomes. Manual do Conciliador do Juizado Especial Cível. *Tribuna de Magistratura*, Caderno de Doutrina, n. 265, p. 1, nov./dez. 1997.

FARIA, José Eduardo (Org.). *Direito e Justiça:* a Função Social do Judiciário. São Paulo: Ática, 1989.

———. *Justiça e Conflito:* Os Juízes em Face dos Novos Movimentos Sociais. São Paulo: Revista dos Tribunais, 1991.

FERREIRA FILHO, Artur. Uma Longa Demanda. *Livro Comemorativo do Centenário do Tribunal da Relação de Porto Alegre,* Porto Alegre, vol. II, p. 233, jan. 1974.

FIGUEIRA JÚNIOR, Joel Dias. *Arbitragem, Jurisdição e Execução.* São Paulo: Revista dos Tribunais, 1999.

———; LOPES, Maurício Antônio Ribeiro. *Comentários À Lei dos Juizados Especiais Cíveis e Criminais.* 3.ed. rev. atual.ampl. São Paulo: Revista dos Tribunais, 2000.

FRANK, W. F. *The General Principles of English Law.* 6.ed. London: Harrap London, 1979.

FREITAS, Juarez. *A Interpretação Sistemática do Direito.* 2.ed. rev. ampl. São Paulo: Malheiros, 1998.

FRIEDRICH, Carl J. *Uma introdução à teoria política.* Trad. por Leônidas Xausa e Luís Corção. Rio de Janeiro: Zahar Editores, 1970. Tradução de: An Introduction To Political Theory.

GIACOMOLLI, Nereu José. O consenso no processo penal. *Jornal do Comércio,* Porto Alegre, 10 jul. 2001.

GOZAINI, Oswaldo. *Formas alternativas para la resolución de conflictos: arbitraje, mediación, conciliación, ombudsman y procesos alternativos.* Buenos Aires: Deplalma, 1995.

HELLER, Agnes. *Além da Justiça.* Trad. por Savannab Hartmann. Rio de Janeiro: Civilização Brasileira, 1998. Tradução de: Beyond justice.

HESSE, Konrad. *A Força Normativa da Constituição.* Trad. por Gilmar Ferreira Mendes. Porto Alegre: Fabris, 1991. Tradução de: Die Normative Kraft Der Verfassung.

GRINOVER, Ada Pellegrini. A crise no Poder Judiciário. *Revista da Procuradoria Geral do Estado de São Paulo,* v. 34, p. 25, 1990.

———. *Novas Tendências do Direito Processual.* Rio de Janeiro: Forense Universitária, 1999.

———. O novo processo do consumidor. *Revista de Processo,* São Paulo, v. 62, p. 141/152, abr./jun. 1991.

———; DINAMARCO, Cândido Rangel; WATANABE, Kazuo (Coord). *Participação e Processo.* São Paulo: Revista dos Tribunais, 1988.

———; ———; CINTRA, Antonio Carlos de Araújo. *Teoria Geral do Processo.* 7.ed. São Paulo: Revista dos Tribunais, 1990.

HAYNES, John M.; MARODIN, Marilene. *Fundamentos da Mediação Familiar.* Porto Alegre: Artes Médicas, 1996.

HIGHTON, Elena; ÁLVAREZ, Gladys. *Mediación para Resolver conflictos.* Buenos Aires: Ad-Hoc. 1995.

IHERING, Rodolf von. *A luta pelo direito.* 16.ed. Trad. por João de Vasconcellos. Rio de Janeiro: Forense, 1997. Tradução de: Der Kampf Um's Recht

KEPPEN, Luiz Fernando Tomasi. Novos momentos da tentativa de conciliação e sua técnica. *Revista de Processo,* n. 04, p. 42/55, out/dez 1996.

LACERDA, Galeno. Dos Juizados de Pequenas Causas. *Revista da Ajuris,* Porto Alegre, vol. 27, p. 07-08, mar. 1983.

O ACESSO À JUSTIÇA E SOLUÇÕES ALTERNATIVAS

——. O código e o formalismo processual. *Revista da Ajuris*, Porto Alegre, vol. 28, p. 7/14, 1983.

LAGRASTA NETO, Caetano. Mercosul e a integração legislativa: O papel da magistratura perante a justiça social. *Revista Tribuna de Magistratura Caderno de Doutrina*, p. 129/133, mar. 1997.

LARENZ, Karl. *Metodologia da Ciência do Direito*. 3.ed. Trad. por José Lamego Lisboa: Fundação Calouste Gulbenbkian, 1997. Tradução de: Methodenlehre der rechtswissenschaft.

LEAL, Rogério Gesta. *Teoria do Estado:* Cidadania e poder político da modernidade. 2.ed. rev. e ampl. Porto Alegre: Livraria do Advogado, 2001.

LENZA, Vítor Barbosa. Cortes Arbitrais. *Revista Centro de Estudos Judiciários do Conselho da Justiça Federal*, Brasília, n. 17, p. 58/68, abr./jun. 2002.

LIMA, Layrce de. Novo CPC promete mais rapidez à Justiça. *E Clipping TJRS*. Porto Alegre, 17 dez. 2001.

LIMA, Ruy Cirne. *Princípios de Direito Administrativo*. 6.ed. São Paulo: Revista dos Tribunais, 1987.

LIPPMANN, Ernesto. Assistência Judiciária – Obrigação do Estado na sua Prestação – o Acesso dos Carentes à Justiça visto pelos Tribunais. *Revista Jurídica*, n. 228, p. 35/36, out. 1996.

MARINONI, Luiz Guilherme. *Efetividade do Processo e Tutela de Urgência*. Porto Alegre: Fabris, 1994.

MARQUES, Cláudia de Lima. O Código de Defesa do Consumidor e o Mercosul. *Revista do Direito do Consumidor*, n. 8, p. 40 e ss, out./dez., 1993.

MARQUES, José Frederico. *Instituições de Direito Processual Civil*. 3.ed, Rio de Janeiro: Forense, 1971.

MAZZILLI, Nigro. *A Defesa dos Interesses Difusos em Juízo*. 9.ed. São Paulo: Saraiva, 1997.

MESSITE, Peter J. Justiça e Juízes nos Estados Unidos. *Revista do Tribunal Regional Federal da 4ª Região*, Porto Alegre, n. 27, p. 38/44, abr./jun. 1997.

MISSAGGIA, Clademir. Audiência Preliminar: Indicativos de um Itinerário para uma Jurisdição Cível Justa e Efetiva. *Revista da Ajuris*, Porto Alegre, n. 78, p. 95/123, jun. 2000.

MONREAL, Eduardo Novoa. *O direito como obstáculo à transformação social*. Trad. por Gérson Pereira dos Santos. Porto Alegre: Fabris, 1988. Tradução de: El derecho como obstaculo al cambio social.

MONTESQUIEU, Charles Louis de Secondat (Barão de Montesquieu). *Do Espírito das Leis*. Trad. por Gabriela de Andrada D. Barbosa. São Paulo: Brasil, 1960, v. 1. Traducãp del: De l'esprit des lois.

MOREIRA, José Carlos Barbosa. O futuro da Justiça: alguns mitos. *Revista Cidadania e Justiça*, Rio de Janeiro, n. 8, p. 06/26,1º semestre de 2000.

——. A Justiça no Limiar do Novo Século. *Revista de Processo*, n.71, p. 189, jul./set. 1993.

MURRAY, John S.; RAU, Alan Scott; SHERMAN, Edward F. *Processes of Dispute Resolution: the role of lawyers*. 2nd.ed. Preface of the second edition.Estbury, New York: The Foundation Press, 1996.

NADER, Miguel José. *Revista LEX: Jurisprudência do Superior Tribunal de Justiça e Tribunais Regionais Federais*, São Paulo, p. 9-18, v. 139, 2001.

NALINI, José Renato. *O Juiz e o Acesso à Justiça*. 2. ed. rev. atual. ampl. São Paulo: Revista dos Tribunais 2000.

NEGRÃO, Theotonio. *Código de Processo Civil e legislação processual em vigor*. 30.ed. São Paulo: Saraiva, 1999.

NEQUETE, Lenine. *O Poder Judiciário no Brasil: Crônica dos Tempos Coloniais*. Porto Alegre: Edição da Diretoria da Revista de Jurisprudência e Outros Impressos do Tribunal de Justiça do Estado do Rio Grande do Sul, 1975, p. 351/352, v. II. Coleção Ajuris – I.

NORTHFLEET, Ellen Gracie. Novas fórmulas para solução de conflitos. *O Judiciário e a Constituição*, Rio de Janeiro, Saraiva, 1994.

OLIVEIRA, Ângela (Coord.). *Mediação Métodos de Resolução de Controvérsias*. São Paulo: LTr, 1999. 232p.

OLIVEIRA, Carlos Alberto Alvaro de. *Do formalismo no processo civil*. São Paulo: Saraiva, 1997.

PALO, Giuseppe de; GUIDI, Guido. *Risoluzione Alternativa delle Controversie ADR nelle Corti Federali Degli Stati Unit*. Milano: Guiffrè, 1999.

PERELMAN, Chaïm. *Ética e Direito*. Trad. por Maria Ermantina Galvão. São Paulo: Martins Fontes, 2000. Tradução de: Éthique et droit.

PORTANOVA, Rui. *Princípios do Processo Civil*. Porto Alegre: Livraria do Advogado, 1995.

RAWLS, John. *Uma Teoria da Justiça*. Trad. por Almiro Pisetta e Lenita M. R. Esteves. São Paulo: Martins Fontes, 1997. Tradução de: A Theory Of Justice.

RAMOS, Glauco Gumerato. Realidade e perspectivas da assistência jurídica aos necessitados no Brasil. *Revista do Advogado*, São Paulo, n. 59, p. 73-81, 2000.

REALE, Miguel. *Teoria Tridimensional do Direito*. 5.ed. rev. e aum. São Paulo: Saraiva, 1994.

ROVELLI, Luigi. L'arbitrato e il tentativo abbligatorio di conciliazione come modelli alternativi al processo civile. *Revista Documenti Giustizia*, v. 4-5, p. 744/788, 1998

ROSA, Alexandre Morais da. Aspectos destacados do Poder Judiciário norte-americano. *Revista Cidadania e Justiça*, Rio de Janeiro, n. 8, p. 113/120, 1º semestre de 2000.

RUSSO JR., Rômulo. Juizado-Universidade; uma parceria interessante. *Revista Centro de Estudos Judiciários do Conselho da Justiça Federal*, Brasília, n. 17, p. 90/94, abr./jun. 2002.

SACHS, Ignacy. Desenvolvimento, direitos humanos e cidadania. *Revista da Associação dos Magistrados Brasileiros Cidadania e Justiça*, Rio de Janeiro, n. 05, p. 51/58, 2º semestre de 1998.

SADEK, Arai Tereza (Org.). *Acesso à Justiça*. São Paulo: Fundação Konrad Adenauer, 2001.

SARLET, Ingo Wolfgang. *A Eficácia dos Direitos Fundamentais*. Porto Alegre: Livraria do Advogado, 1998.

SAMPAIO, José Soares. *O Procedimento Comum no Novo Código de Processo Civil*. São Paulo: Revista dos Tribunais, 1975.

SANTOS, Boaventura de Sousa. *O Direito Achado na Rua*. Brasília: Universidade de Brasília, 1987.

SANTOS, Moacyr Amaral dos. *Primeiras Linhas de Direito Processual Civil*. 16.ed. São Paulo: Saraiva, 1993. 1º vol.

——. *Primeiras Linhas de Direito Processual Civil*. 17.ed. São Paulo: Saraiva, 1995. 2º vol.

SILVA, José Afonso da. *Curso de Direito Constitucional Positivo*. 13.ed. rev. e atual. São Paulo: Malheiros, 1997.

SILVA, Ovídio A. Baptista da. *Participação e Processo*. São Paulo: Revista dos Tribunais, 1988.

SOUSA, Lourival de J. Serejo. O Acesso à Justiça e aos Juizados Especiais: O Principio da Conciliação. *Revista dos Juizados Especiais*, Posto Alegre, n. 20, p. 31. ago. 1997

SPOTA, Alberto G. *O Juiz, o advogado e a formação do direito através da Jurisprudência*. Trad. por Jorge Trindade. Porto Alegre: Fabris, 1985. Tradução de: El Juez, El Abogado Y La Formacion Del Derecho Atraves De La Jurisprudencia.

TEIXEIRA, Sálvio de Figueiredo (Coord.). *As Garantias do Cidadão Na Justiça*. São Paulo: Saraiva, 1993.

TESHEINER, José Maria. *Eficácia da Sentença e coisa Julgada no Processo Civil*. São Paulo: Revista dos Tribunais, 2001.

THEODORO JÚNIOR, Humberto. A arbitragem como meio de solução de controvérsias. *Revista Forense*, vol. 353, p.107/115.

VESCOVI, Enrique. El majoramiento de la Justicia. La búsqueda de soluciones alternativas en especial el arbitraje. Con referencia a los códigos modelos para la uniformización de la Justicia. *Revista de Direito Processual Civil*, Curitiba, n. 14, p. 817/838, out./dez. 1999.

VIANNA, Luiz Werneck [et al.]. *A judicialização da política e das relações sociais no Brasil*. Rio de Janeiro: Revan, 1999.

WAMBIER, Luiz Rodrigues. A nova audiência preliminar (art. 331 do CPC). *Revista de Processo*, São Paulo, n. 80, p. 30-36, out./dez. 1995.

WATANABE, Kazuo [et al.] (Coord.). *Juizado Especial de Pequenas Causas*. São Paulo: Revista dos Tribunais, 1985.

WOLKMER, Antônio Carlos. *Pluralismo Jurídico-Fundamentos de Uma Nova Cultura no Direito*. 3.ed. São Paulo: Alfa-Omega, 2001.